Für Kascha und Bela

Ich bin vielen zu Dank verpflichtet, ohne die dieses Buch nicht hätte geschrieben werden können. Vor allem anderen möchte ich Audrey-Catherine Podann; Marianne und Peter Schwandt; Gerd-Dieter Köther und Torsten Enge; Andy Kleinert, Oliver Decker und Micky Haque nennen. Danke!

Michael Schwandt

Kritische Theorie

Eine Einführung

Reihe
theorie.org

Schmetterling Verlag

Bibliografische Informationen *Der Deutschen Bibliothek*
Die Deutsche Bibliothek verzeichnet diese Publikation in der Deutschen
Nationalbibliografie; detaillierte Daten sind im Internet über
http://dnb.ddb.de
abrufbar.

Schmetterling Verlag GmbH
Lindenspürstr. 38b
70176 Stuttgart
www.schmetterling-verlag.de
Der Schmetterling Verlag ist Mitglied von aLiVe,
der assoziation Linker Verlage

ISBN 3-89657-664-X
2., durchgesehene Auflage 2010
Printed in Germany
Alle Rechte vorbehalten
Satz und Reproduktionen: Jörg Exner und Schmetterling Verlag
Lektorat: Jörg Exner
Druck: GuS-Druck GmbH, Stuttgart
Binden: IDUPA, Owen

Inhalt

1 Einleitung

Interviewer des «Spiegels»: «Herr Professor Adorno, vor zwei Wochen schien die Welt noch in Ordnung ...» – Adorno: «Mir nicht.»[1]

An diesem knappen Einwurf, mit dem Theodor W. Adorno im Mai 1969 den Reportern des Magazins «Der Spiegel» ins Wort fällt, die ihn über den scheinbar plötzlich aufgetretenen Konflikt mit seinen politisch engagierten Studierenden interviewen wollen, scheint schon einiges von dem auf, was für die Kritische Theorie als charakteristisch gelten darf: der Einspruch gegen das Bestehende, auch wenn es ganz harmlos daherkommt; die Verweigerung gegenüber der Oberflächlichkeit und Vertraulichkeit von Gemeinplätzen; das Negative als ihre argumentative Form und nicht zuletzt die Grundsätzlichkeit ihrer Einsprüche. Zudem ist dies eine der leider sehr wenigen Stellen, an denen man bei der Lektüre eines Satzes von Theodor W. Adorno herzlich lachen kann.

Das ist eigentlich ein merkwürdiger Umstand, wo doch Bertolt Brecht in seinem Buch «Flüchtlingsgespräche» gerade die Hegel'sche Dialektik, die letzte Erscheinungsform der klassischen deutschen Philosophie, als deren Erbe sich Kritische Theorie verstand, als eine ausgesprochen humoristische Veranstaltung beschreibt: Unmöglich könne man, so Brecht, ohne Humor einen Philosophen wie Georg Wilhelm Friedrich Hegel verstehen, dessen Gedankenwelt ausschließlich aus Widersprüchen zu bestehen scheine: *«Er hat einen solchen Humor gehabt, daß er sich so was wie Ordnung z. B. gar nicht hat denken können ohne Unordnung. Er war sich klar, daß sich unmittelbar in der Nähe der größten Ordnung die größte Unordnung aufhält, er ist soweit gegangen, daß er sogar gesagt hat: an ein und demselben Platz!»*[2] Derartige Widersprüche produzieren stets aufs Neue weitere, nie zur Ruhe kommende, fortschreitende Widersprü-

1   Theodor W. Adorno, Keine Angst vor dem Elfenbeinturm, Gesammelte Schriften (GS) Band 20.1, Frankfurt am Main 1997, S. 402.
2   Bertolt Brecht, Flüchtlingsgespräche, Frankfurt am Main 1961, S. 103 ff.

che, die – wie der Humor – das Statische, das Erhabene, das Feststehende untergraben, es beweglich, flüchtig, flüssig machen. Ohne dieses dialektische Denken Hegels wäre weder Karl Marx' Kritik der Politischen Ökonomie im 19. noch die Kritische Theorie im 20. Jahrhundert möglich geworden.

Die humoristische und subversive Leichtigkeit, die Brecht dem dialektischen Denken allgemein zuspricht, ist aber eher nicht der Grund dafür, dass die Kritische Theorie eine gewisse Breitenwirkung entfaltet hat. Schon eher sind es die Forschungsgegenstände, mit denen sie sich bald nach ihrer Institutionalisierung im Frankfurter Institut für Sozialforschung befassen musste und zu denen sie einiges von Gewicht mitzuteilen hatte: der Nationalsozialismus, der von diesem entfesselte Weltkrieg und Massenmord sowie die sich daraus ergebenden Konsequenzen für die Menschen, die Gesellschaft und die Philosophie. Es sind desillusionierende und bis heute beunruhigende Diagnosen, zu der die Kritische Theorie gelangte, nämlich, dass die perfektionierte Barbarei von der modernen Zivilisation hervorgebracht wurde und keineswegs deren Widerpart war. Und die Radikalität, mit der sie damit in der Zeit des Kalten Krieges die auf beiden Seiten des Eisernen Vorhanges bestehenden Systeme zu konfrontieren wusste, ist wohl der Hauptgrund, warum viele ihrer Texte heute so wenig veraltet erscheinen. Radikal ist abgeleitet vom lateinischen «radix», was Wurzel heißt. Radikal sein heißt also: Grundsätzlich sein, an der Wurzel beginnen. Dies zu tun, ist mit Sicherheit ein Kennzeichen Kritischer Theorie. Zudem fasziniert die reichhaltige, philosophisch gesättigte Form, in der sie die Antworten auf ihre Fragestellungen gefunden und formuliert hat: *«Um die Theorie praktisch durchsetzungsfähig zu machen, bedarf es ausholender Werke mit dichter und konsequenter Argumentation, mit breiten Referenzen und einer weitreichenden Fähigkeit zur Problematisierung. Sie verlangen Gegnern einen enormen theoretischen Aufwand ab, wenn sie mit- oder dagegenhalten wollen.»*[3] Sich mit solchen Texten zu messen ist schwierig und die Versuchung, sie fahrlässig zu gebrauchen, ohne sie gelesen oder verstanden zu haben, leider hoch.

---

3   Alex Demirović, Der nonkonformistische Intellektuelle, Frankfurt am Main 1999, S. 41.

1.1 Weshalb heute noch Kritische Theorie lesen?

«Me-tis Schüler Do verfocht den Standpunkt, man müsse an allem zweifeln, was man nicht mit eigenem Auge sehe. Er wurde wegen dieses negativen Standpunkts beschimpft und verließ das Haus unzufrieden. Nach kurzer Zeit kehrte er zurück und sagte auf der Schwelle: Ich muß mich berichtigen. Man muß auch bezweifeln, was man mit eigenen Augen sieht. Gefragt, was denn dem Zweifeln eine Grenze setze, sagte Do: Der Wunsch zu handeln.»

Bertolt Brecht, Me-ti. Buch der Wendungen[4]

Noch immer und in den letzten Jahren möglicherweise sogar wieder häufiger tauchen die Namen Horkheimer, Marcuse und Adorno im Umfeld emanzipatorischer Bewegungen auf. Zumeist dienen diese kritischen Theoretiker als Zitateonkel, aus deren Schriften man hier und da einen schmissigen, apodiktischen Satz entnimmt, um der eigenen meist eher schwachen politischen Argumentation durch den Nimbus der philosophischen Radikalität Adornos oder Horkheimers wenigstens etwas theoretisches Gewicht zu verleihen – was zwar immerhin Geschmack beweist, aber doch der Sache in der Regel nicht gerecht wird. Und auch außerhalb der Linken bedienen sich gerne allerlei Leute der angenommenen Autorität dieser Philosophen. Den Vogel abgeschossen hat hierbei mit Sicherheit der ehemalige Außenminister und noch ehemaligere radikale Hausbesetzer Joseph Fischer, der ausgerechnet Adornos nachdenkliche Worte zu Auschwitz zitierte, um deutsche Militäreinsätze zu rechtfertigen. Mit Erkenntnisinteresse gelesen werden die Texte der Kritischen Theorie dagegen leider selten.

Und wozu auch sollte man sich ob all der Herausforderungen der Gegenwart etwa mit Adorno und Horkheimer beschäftigen und komplexe Texte einer alten Philosophie aus dem letzten Jahrhundert lesen? Deren Erkenntnisse mögen ja einmal interessant gewesen sein, aber welche Bedeutung können sie heute noch haben? Haben wir nicht andere, aktuellere, dringendere Probleme? Und moderne, zeitgemäße Theorien, um uns die Welt zu erklären? Regalmeter um Regalmeter sperriger

---

4   Bertolt Brecht, Me-ti. Buch der Wendungen, Frankfurt am Main 1974, S. 92.

philosophischer Literatur nebst weiteren Metern mit den Vorgängern Kant, Hegel und Marx, dazu möglichst noch Nietzsche und Freud, auf deren Gedanken die Kritische Theorie bekanntlich fußt: Wer soll all das lesen und vor allem wann und wie? Mit der für die meisten Menschen notwendigen Lohnarbeit und Alltagsplackerei ist das nur schwer vereinbar. Zwischen dem Job im Callcenter und dem Klärungsgespräch über den Putzplan in der WG ist auch im Plenum der Politgruppe meist wenig Zeit für Theorie: Die Demo will vorbereitet sein. Wer geht zum Bündnistreffen? Ist das Flugblatt schon korrigiert? Was sagt die Polizei? Was gibt es Neues von den Nazis? Und wieso hat schon wieder keiner Lust zum Plakatekleben, wir hatten doch gemeinsam beschlossen … Auch Studieren garantiert mittlerweile keine Muße für intellektuelle Tätigkeiten mehr. Ein Bachelorstudium will heutzutage selbst in sozialwissenschaftlichen Fächern in sechs Semestern heruntergerissen sein, BAföG-Amt und Immatrikulationsbüro wachen eifrig darüber, dass dabei keiner zurückschaut und sich besinnt. Da bleibt zwischen Pflichtkursen zu «international comparative studies on good governance» oder «professionell excellence in human resource management» wenig Zeit zur Lektüre umfangreicher Monografien ohne unmittelbaren Nutzen für den Scheinerwerb.

Auch im Wissenschaftsbetrieb ist die Kritische Theorie heute weitgehend ein toter Hund. Obwohl auf den Lehrstühlen noch einige Leute sitzen, die selber einmal bei den Professoren, von denen hier die Rede sein wird, studiert haben, finden sich auf den Lehrplänen selten einschlägige Veranstaltungen. Vor der Lektüre alter Globaltheorien werden Studierende dort eher gewarnt, etwa so, wie Brecht das bezüglich des Marxismus getan hat: «*Eine halbwegs komplette Kenntnis des Marxismus kostet heut, wie mir ein Kollege versichert hat, zwanzigtausend bis fünfundzwanzigtausend Goldmark. Darunter kriegen sie nichts Richtiges, höchstens so einen minderwertigen Marxismus ohne Hegel, oder einen, wo der Ricardo fehlt usw. Mein Kollege rechnet übrigens nur die Kosten für die Bücher, die Hochschulgebühren und die Arbeitsstunden und nicht was ihnen entgeht durch Schwierigkeiten in ihrer Karriere oder gelegentliche Inhaftierung, und er läßt weg, daß die Leistungen in bürgerlichen Berufen bedenklich sinken nach einer gründlichen Marx-Lektüre; in bestimmten Fächern wie Geschichte und Philosophie werden's nie wieder wirklich gut sein, wenn's den Marx durchgegangen sind.*»[5]

Der vorliegende Band ist der Versuch, eine Einführung etwas unterhalb dieser Preisklasse zu schaffen, mit dem Ziel, dass das Interesse an der Kritischen Theorie wachsen möge – wobei weder Autor noch Verlag die Verantwortung für die von Brecht angesprochenen Nebenwirkungen übernehmen. Dabei wird nicht versucht, einen vollständigen Überblick zu geben, sondern eher an verschiedenen Beispielen einen Einblick zu gewähren, der zur selbstständigen Aneignung der Originaltexte animieren soll. Denn zu den Eigenschaften dieser Texte gehört es, grundsätzlich nicht zusammenfassbar zu sein[6], weil sie nicht hierarchisierend und systematisierend sind, sondern in der Regel vom Detail her einen kleinen konkreten Gedanken zu einer großen universellen These entfalten.

Warum könnte es sich also lohnen, in der ununterbrochenen Betriebsamkeit des Alltags Momente des Innehaltens zu schaffen, um sich in diesen dann ausgerechnet mit Kritischer Theorie zu beschäftigen? Die Antwort liegt vielleicht eher in der inneren Struktur der Kritischen Theorie begründet als in dem, was in ihren Texten über eine inzwischen vielleicht tatsächlich zum Teil vergangene Welt nachzulesen ist. Kritische Theorie hat nämlich zunächst nicht ein System von Regeln oder eine Sammlung von Fakten aufgestellt, die, einmal erfasst und auswendig gelernt, eine wohlfeile Erklärung für alles und jedes abgeben. Sie ist keine Denkschule mit einem festen Bestand an Lehrmeinungen wie andere philosophische Strömungen geworden, wie der Kritiker Wolfgang Pohrt in der ihm eigenen Prägnanz dargelegt hat: «*Noch irreführender ist es, von einer Frankfurter Schule zu sprechen, denn die genannten Autoren haben ... nie eine Schule begründet ..., weil sich ihre Texte nicht zur Verschulung eignen. Sie sind nicht doktrinär, dogmatisch, schematisch und simpel genug, sie lassen sich auf keine Lehrsätze, Merksätze, Axiome, oder methodologische Regeln reduzieren, es gibt ... keine leeren Begriffe, die man wie leere Säcke inhaltlich füllen muß, kein kategoriales Gerippe, das beliebig einzukleiden wäre, und dadurch entfallen alle die Hilfsdienste, durch de-*

---

5   Bertolt Brecht, Flüchtlingsgespräche, S. 83.
6   Vgl. T. W. Adorno, Anmerkungen zum philosophischen Denken, GS 10.2., S. 604.

ren Ableistung einer zum Schüler wird.»[7] Stattdessen hat die Kritische Theorie einen Bestand an Einsprüchen, Kritiken und Denkmodellen hinterlassen, die es geneigten Interessentinnen und Interessenten ermöglichen, sich auch unter den Bedingungen der totalen Vergesellschaftung bei ausreichender Anspannung des Denkens kritisch zu der sie umgebenden Welt zu verhalten. Zu lernen wären also nicht Fakten und Tatsachen, Lehrsätze und Regeln, sondern: die Bedingungen und Möglichkeiten kritischen Denkens.

1.2 Über diese Einführung

Kritische Theorie hat Max Horkheimer 1932 die von ihm als Direktor des Frankfurter Instituts für Sozialforschung (IfS) begründete Gesellschaftstheorie genannt. Der Kreis der an diesem Projekt Beteiligten war überschaubar: Erich Fromm, Leo Löwenthal, Herbert Marcuse, Friedrich Pollock, Theodor Wiesengrund-Adorno. Eher am Rande standen Franz Neumann, Karl August Wittfogel, Henryk Grossmann, Walter Benjamin. Einige verabschiedeten sich selber aus der Zusammenarbeit, andere wurden von Horkheimer hinausgeworfen. Walter Benjamin überlebte als Einziger dieser Gruppe den Nationalsozialismus nicht. Schließlich bildeten in der Nachkriegszeit nur noch Horkheimer und Adorno weiterhin einen engen Arbeitszusammenhang am wiederbegründeten und übrigens heute noch existierenden IfS. Marcuse nahm in den USA seinerseits den einst gemeinsam gesponnenen theoretischen Faden wieder auf, wenn auch mit einer deutlich anderen Gewichtung.

Nach dem Lebensende dieser Generation bildete sich kein neuer Zusammenhang mehr, der für sich hätte beanspruchen können oder wollen, die Nachfolge der ursprünglichen Gruppe anzutreten. Dennoch war ihre Wirkung beträchtlich: Eine ganze Generation Intellektueller wurde maßgeblich von Horkheimer, Adorno und Marcuse inspiriert und prägte ihrerseits vor allem in der Bundesrepublik das gesellschaftliche Klima bis heute entscheidend mit. Aber das organisatorische Konzept, das Horkheimer und seine Freunde Anfang der 30er-Jahre aus der Taufe gehoben hatten, wurde nicht wieder aufgegriffen, an die

---

7   Wolfgang Pohrt, Der Staatsfeind auf dem Lehrstuhl, in: ders., Stammesbewußtsein, Kulturnation, Berlin 1984, S. 60.

Tiefe und Schärfe ihrer Gesellschaftskritik kaum angeknüpft. Kritische Theorie ist also heute im Wesentlichen ein historischer Gegenstand.

Diese Einführung verbleibt deswegen weitgehend bei der Gründungsgeneration und den von ihr ausgehenden Impulsen, von denen aus sich bei Interesse jüngere Beiträge dann hoffentlich leichter erschließen lassen. Zur Begriffsklärung sei an dieser Stelle angemerkt: «Kritische Theorie», großgeschrieben und als Eigenname verwendet, bezeichnet in dieser Einführung den Korpus an Theorien aus diesem Arbeitszusammenhang, während sich die kleingeschriebene Bezeichnung «kritische Theorie(n)» auf ein viel weiter gefasstes Spektrum verschiedenster Gesellschaftstheorien bezieht, die alle für sich das Attribut «kritisch» reklamieren. Der Terminus «Frankfurter Schule» wird möglichst vermieden[8].

Der thematische Schwerpunkt der Darstellung liegt entsprechend dem Vorhaben der Reihe *theorie.org* auf den vordergründig politischen Aspekten. Vordergründig deshalb, weil mit der Kritischen Theorie selbst keine Aufteilung der Gesellschaft in verschiedene *Subsysteme* oder *Funktionszusammenhänge* zu machen ist, von denen nur einem das sogenannte Politische zugeordnet wäre. Gesellschaft ist der Kritischen Theorie ein umfassendes Ganzes, eine Totalität. Und egal, bei welchem Phänomen, bei welcher Erscheinung man einen Text, eine Fragestellung, eine Analyse begänne: Man würde unabwendbar auf den Zusammenhang des Einzelnen, Besonderen mit dieser gesellschaftlichen Totalität stoßen, also auf den in jedem Fall eminent politischen Zusammenhang, dass die Gesellschaft in allen Bereichen von bestimmten Grundprinzipien durchdrungen und dominiert ist, die im Wesentlichen in Marx' Theorie entwickelt worden sind. Nicht gemeint ist damit hingegen politisch-totalitäre Herrschaft im Sinne einer Diktatur: «*Totalität ist in demokratisch verfaßten Ländern ... eine Kategorie der Vermittlung, keine unmittelbarer Herrschaft und Unterwerfung.*»[9] Trotzdem wird hier nicht mit den musiktheoretischen Schriften Adornos, den Literaturkritiken Leo Löwenthals oder den poetischen Versuchen von Max Horkheimer begonnen, von denen

---

8   Adorno selbst hat diese Begrifflichkeit abgelehnt; vgl. Alex Demirović, Der nonkonformistische Intellektuelle, S. 843 f.

9   T. W. Adorno, Zur Logik der Sozialwissenschaften, GS 8, S. 549.

aus man sich die Kritische Theorie und ihren politischen Gehalt ebenso erschließen könnte, sondern mit den unmittelbar gesellschaftspolitischen Schriften. Die Reihe, in der diese Einführung erscheint, setzt ein solches spezifisches *politisches Interesse und Engagement* ihrer Leserinnen und Leser voraus. Deshalb ist das hier gewählte Thema, an dem entlang exemplarisch entfaltet werden soll, was Kritische Theorie ausmachen könnte, ihr Verhältnis zur politischen Praxis.

Dabei wird vor allem auf Theodor W. Adornos und Herbert Marcuses Einlassungen zu Möglichkeit, Inhalt und Form politischer Praxis in den modernen kapitalistischen Gesellschaften eingegangen. In dieser Frage scheinen beide innerhalb der Kritischen Theorie Antipoden zu sein, auch wenn Adorno solche Differenzen in der Öffentlichkeit gerne auf «*eine Frage divergierender Temperamente*»[10] reduziert wissen wollte. Von ihm wird kolportiert, dass er sich in den 60er-Jahren fast jedem Versuch seiner engagierten Studierenden verweigert habe, ihn in politische Praxis zu involvieren. In der medial vermittelten Erinnerung sind seine durchaus umfangreichen Begründungen hierfür weniger präsent als die negativen Charakterisierungen, die ihn daraufhin trafen: Adorno wurde vorgeworfen, er sei ein von der Realität losgelöster «freischwebender Intellektueller» oder der weltabgewandte Bewohner eines Elfenbeinturms. Herbert Marcuse hingegen wird regelmäßig dargestellt als unermüdlicher Fürsprecher und Diskussionspartner der Neuen Linken, als Redner auf ihren politischen Konferenzen und Kongressen, verklärt als «Vater» oder «Prophet» dieser politischen Strömung.

Dies sind Klischees, die beide Positionen ihrer jeweiligen kritischen Spannung im Verhältnis von politischer Theorie zu politischer Praxis berauben. In dieser Einführung interessiert es daher auch nicht, ob sich auf praktisches Leben und theoretisches Werk unter dem Gesichtspunkt der Konsequenz ein Reim machen lässt. Warum meist denunziatorisch gemeinte Forderungen nach persönlicher Konsequenz grundsätzlich abzulehnen sind, hat Adorno mehr als nur einmal ausgeführt.[11] Alle Theoretiker des hier geschilderten Theoriezusammenhangs ha-

---

10 T. W. Adorno, Über Herbert Marcuse, GS 20.2, S. 768.

11 Vgl. T. W. Adorno und Max Horkheimer, Dialektik der Aufklärung, GS 3, S. 272 ff. und Max Horkheimer (alias Heinrich Regius), Dämmerung, Zürich 1934, S. 200.

ben das Recht auf Kritik immer gegen Einwände wie «*Du weißt (bzw. kannst) es ja auch nicht besser*» oder «*Wenn du konsequent wärst, dann müsstest du ja auch …*» verteidigt: Der freie Gedanke darf keinesfalls durch den Einwand, er sei praktisch nicht umsetzbar, abgewürgt werden. Vor allem aber würde eine solche Vorhaltung den theoretischen Begründungen nicht gerecht, die Adorno und Marcuse für die Möglichkeit oder Unmöglichkeit politischer Praxis angeführt haben.

In diesem Buch wird die Differenz von zwei verschiedenen Konzeptionen Kritischer Theorie herausgearbeitet, deren Bezug auf politische Praxis durchgängig und wohl auch notwendigerweise ambivalent gewesen ist. Aus diesem Spannungsfeld, so die Hoffnung, lassen sich auch heute noch für kritische wie für politisch engagierte Menschen Erkenntnisse gewinnen, die dabei helfen können, Antworten auf die Frage nach Möglichkeiten politischen Handelns zu finden. Zumindest aber wird man auch im 21. Jahrhundert nicht hinter die Erkenntnisse Kritischer Theorie zurückfallen können, ohne sich dümmer zu machen, als ohne Not geboten ist.

Für die Darstellung eines historischen Gegenstandes empfiehlt sich eine chronologische Herangehensweise. Die weitgespannten Themen und Interessen der Kritischen Theorie machen allerdings Abweichungen vom Konzept einer linearen Geschichtserzählung notwendig. Denn viele interessante Aspekte gehen nicht einfach im Entwicklungsgang der Theorie auf, sondern müssen eigenständig erschlossen werden. Daher wird sich diese Einführung chronologisch vorgehend der Kritischen Theorie unter dem Hauptgesichtspunkt ihrer Sicht auf politische Praxis annähern, mitunter aber auch länger bei einzelnen Themen, Texten oder Personen verweilen. Allerdings macht eine jede Schwerpunktsetzung Verknappungen und Verkürzungen in der Darstellung nötig, zu deren Korrektur ein Blick auf die hier vernachlässigten Aspekte Kritischer Theorie notwendig wäre.

Zur Gliederung: Die Selbstkritik eines theoretisch erstarrten und politisch gelähmten Marxismus und seine Belebung durch Impulse aus Philosophie und angewandter Sozialwissenschaft war das Leitmotiv einer kleinen Gruppe Intellektueller in den 20er- und frühen 30er-Jahren des 20. Jahrhunderts. Wie dieser Kreis zusammenfand (Kapitel 2) und wie daraus das später von Max Horkheimer geleitete Institut für Sozialforschung in

Frankfurt am Main entstand (Kapitel 3), damit beginnt diese Einführung.

Unter dem Eindruck des Zweiten Weltkrieges und der Vernichtung der europäischen Juden verdichtete sich die vom Kreis um Horkheimer inzwischen im amerikanischen Exil betriebene Selbstkritik des Marxismus dann zu einer umfassenden theoretischen Krise des Marxismus, die sich mit einem Aphorismus Walter Benjamins auf den Punkt bringen lässt: «*Marx sagt, die Revolutionen sind die Lokomotive der Weltgeschichte. Aber vielleicht ist dem gänzlich anders. Vielleicht sind die Revolutionen der Griff des in diesem Zuge reisenden Menschengeschlechts nach der Notbremse.*»[12] Diese Auffassung teilten bald auch Horkheimer, Adorno und Marcuse[13]. Die aus dieser Auffassung resultierende Theorie totaler Vergesellschaftung sollte das zentrale Paradigma der Kritischen Theorie werden, dessen Entstehung in Kapitel 4 nachvollzogen wird.

Die Frage nach dem Vorhandensein einer «Notbremse» für diese gesellschaftliche Entwicklung – also nach den Möglichkeiten zu politisch eingreifendem Handeln – beantworten Marcuse und Adorno allerdings unterschiedlich. Diese Differenz ist der rote Faden in der weiteren Darstellung. In Kapitel 5 findet sich daher eine parallele Darstellung derjenigen Arbeiten, in denen beide jeweils besonders pointiert den systemhaften Charakter des modernen Kapitalismus beschreiben. Darin wird zugleich sichtbar, ob und wie ein Entrinnen aus diesem Zustand überhaupt noch denkbar ist: Welche Möglichkeiten zur theoretischen Durchdringung der Gesellschaft bestehen unter den Bedingungen totaler Vergesellschaftung noch, und zu welcher Vorstellung vom Ziel politischer Praxis kommen Adorno und Marcuse unter diesen Bedingungen? Wie stellen sich die transzendierende Denkmethode als Voraussetzung und Utopien als Horizont emanzipatorischer Praxis dar und in welchem Verhält-

---

12 Walter Benjamin, Über den Begriff der Geschichte, Gesammelte Schriften (GS), Band 1.3, Frankfurt am Main 1974, S. 1232; vgl. auch Roland Roth, Rebellische Subjektivität, Frankfurt am Main und New York 1985, S. 105.

13 «Fortschritt heißt: aus dem Bann heraustreten ... Insofern ließe sich sagen: der Fortschritt ereigne sich dort, wo er endet.» (T. W. Adorno, Fortschritt, GS 10.2, S. 625). Bei Marcuse erscheint die Notbremse in der Gestalt des qualitativen Bruchs.

nis stehen sie zueinander? Daran schließen sich Fragen nach den praktischen Konsequenzen der Theorie an: Welche Formen kann politische Praxis im Spätkapitalismus vernünftigerweise noch annehmen und wer sind für Adorno und Marcuse die Protagonisten einer solchen Praxis?

Nachdem sowohl der Zustand der Gesellschaft und der in ihr existierenden Individuen als auch die zur Kritik dieses Zustandes zur Verfügung stehenden Mittel und Alternativen umrissen worden sind, wird auf die konkret mit Praxis zusammenhängenden Ausführungen von Adorno und Marcuse eingegangen. Da Adorno sich in dieser Hinsicht stets sehr bedeckt gehalten hat und auch Marcuse in seinem Spätwerk keine umfassende und systematische Arbeit hierzu hinterlassen hat, bietet sich eine indirekte Bearbeitung an. In der Auseinandersetzung der Autoren mit den Protestbewegungen der sechziger Jahre wird nach Antworten auf diese Fragestellungen gesucht (Kapitel 6).

Das abschließende 7. Kapitel wirft einen Blick auf die Erb- und Hinterlassenschaften der Kritischen Theorie und auch auf Personen und Institutionen, die sich auf die eine oder andere Art in einem Zusammenhang mit dieser Strömung der sozialwissenschaftlichen Theoriebildung sehen.

2 Der Ursprung der Kritischen Theorie

Die Philosophie der Aufklärung, Ausdruck des geistigen Selbstverständnisses der bürgerlichen Gesellschaft, verfolgte ihrem eigenen Anspruch nach das Ziel, die Menschen zu ermächtigen, ihr Leben und ihre Gesellschaft nach den Regeln der Vernunft und frei von Bedrückung und Not zu führen. Verabschiedet hatte man sich von der religiös geprägten Weltsicht, in der menschliches Glück allein im Jenseits oder in einer – je nach Glaubensrichtung unterschiedlich zu erlangenden – göttlichen Gnade zu finden war. Der Mensch wurde nicht mehr beschrieben als beseeltes Ebenbild Gottes, sondern als ein der Natur entsprungenes Wesen mit der besonderen Gabe der Vernunft. Seit der Renaissance gewannen Gedanken an Bedeutung, die den Wert eines jeden menschlichen Individuums priesen und die gesellschaftliche Herrschaft der menschlichen Vernunft einforderten. Die Deutungsmacht von Kirche und Religion schwand.

Diese Entwicklung ging in der Kunst von Italien aus und fand ihren ersten gesellschaftlichen Niederschlag in den Reformen Englands sowie einen religiösen Widerschein in den reformatorischen Bewegungen Mitteleuropas. Mit der amerikanischen Unabhängigkeitserklärung von 1776 und der Französischen Revolution von 1789 entstanden erstmals Staaten, die sich in ihrer politischen Selbstbeschreibung direkt auf die Prinzipien der Aufklärung beriefen. Spätestens von nun an sollte die Welt unter der Herrschaft des aufgeklärten Bürgertums vernünftiger, freier, humaner gestaltet werden. Die Nutzung der menschlichen Vernunft und die kontinuierliche Entwicklung von Wissenschaft und Technik sowie deren Anwendung in Produktion und Handel sollten diese Versprechen verwirklichen und allen Individuen zu stetig mehr Freiheit, Glück und Wohlstand verhelfen.

Im Jahr 1851, etliche Staaten Europas waren politisch inzwischen mehr oder minder demokratisch verfasst, fand in London die erste Weltausstellung statt. Der radikal weltumspannende, universalistische Anspruch der Aufklärung, für alle Menschen und Nationen gültig zu sein, steckte schon in der Idee einer solchen Messe, ebenso wie die Vorstellung, Produkte der modernen Technik und Industrie könnten diesen Anspruch am besten versinnbildlichen. Auf dem Weltausstellungsgelände repräsentierte der von Joseph Paxton erbaute Kristallpalast dieses optimistische Selbstverständnis des Bürgertums: ein gigantischer moderner Ingenieurbau aus Stahl und Glas, imposant, futuristisch und lichtdurchflutet, auf Englisch: *enlighted*. Natürlich könnte man mit kritischem Blick in der Idee dieses Spektakels auch den entstehenden kapitalistischen Weltmarkt und den seine blutigen Grundlagen lieber verdrängenden europäischen Kolonialismus entdecken.

Die düsteren Seiten der aufgeklärten Epoche sollten in Europa bald deutlich sichtbar werden: Mit dem Ersten Weltkrieg und den Schrecken einer technologisch potenzierten Kriegführung, die dem gerade erst zum Maß aller Dinge erklärten Individuum in bisher unbekanntem Ausmaß seine Ohnmacht, Unbedeutsamkeit und Hinfälligkeit vor Augen führte, waren die optimistischen Zukunftserwartungen in eine schwere Krise geraten. Der Londoner Kristallpalast war schon lange demontiert, als der deutsche Philosoph Oswald Spengler während des Ersten Weltkrieges mit seinem Werk «Der Untergang des Abendlandes» ein für viele seiner Zeitgenossen wegweisendes Dokument des bürgerlichen Selbstverständnisses als einer pessimistischen Verfalls-, nicht mehr einer Aufstiegsgeschichte verfasste.

2.1 Die Krise des Bürgertums und der unterbrochene Aufstieg des Marxismus

Nachdem Karl Marx die Philosophie der Aufklärung bereits im 19. Jahrhundert als Ideologie denunziert hatte, die in der Realität nur den partikularen Interessen der herrschenden bürgerlichen Klasse diene, hatten sich die entstehenden sozialistischen Bewegungen die ebenso praktische wie universelle Verwirklichung der Ziele der Aufklärung als politisches Projekt vorgenommen: Erst durch eine grundsätzliche Umwälzung der bürgerlichen Ordnung könne eine vernünftige Gesellschaft Wirklichkeit werden. Protagonist dieser Änderung sollte das im Schoß der bürgerlichen Gesellschaft heranwachsende Proletariat sein, befördert von einer Entwicklung, die das Bürgertum

selbst in Gang gesetzt hatte: der Entwicklung der Produktivkräfte, welche die sie fesselnden Produktionsverhältnisse sprengen würden. Nirgendwo ist dies so plastisch und enthusiastisch
geschildert wie in Marx' und Engels' «Manifest der Kommunistischen Partei». Die Anthropologie wechselte, nachdem sie die
religiöse Ableitung des Menschen als eines Ebenbildes Gottes
schon lange aufgegeben hatte, nun vom bürgerlichen Paradigma der Vernunft zum sozialistischen der Arbeit. Nicht mehr die
Vernunftphilosophie, als deren letzte Form der Hegel'sche Weltgeist aufgetreten war, sondern die Gesetze der von menschlicher Arbeit angetriebenen ökonomischen Entwicklung bestimmten von nun an den auch in der Arbeiterbewegung mit
Optimismus betrachteten Fortgang der Geschichte.

Aber mit dem Ersten Weltkrieg war auch der Marxismus
in eine schwere Krise geraten. Nicht nur hatte das Proletariat
den Krieg nicht verhindern können, es war sogar teilweise begeistert in das nationalistische Gemetzel gestürmt, bei dem die
Proletarier, ganz im Gegensatz zu Marx' berühmter Bewertung
der Risiken einer sozialistischen Revolution (*«Die Proletarier haben nichts in ihr zu verlieren als ihre Ketten. Sie haben eine Welt
zu gewinnen.»*), als Klasse nun rein gar nichts zu gewinnen,
aber als Individuum buchstäblich alles zu verlieren hatten. In
Deutschland war die SPD mit der Bewilligung der Kriegskredite
von Anfang an ganz vorne mit dabei, was ihr zwar das Ansehen des Kaisers Wilhelm II (*«Ich kenne keine Parteien mehr,
kenne nur noch Deutsche»*) einbrachte, ihrer Anhängerschaft
aber Leid und Tod. In den folgenden fünf Jahren kamen allein in
Europa über zehn Millionen Menschen in der industrialisierten
Kriegsführung des Ersten Weltkriegs um, mehr als doppelt so
viele wurden verletzt oder verstümmelt. Auch nach dem Krieg
fanden die zuerst in den fortgeschrittensten Industrienationen
erwarteten Revolutionen nicht statt. Ansätze dazu waren wie in
Deutschland oder Ungarn isoliert geblieben und blutig niedergeschlagen worden. Die Arbeiterklasse war nicht wie erwartet
homogen angewachsen, sondern hatte sich ökonomisch diffe-
renziert und war politisch gespalten; und sie begann, sich kulturell immer stärker in die bürgerliche Gesellschaft zu integrieren.
Ihre Konstituierung von der «Klasse an sich» (das heißt nach
ihrer objektiven Stellung innerhalb des Produktionsprozesses)
zur «Klasse für sich» (das heißt als subjektiver Träger eines Klas-

senbewusstseins)[14] war hinter den theoretischen Erwartungen zurückgeblieben. Staatliche Eingriffe und die zunehmend korporative Organisation der großen Wirtschaftsakteure in Kartellen und Monopolen schienen in den kapitalistischen Staaten die politische Entwicklung gegenüber ökonomischen Krisentendenzen abzuschirmen. Wo die sozialistische Revolution aber paradoxerweise gesiegt hatte, im rückständigen Russland, war ihr Umschlag in erneute Herrschaft, wenn auch noch nicht vollzogen, zumindest eine nicht unwahrscheinliche Entwicklungslinie, für die es auch bei grundsätzlichem Wohlwollen für das sozialistische Experiment in der jungen Sowjetunion bereits mehr als nur vage Anzeichen gab.

Die Organisationen der deutschen Arbeiterbewegung, die Parteien und Gewerkschaften, ignorierten diese Situation allerdings zumeist und richteten ihre Theorie an ihrer bisherigen Praxis aus, statt grundsätzlich neu über die Gegenwart und Zukunft der bürgerlichen Gesellschaft nachzudenken. Deren ungebrochenen Fortgang stellte man sich weiterhin als die stetige Vollstreckung eines geschichtsnotwendigen Prozesses vor – bei den Sozialdemokraten mehr friedlich-evolutionär imaginiert[15], bei den jungen kommunistischen Organisationen mehr gewaltsam-revolutionär. Die SPD hatte sich dem Erhalt der parlamentarischen Demokratie verschrieben. Wer in dieser Partei auf den Sozialismus hinarbeitete, und das waren so wenige nicht, erwartete sich diesen als Ergebnis eines staatsgelenkten Prozesses in der Form eines fließenden Übergangs. Die hierfür nötige permanente Steigerung der Wahlergebnisse der SPD – ab 51 Pro-

---

14   Wer sich hier mit ihm unbekannten Begriffen aus der marxistische Terminologie herumärgert, die im Rahmen einer Einführung in Kritische Theorie nicht ausgeführt werden können, sei auf drei hilfreiche Bücher verwiesen: Zum Verständnis der Struktur von Marx' Kritik der politischen Ökonomie ist das gleichnamige Buch von Michael Heinrich (Stuttgart 2004) empfehlenswert. Parallel dazu ist das historisch orientierte Werk von Georg Fülberth: G Strich – Kleine Geschichte des Kapitalismus, Köln 2006 interessant. Das Marx-Engels-Begriffslexikon, herausgegeben von Konrad Lotter, Reinhard Meiners und Elmar Treptow, München 1984, erläutert marxistische Grundbegriffe hingegen anhand kompakter Zitate aus den Originaltexten.

15   Karl Kautsky, 1854–1938, führender Theoretiker der SPD, beschrieb dies so: Die SPD sei zwar eine revolutionäre, aber keine die Revolution machende Partei.

zent der Stimmen wäre der Sozialismus so gut wie erreicht!
– blieb allerdings aus. Die KPD hingegen, nach den Morden
an Rosa Luxemburg und Karl Liebknecht politisch schwankend
und desorientiert, hatte zunächst eine aktionistische, militante
Politik verfolgt. Ihre Versuche, bewaffnete Arbeiteraufstände
zu initiieren und zu einer sozialistischen Revolution auszuwei-
ten, waren im Feuer staatlicher Ordnungskräfte und protofa-
schistischer Freikorps erstickt worden. Schlecht und allgemein
verstandene ökonomische Gesetzmäßigkeiten und eine deter-
ministische Geschichtsphilosophie dienten dabei auf beiden
Flügeln anstelle einer konkreten Analyse der gesellschaftlichen
Situation zur Begründung der Praxis. Eine kritische Analyse hätte sicherlich ein weit weniger optimistisches Ergebnis gezeitigt,
aber im scheinbaren Bündnis mit den geschichtsmächtigen
Kräften wurde unverdrossen und siegesgewiss verkündet: «Mit
uns marschiert die neue Zeit» und es gehe direkt «Dem Mor-
genrot entgegen» – was sich in Deutschland spätestens 1933
als fataler Irrtum herausstellen sollte.

Walter Benjamin kritisierte diese in den großen Arbeiteror-
ganisationen vorherrschende, erstarrte Aneignungsform des
Marxismus in seinen für die Kritische Theorie wegweisenden
Thesen «Über den Begriff der Geschichte». Dieser ebenso groß-
artige wie knappe Text verspottete den hohlen und religions-
gleichen Geschichtsdeterminismus der traditionellen Arbeiterbewegung und der orthodoxen Marxinterpretation mit einem
Gleichnis über einen im Spätbarock zur Unterhaltung höfischer
Kreise konstruierten Schachautomaten:

*«Eine Puppe in türkischer Tracht … saß vor dem Brett, das auf
einem geräumigen Tisch aufruhte. Durch ein System von Spie-
geln wurde der Eindruck erweckt, dieser Tisch sei von allen Seiten durchsichtig. In Wahrheit saß ein buckliger Zwerg darin,
der ein Meister im Schachspiel war und die Hand der Puppe an
Schnüren lenkte. Zu dieser Apparatur kann man sich ein Ge-
genstück in der Philosophie vorstellen. Gewinnen soll immer die
Puppe, die man ‹historischer Materialismus› nennt. Sie kann es
ohne weiteres mit jedem aufnehmen, wenn sie die Theologie in
ihren Dienst nimmt, die heute bekanntlich klein und häßlich ist
und sich ohnehin nicht darf blicken lassen.»*[16]

---

16 Walter Benjamin, Über den Begriff der Geschichte, GS 1.2, S. 693. Der
    Schachautomat wurde 1769 von Wolfgang von Kempelen erbaut. Be-

Ob man in der Rückschau für diese Entwicklung vor allem Marx selber, dessen umfangreiches und durchaus widersprüchliches Werk zu dieser Zeit erst teilweise publiziert war, verantwortlich machen möchte oder eher seine Interpreten, kann nicht Thema einer Einführung in die Kritische Theorie sein[17]. Festhalten lässt sich aber sicherlich: Die Art und Weise der Gegenwarts- und Gesellschaftsanalyse der sich auf Marx berufenden Organisationen war oft nicht mehr realitätstauglich und verfiel so zu Recht dem Spott. Walter Benjamin gehörte mit seinen ambitionierten und kritischen Ansätzen zu einer kleinen, intellektuellen, meist nicht gerade proletarischen, aber durchaus prekarisierten Minderheit am Rande des Marxismus, die in den 20er-Jahren begann zu wachsen – und sich zu organisieren.

2.2 Die Gründung des Instituts für Sozialforschung

«Eine der großen Taten der Klassiker war es, daß sie ohne jede Entmutigung auf den Aufstand verzichteten, als sie die Lage verändert sahen. Sie sagten eine Zeit des nochmaligen Aufschwungs der Unterdrücker und Ausbeuter voraus und stellten ihre Tätigkeit darauf um.»
Bertolt Brecht, Me-Ti. Buch der Wendungen[18]

In der Pfingstwoche 1923 trafen sich in Thüringen auf gemeinsame Einladung des marxistischen Jenaer Privatdozenten und Publizisten Karl Korsch und des jungen Millionenerben Felix Weil zwei Dutzend radikale, meist junge Intellektuelle, die größtenteils der noch jüngeren Kommunistischen Partei Deutschlands angehörten oder nahestanden.[19] Korsch hatte mit seinem Buch «Marxismus und Philosophie» einen wesentlichen Anstoß

---

rühmtheit erlangte er 1809, als Napoleon gegen ihn spielte. Vgl. Franz Maria Feldhaus, Die Technik, München 1970, S. 52.

17 Vgl. Michael Heinrich, Kritik der Politische Ökonomie, S. 175 ff.

18 Bertolt Brecht, Me-Ti. Buch der Wendungen, S. 114.

19 Detaillierte Informationen zur Marxistischen Arbeitswoche finden sich wie die Biographien der Beteiligten in: Willem van Reijen und Gunzelin Schmid-Noerr (Herausgeber), Grand Hotel Abgrund, Hamburg 1988.

zur Erneuerung der Marxrezeption gegeben. Felix Weil war bei ihm habilitiert worden und förderte aus dem Vermögen seiner mehr als wohlhabenden Familie großzügig progressive Künstler und Intellektuelle. Unter anderem finanzierte er auch den KP-nahen Malik-Verlag mit. Bei diesem hatte der Philosoph und ehemalige Volkskommissar der kurzen ungarischen Räterepublik, Georg Lukács, sein viel beachtetes Buch «Geschichte und Klassenbewußtsein» publiziert. Karl Korsch und Georg Lukács waren die beiden im deutschen Sprachraum wichtigsten Protagonisten einer Erneuerung des parteipolitisch erstarrten Marxismus auf dem Umweg über die Durcharbeitung und Wiederaneignung der idealistischen Philosophie, die Marx vorangegangen war. Die Anfang des 20. Jahrhunderts nach und nach zur Publikation kommenden Frühschriften[20] von Marx, in denen er sich mit dem deutschen Idealismus auseinandergesetzt und von ihm entfernt hatte, waren ihnen dabei Anregung und Stütze. Ähnlich wichtig für dieses Milieu waren parteipolitisch ungebundene, aber philosophisch bewanderte Kultur- und Gesellschaftskritiker wie Siegfried Kracauer oder Karl Kraus.

Teilnehmer des Treffens von 1923 in Jena waren neben Korsch, Weil, Lukács und anderen auch Friedrich Pollock sowie die Ehepaare Rose und Karl August Wittfogel, Heide und Julian Gumperz sowie Christiane und Richard Sorge. Zweck der Tagung, die auf eine Reihe ähnlicher, von Korsch früher veranstalteter Treffen folgte, war ein Austausch zwischen intellektuellen und radikalen Linken außerhalb des Parteiapparates, für den oder in dem sie zum Teil arbeiteten. Auf der Tagesordnung standen drei Punkte: die Behandlung des *aktuellen Krisenproblems*, die *Methodik* und die *Organisation* marxistischer Forschung. Es erschien einem bestimmten Spektrum politisch denkender junger Intellektueller also Anfang der 20er-Jahre offenbar notwendig, abseits von Parteistrukturen eine offene und unabhängige Diskussion darüber zu führen, welche Praxis die Linke jenseits des sozialdemokratischen Vertrauens auf kontinuierlich wachsende Wahlerfolge und einer erfolglosen, angesichts der ungebrochenen Stärke der Reaktion möglicherweise auch verantwortungslosen Aufstandsrhetorik entwickeln könnte.

---

20 Zur Frage der Trennung von Marx' Werk in einen «jungen», philosophischen und einen «alten», polit-ökonomischen Marx vgl. Michael Heinrich, Kritik der politischen Ökonomie, S. 19 ff.

Das Treffen scheint auch ohne überlieferte konkrete Ergebnisse spannend und ergebnisreich genug gewesen zu sein, um Felix Weil in seinem Engagement für ein Projekt zu bestärken, das ihn und seinen Vater, Hermann Weil, bereits seit mehreren Jahren beschäftigte. Aus verschiedenen Gründen hatte der Vater, ein konservativer Millionär, der mit internationalem Getreidehandel in der Kriegs- und Nachkriegszeit reich geworden war, Interesse daran, in seiner Heimatstadt Frankfurt am Main als großzügiger Mäzen und Förderer der Wissenschaften aufzutreten. Sein Sohn erschien ihm als sozialistischer Lebemann mit gelehrten Interessen der Richtige, diese Institutsgründung seitens der Stifterfamilie zu begleiten und daraus seinen Beruf, möglicherweise sein Lebenswerk zu machen. Der Plan der Stiftung eines sozialwissenschaftlichen Instituts zur Erforschung der Arbeiterbewegung reifte so heran. Der Sohn selber dachte dabei wohl eher an eine Parallele zu dem in Moskau seit einigen Jahren existierenden Marx-Engels-Institut, dessen Aufgaben neben der wissenschaftlichen Erforschung und historischen Dokumentation der Arbeiterbewegung sehr deutlich auch die aktive Verbreitung ihrer politischen Ideen umfasste. Die Arbeit des zu gründenden Instituts sollte jedenfalls nach Felix Weil mehr oder weniger unmittelbar der praktischen Umwälzung der bürgerlichen Gesellschaft dienen. Er hoffte sogar, es einst einem «*siegreichen deutschen Rätestaat übergeben zu können*».[21]

Noch 1923 gelang das Stiftungswerk: An der Frankfurter Universität, verzahnt mit der Wirtschafts- und Sozialwissenschaftlichen Fakultät, aber in seiner Ausrichtung, Personalpolitik und Finanzierung dank der umfangreichen Stiftung Weils unabhängig, wurde das Institut für Sozialforschung (IfS) gegründet und im Juni 1924 eingeweiht. Auch wenn dieses Institut zunächst durchaus traditionell forschte und arbeitete, so ist doch schon in der Grundidee dieser Körperschaft, aus der die Kritische Theorie hervorgehen sollte, eine bestimmte Vorstellung von politischer Praxis aufzufinden: Die politische Intention des Gründers und seiner Freunde zielte durchaus nicht auf Teilnahme am parlamentarischen Prozess und sonstigen Selbstregulierungen der bürgerlichen Gesellschaft, sondern auf eine die gesamten gesellschaftlichen Verkehrsformen und vor

---

21 Vgl. Rolf Wiggershaus, Die Frankfurter Schule, München 1988, S. 19 ff.

allem die Eigentumsverhältnisse umwälzende Praxis – es ging in der Kritischen Theorie also schon zu Beginn wortwörtlich ums Ganze. Da aber auf der politischen Ebene ein Mangel an überzeugenden Strategien, an Fantasie, ja an Erfolg versprechenden Konzepten überhaupt herrschte, lag es nah, sich an die Worte eines erfolgreichen Revolutionsführers zu erinnern: 1905, nach der gescheiterten Revolution in Russland gefragt, was der Revolutionär in nichtrevolutionären Zeiten am dringendsten brauche, soll Lenin geantwortet haben: «*Geduld und Theorie*».

Was als organisatorischer Ablauf zunächst recht banal klingt, lag in der damaligen Wissenschaftslandschaft quer zu den traditionellen Universitätsstrukturen. Das Projekt konnte nur aufgrund des günstigen Zusammentreffens und der geschickten Ausnutzung verschiedener Umstände gelingen. Eine Soziologie als etabliertes, anerkanntes Fach gab es im deutschsprachigen Raum kaum. An einer Handvoll Universitäten lehrten zwar einige Soziologen, jedoch häufig auf ganz anders benannten Lehrstühlen. Sie wurden misstrauisch beäugt von den traditionellen Ordinarien etwa der philosophischen und theologischen Fakultäten, denen eine moderne, nach angelsächsischer Denktradition riechende und unter Sozialismusverdacht stehende Konkurrenz in ihrem Oligopol auf die Deutung von Gesellschaft und Gegenwart wenig gefiel. Die liberalen Verantwortlichen der Stadt Frankfurt genehmigten aber die Institutsgründung und die komplizierte Verbindung mit der städtischen Universität, denn angesichts der sozialen und politischen Erschütterungen der letzten Jahre erschien ihnen unzweifelhaft, dass die Arbeiterklasse und ihre Organisationen im weitesten Sinne ein wichtiges Studienobjekt waren. Ob man nun einen kommenden Sozialismus herbeiwünschte oder die Revolution «*haß(t)e ... wie die Sünde*» (Reichspräsident Friedrich Ebert, SPD) schien dabei zunächst egal. Wenn also eine anerkannte Stütze der Gesellschaft und sein engagierter Erbe sich um ein aktuelles Thema der Zeit, nämlich die Erforschung der Arbeiterbewegung, mit eigenem Geld verdient machen wollten, war dabei für Stadt und Universität viel zu gewinnen und wenig zu verlieren.[22] Das

---

22 Vgl. Ludwig von Friedeburg, Die Geschichte des Instituts für Sozialforschung, undatiert, ohne Ort. Diese Selbstdarstellung kann von der Internetseite des IfS heruntergeladen werden: www.ifs.uni-frankfurt.de/institut/geschichte.htm.

Institut, das zur materiellen Basis der Kritischen Theorie werden sollte, war eine überaus moderne, heute würde man wohl sagen: innovative Einrichtung. Aus privaten Drittmitteln gefördert, der Universität angeschlossen, aber nicht untergeordnet, mehr der Forschung denn der Lehre verpflichtet, neben den etablierten Fachgebieten der Universitäten liegend und mit einer für das akademische Leben untypisch autokratischen inneren Struktur ausgestattet. Heutzutage würde eine solche Institutsgründung wohl den Protestreflex vieler Studierendenvertreter der jeweiligen Hochschule hervorrufen, vermutlich ohne vorher nach Ziel und Zweck einer solchen Einrichtung zu fragen.

• Erster Leiter des Instituts sollte eigentlich der junge undogmatische Marxist Kurt Gerlach werden, der aber 1922 überraschend starb. Statt dessen wurde der wesentlich ältere Wiener Professor Carl Grünberg berufen, einer der damals bekanntesten sozialdemokratisch orientierten deutschsprachigen Akademiker, der sich bereits seit fünfzehn Jahren der Erforschung der Geschichte der Arbeiterbewegung gewidmet und auch die hierzu bedeutendste Fachzeitschrift[23] begründet hatte. Er galt als einer der geistigen Väter des Austromarxismus, der in der österreichischen Sozialdemokratie nach dem Ersten Weltkrieg vorherrschenden, stark parlamentarisch orientierten Lesart von Marx. Neben ihm waren seine Assistenten Friedrich Pollock und Henryk Grossmann, beide Ökonomen, tätig. Die Institutsbibliothek leitete Rose Wittfogel, deren Mann Karl August als Asienspezialist tätig war. Christiane und Richard Sorge waren in der Bibliothek beschäftigt, wobei Letzterer aber bald aus Deutschland verschwand, wohl um als Agent der Sowjetunion, zuletzt in Tokio, zu wirken. Dutzende andere Personen waren noch am frühen IfS tätig, aber für den Zusammenhang dieser Einführung ist vor allem Leo Löwenthal bedeutsam, der später zur Kerngruppe der Kritischen Theorie gehören sollte. Unter Grünberg wurden Bibliothek und Dokumentensammlungen angelegt, Fachzeitschriften ausgewertet, Institutspublikationen in einer eigenen Reihe herausgegeben, international bekannte Marxisten und Forschende zu Vorträgen eingeladen und Stipendien an junge Akademikerinnen und Akademiker vergeben. Darüber hinaus vermittelte das IfS zwischen der SPD

---

23   Archiv für die Geschichte des Sozialismus und der Arbeiterbewegung, herausgegeben von Carl Grünberg, Leipzig, 1910–1930.

als Besitzerin des Marx-Nachlasses und dem Moskauer Marx-Engels-Institut als dem Herausgeber der Marx-Engels-Gesamtausgabe. Auch der zur deutschen Publikation dieser Edition gegründete Verlag war im IfS untergebracht, und seine Arbeit wurde als eine legitime Institutsangelegenheit betrachtet[24]. Schlicht gesagt, es wurde alles getan, um die Erforschung der Arbeiterbewegung im wissenschaftlichen Betrieb Deutschlands zu einem gleichberechtigten Sachgebiet neben anderen zu machen, was recht erfolgreich voranging. Wer zu dieser Zeit studierte und Marxist war oder werden oder zumindest als einer erscheinen wollte, kam um das bald «Café Marx» genannte Institut in Frankfurt nicht herum.

Neben seiner erfolgreichen Forschungstätigkeit und den damit zusammenfallenden oder aus ihr hervorgehenden Projekten tat das Institut aber nichts Wesentliches, um etwa in die heftiger werdenden sozialen Kämpfe oder politischen Debatten der späten 20er-Jahre einzugreifen. Anfang 1928 erlitt Carl Grünberg einen schweren Schlaganfall, der ihn dauerhaft arbeitsunfähig und daher einen Wechsel an der Spitze des Instituts nötig machte. Nach einigen Querelen zwischen dem Trägerverein des Instituts, der Gesellschaft für Sozialforschung e. V., und der Universität Frankfurt wurde eine überraschende Nachfolgelösung gefunden: Nicht einer der beiden Assistenten Grünbergs, Pollock oder Grossmann, sondern ein bis dahin am Institut wie in der Wissenschaft und auch in der politischen Szenerie eher wenig aufgefallener, gerade einmal 35 Jahre alter Dozent der Philosophie wurde im Juli 1930 im Hauruckverfahren an eben der Universität, an der er nur fünf Jahre zuvor über Kant habilitiert worden war, zum Professor für Sozialphilosophie berufen und wenige Wochen später zum Institutsleiter ernannt: Max Horkheimer.

2.3 Von der traditionellen zur kritischen Theorie

Max Horkheimer hielt im Januar 1931 anlässlich seines Amtsantritts als Institutsdirektor eine programmatische Rede über «Die gegenwärtige Lage der Sozialphilosophie und die Aufgaben eines Instituts für Sozialforschung». Der Vortrag kam for-

---

24 Vgl. Rolf Wiggershaus, Die Frankfurter Schule, S. 45 ff.

mal gemessen und akademisch daher und umriss nüchtern und ohne Pathos das künftige Forschungsprogramm des Instituts als eine dynamische Fortführung altehrwürdiger Denktraditionen. Horkheimer begann mit der Analyse «der gegenwärtigen Lage der Sozialphilosophie». Es sei Aufgabe der Sozialphilosophie «... *die philosophische Deutung des Schicksals der Menschen, insofern sie nicht bloß Individuen, sondern Glieder einer Gemeinschaft sind*»[25]. Bis zu Immanuel Kant sei Philosophie noch um den Einzelnen, das Individuum, zentriert gewesen, sie habe diesem seine Rolle in der Welt verständlich machen wollen und ihm auf der Basis der eigenständigen und verantwortlichen Nutzung seines Verstandesvermögens Versprechungen zu seiner Autonomie und seinem künftigen Glück gemacht. Diese seien im Fortschreiten der bürgerlichen Gesellschaft allerdings für die meisten Menschen nicht eingelöst worden. Später, so Horkheimer, habe die Sozialphilosophie in Hegels Werk ihre Vollendung erfahren: Nicht mehr das Besondere, sondern das Allgemeine beherrschte und bestimmte nun den Gang der Geschichte. Damit, so sollte Adorno diesen Sachverhalt später beschreiben, «... *meldet erstmals die Erfahrung sich an, daß das Verhalten des Individuums, sei es noch so reinen Willens, nicht heranreicht an eine Realität, die dem Individuum die Bedingungen seines Handelns vorschreibt und einschränkt. Indem Hegel den Begriff des Moralischen ins Politische erweitert, löst er ihn auf. Keine unpolitische Reflexion über Praxis seitdem ist triftig.*»[26]

Nicht mehr das Individuum, sondern die Völker und Staaten standen nun im Zentrum der Philosophie. Zwar habe Hegel die bürgerliche, vom Markt beherrschte Gesellschaft bereits als ein «Wimmeln von Willkür» kritisiert und den Staat als ein Gebilde beschrieben, das aus den so skizzierten Interessengegensätzen entspringe und diese überbrücke und dabei höheren Zielen diene. Er sei aber bereit gewesen, die Geschichte als eine «Schlachtbank» zu akzeptieren, auf der sich die allgemeine welthistorische Tendenz zulasten der besonderen Individuen durchsetzen

25 Max Horkheimer, Die gegenwärtige Lage der Sozialphilosophie und die Aufgaben eines Instituts für Sozialforschung, in: Gesammelte Schriften (GS) Band 3, S. 20.
26 Theodor W. Adorno, Marginalien zu Theorie und Praxis, GS 10.2, S. 764 f.

würde und auch sollte. Dieser Lauf des Weltgeistes sei für Hegel weder aufzuhalten noch zu kritisieren, Freiheit fände der angesichts der welthistorischen Entwicklung unbedeutende Einzelne bestenfalls durch «Einsicht in die Notwendigkeit».

Horkheimer nennt dies eine die Wirklichkeit verklärende Philosophie. Diese Verklärung der Weltgeschichte habe nach Hegels Tod zwar ein Ende gefunden, nicht aber das Leid der ohnmächtigen Einzelnen, und so hätten zunächst pessimistische Deutungen – allen voran die düstere Philosophie Arthur Schopenhauers – Raum im Geistesleben gewonnen. In der Gegenwart knüpfe jedoch nur noch Martin Heidegger (der sein aufsehenerregendes Werk «Sein und Zeit» vier Jahre zuvor publiziert hatte) an eine solche Grundhaltung an. Alle anderen gegenwärtig bedeutsamen Strömungen der zeitgenössischen Sozialphilosophie, so Horkheimer 1931, seien demgegenüber hauptsächlich unterschiedliche Erneuerungen der früheren, unkritischen Versuche zu einer positiven Sinnstiftung angesichts einer bedrückenden gesellschaftlichen Realität. In ihnen sei aber weder ein glaubwürdiges Zukunftsversprechen zu finden, noch eine fundierte Kritik der Gegenwart. Die Sozialphilosophie sei also weitgehend ratlos und affirmativ geworden. Ohne Bezug zur gesellschaftlichen Realität versuchten die konkurrierenden philosophischen Strömungen, dem gesellschaftlichen Prozess einen Sinngehalt anzukleben, blieben dabei aber ihrem Gegenstand ganz und gar äußerlich. Sich für eine dieser angebotenen Interpretationen zu entscheiden, sei daher wenig mehr als eine Geschmacksfrage, aber keine der Erkenntnisfähigkeit oder der Wahrheitssuche. Damit sei die aktuelle Sozialphilosophie noch metaphysischer, noch weiter von der gesellschaftlichen Wirklichkeit entfernt als ihr Antipode in der bürgerlichen Gesellschaftstheorie, der Positivismus, der gar keine philosophische Deutung der Gesamtgesellschaft mehr anstrebe und sich bloß unbekümmert und pragmatisch mit Einzelaspekten der als gegeben hingenommenen Gesellschaft auseinandersetzen wolle.

Der Begriff von «Positivismus», den Horkheimer hier (und später die ganze Kritische Theorie) verwendet, ist sehr weit gefasst und nicht deckungsgleich mit dem Verständnis einiger Denkschulen, die diesen Begriff als Selbstbeschreibung verwenden. Das hat in den weiteren Debatten zu erheblichen Verwirrungen geführt. Es handelt sich um einen kritischen Begriff Horkheimers, der alle diejenigen Strömungen in der Philosophie trifft, die jeden die Gegenwart transzendierenden Gedanken in der wissenschaftlichen Betrachtung von Gesellschaft eine Absage erteilen und sich mit einem an den Naturwissenschaften angelehnten Selbstverständnis mit Vorliebe an mess- und prüfbaren Fakten und deren Systematisierung orientieren. Der Vorwurf an diese Adresse lautet: Affirmation durch das Hinnehmen des Status quo. Als metaphysisch gilt der Kritischen Theorie dagegen jede philosophische Spekulation über letzte Wahrheiten jenseits eines Bezuges zu Gesellschaft und Geschichte. Dieser doppelt unbefriedigende Zustand der Sozialphilosophie sei, so Horkheimer knapp, «... *ein Mangel, der überwunden werden muß*».[27]

Im zweiten Teil seines Vortrages – über die «Aufgaben eines Instituts für Sozialforschung» – schlägt Horkheimer zu diesem Zweck eine Engführung von sozialphilosophischer Theoriebildung und praktischer empirischer Forschung vor. Der gegenwärtige Stand der Wissenschaften ermögliche und verlange, dass die Sozialphilosophie die modernen Fachwissenschaften zur Erforschung gesellschaftlicher Prozesse einbeziehe. Dabei soll die Philosophie den Orientierungsrahmen für empirische Forschungen bilden, deren Ergebnisse dann wiederum auf die philosophischen Überlegungen zurückbezogen werden müssen. Entgegen der akademischen deutschen Tradition, aus der Bibliothek heraus dickleibige Werke über die Gesellschaft als reine Kopfgeburten hervorzubringen, sollte mit einem interdisziplinären Forschungsansatz konkret untersucht werden, welchen Einfluss vor allem das Wirtschaftsleben auf die gesellschaftliche Existenz der Menschen habe. Insbesondere die lohnabhängigen Klassen (dieser Begriff wurde, wie alle marxistischen Termini, von Horkheimer in der Antrittsrede vermieden) als entscheidende Bevölkerungsschicht seien hierbei ins Zentrum der Untersuchungen zu stellen. Der Direktor werde hierzu satzungsgemäß die, so Horkheimer, «*planvolle Diktatur*» über die Arbeitsmittel des Instituts und das Arbeitsvermögen seiner Mitarbeitenden ausüben, um der komplexen Angelegenheit systematisch auf den Grund gehen zu können. Diese

---

27 Max Horkheimer, Die gegenwärtige Lage der Sozialphilosophie und die Aufgaben eines Instituts für Sozialforschung, S. 27

Arbeitsgemeinschaft werde neben Ökonomen zukünftig auch vermehrt Philosophen, Psychologen, Soziologen, Historiker und andere Professionen umfassen. Als ihre Methoden seien Umfragen, Statistiken, Expertengespräche und Analysen kultureller Erzeugnisse angestrebt. Auch ein internationaler Austausch sei geplant, die Eröffnung einer Dependance des IfS in der Schweiz fast vollzogen.

Sollten feindselige Ohren – wir schreiben 1931 – dieser Rede gelauscht haben, etwas arg Verdächtiges wäre ihnen wohl kaum aufgefallen. Ein junger, aufstrebender Akademiker setzt seinem sozialwissenschaftlichen Forschungsinstitut die Aufgabe, zwischen der Scylla traditioneller, idealistischer, weltabgewandter Philosophie und der Charybdis eines in Zahlen und Nutzanwendung verliebten, aber politisch blinden Pragmatismus hindurchzusteuern, das Ufer einer modernen, interdisziplinären und betont selbstreflexiven Sozialforschung im Auge. Von grundsätzlicher Gesellschaftskritik oder radikaler Rhetorik keine Spur.

2.4 Kritische Theorie und bürgerliche Wissenschaft

An dieser Stelle ist ein zeitlicher Vorgriff um einige Jahre hilfreich, um die in der Antrittsrede vorsichtig skizzierten Gedanken darüber, was kritische Theorie sein könnte, genauer auszuführen. 1937 publizierte Marx Horkheimer seinen Aufsatz «Traditionelle und kritische Theorie», begleitet von Materialien zu der im Institut darüber geführten Diskussion über «Kritische Theorie und Philosophie»[28]. Hier wird der Begriff erstmals systematisch ausgeführt – allerdings als kleingeschriebene kritische Theorie, die nach Horkheimer mit Marx beginnt und in den Absichten des IfS nur ihre aktuelle Form findet –, ein Bezugspunkt, den man in der unter den Bedingungen der fragilen Weimarer Demokratie gehaltenen Antrittsrede nur verklausuliert finden konnte. Es lohnt, diesem Text und seiner Argumentation ausführlicher zu folgen, da in ihm viel von dem angelegt ist, was Kritische Theorie charakterisiert. Er zeigt sowohl die Distanz von Horkheimers Denken zum bürgerlichen Wissenschaftsverständ-

---

28 Beide Aufsätze: Zeitschrift für Sozialforschung (ZfS), Jahrgang 6, Paris 1937, S. 245 ff., S. 625 ff.

nis als auch zu einem versteinerten geschichtsdeterministischen Marxismus.

Zunächst legt Horkheimer dar, wie sich das Selbstverständnis der Wissenschaft entwickelt habe, die in der bürgerlichen Welt ja als der maßgebliche institutionalisierte Produzent von Theorie gelten dürfe. Er beginnt mit einer Betrachtung des französischen Philosophen René Descartes, der in seinen «Discours de la méthode»[29] nach Horkheimers Ansicht die Grundform bürgerlichen, aufgeklärten, wissenschaftlichen Denkens auf den Punkt gebracht habe. Unter Theorie werde in der bürgerlichen Gesellschaft seitdem, so Horkheimer, verstanden, dass aus möglichst wenigen, knappen Leitsätzen, die möglichst evident und unbezweifelbar gefasst sein müssen, schrittweise ein möglichst umfassendes System von Regeln, Klassifikationen und Hierarchien abgeleitet werden können muss. In dieses logisch aufgebaute Ordnungssystem werden dann möglichst viele einzelne Phänomene wie in einen Setzkasten einsortiert, bis schließlich die erstrebte Vollständigkeit in der Erkenntnis eines bestimmten Forschungsgebietes durch umfassende und geordnete Darstellung aller Details erreicht sei. Einem einmal erstellten Theoriegebäude stehe also, so Horkheimer, im wissenschaftlichen Alltag eine zwar durchaus vielgestaltige, aber ansonsten unhinterfragte Realität gegenüber, die es durch Beobachtung oder Versuch in die Ordnungsschemata der Theorie einzupassen gelte: «... *immer steht auf der einen Seite das gedanklich formulierte Wissen, auf der anderen ein Sachverhalt, der unter es befaßt werden soll, und dieses Befassen, dieses Herstellen der Beziehung zwischen der bloßen Wahrnehmung oder Konstituierung des Sachverhalts und der begrifflichen Ordnung unseres Wissens heißt seine theoretische Erklärung.*»[30] Je umfassender und mit je weniger Aufwand dies gelänge, als desto fruchtbarer gälte eine Theorie, denn hierdurch beweise sie ihre Anwendbarkeit in der Praxis und sich selbst somit als einen nützlichen Aspekt der gesellschaftlichen Arbeitsteilung: «*Theorie ist das aufgestapelte Wissen in einer Form, die es zur möglichst ein-*

---

29 Der volle Titel lautet: «Discours de la méthode pour bien conduire sa raison, et chercher la verité dans les sciences», übersetzt: «Ausführungen über die Methode, seine Vernunft gut zu gebrauchen und die Wahrheit in den Wissenschaften zu suchen».

30 Max Horkheimer, Traditionelle und kritische Theorie, S. 249.

gehenden Kennzeichnung von Tatsachen brauchbar macht»[31]. Die wichtigsten Forderungen an eine solche Theorie seien daher Positivität, Widerspruchsfreiheit und Einstimmigkeit, so Horkheimer. Daher herrsche in der traditionellen Theorie die Tendenz zu möglichst symbolischen oder mathematischen Darstellungen vor, die als höchste Form der Wissenschaftlichkeit gelten würden. Heraus käme dabei «... *ein Operieren mit Konditionalsätzen, angewandt auf eine gegebene Situation. Unter Voraussetzung der Umstände a b c d muß das Ereignis q erwartet werden, fällt d weg, das Ereignis r, tritt g hinzu, das Ereignis s, usf. Solches Kalkulieren ... ist die Existenzweise der Theorie im traditionellen Sinn.*»[32] Er betont, dass derlei Tun zwar notwendiger Teil der täglichen Arbeit des Wissenschaftlers sei, aber nicht hinlänglich ausreiche zur Beschreibung dessen, was Theorie sei, insbesondere dann nicht, wenn diese sich auf Mensch und Gesellschaft, also sich selbst verändernde Forschungsobjekte, beziehe. Es werde nur von der arbeitsteiligen, isolierten Auseinandersetzung des einzelnen Forschers mit seinem Thema ausgegangen, die Verflochtenheit der Wissenschaft als Institution mit der Gesellschaft dabei aber gänzlich ignoriert. Und so erscheine Gesellschaft in der traditionellen Theorie immer nur als ein «... *Inbegriff von Faktizitäten, sie ist da und muß hingenommen werden*»[33].

Die Welt, in der die Menschen existieren, so lautet der Einwand Horkheimers, sei aber keine natürliche oder von Gott geschaffene, die man einfach als gegeben hinzunehmen habe. Sie sei vielmehr durch und durch historisch, durch menschliche Praxis geformt und gestaltet. Nichts an ihr trüge das Siegel der Naturnotwendigkeit, alles an ihr könne auch anders sein. Dies müsse unbedingt, so Horkheimer, einen Niederschlag in der sozialwissenschaftlichen Tätigkeit finden, welche ja die Theorie für eine wiederum auf die Gesellschaft selbst einwirkende Praxis schaffe. Die zeitgenössischen Theorien, die Horkheimer kritisiert, enthalten für ihn hingegen allesamt nur verschiedene ideologische Rechtfertigungen des Umstandes, dass sie sich mit dieser Frage lieber nicht beschäftigen möchten. Gerade die jungen Human- und Sozialwissenschaften eifern für Horkhei-

---

31 Max Horkheimer, a.a.O., S.245.
32 A.a.O., S.250.
33 A.a.O., S.255.

mer dem traditionell naturwissenschaftlich geprägten Ideal der Wissenschaft besonders nach und sammeln dabei unentwegt durch Beobachtung Daten und Fakten, aus denen sie umfangreiche Theoriegerüste bauen, denn in «*der gesellschaftlichen Arbeitsteilung hat der Gelehrte die Auffassung und Einordnung von Tatsachen in begriffliche Ordnungen zu besorgen, und diese so instand zu halten, daß er selbst und alle, die davon Gebrauch zu machen haben, ein möglichst weites Tatsachengebiet beherrschen können*»[34]. Oder wie es der Werbeslogan eines gegenwärtigen Infotainmentmagazins formuliert: «*Fakten, Fakten, Fakten – und immer an die Leser denken!*»

In den Sozialwissenschaften tritt für Horkheimer eine solche Selbstbeschränkung in Bezug auf ihre eigenen Voraussetzungen meist in der Gestalt des Postulates der Wertfreiheit auf. Suggeriert wird dabei ein irgendwie neutraler Standpunkt, von dem aus erst wissenschaftliche Forschung betrieben werden könne, die nur der Erkenntnis diene und sich in einen politisierenden, Stellung beziehenden Streit nicht einmischen könne, ohne ihre Wissenschaftlichkeit zu verlieren. Vom Soziologen Max Weber, der ein politisch interessierter Mensch war, sich aber als Professor streng dieser Wertfreiheit verschrieben hatte, wird gerne die Anekdote erzählt, er sei während seiner universitären Vorlesungen gelegentlich vom Podium herabgestiegen, von dem aus er dozierte, um aus dieser Position eine persönliche politische Anmerkung zum Thema zu machen, um anschließend, nun wieder vom Podium aus, mit seinem wissenschaftlichen Vortrag fortzufahren.

Das Gegenmodell, das Horkheimer vorschwebt, ist natürlich nicht das einer beliebigen Vermengung von persönlicher Meinungsäußerung des Theoretikers mit seinen wissenschaftlichen Erkenntnissen. Die Selbstreflexion der auf Gesellschaft bezogenen Theorie muss eine andere Gestalt haben, und zwar muss sie über die der Wissenschaft von der gegenwärtigen Gesellschaftsordnung gesetzten Grenzen hinausstreben: «*Es gibt nun ein menschliches Verhalten*», so Max Horkheimer, «*das die Gesellschaft selbst zum Gegenstand hat. Es richtet sich nicht bloß auf die Abstellung irgendwelcher Mißstände, diese erscheinen ihm vielmehr mit der ganzen Einrichtung des Gesellschaftsbaus verknüpft. ... Die Kategorien des Besseren, Nützlichen, Zweck-*

34 A. a. O., S. 252.

mäßigen, Produktiven, Wertvollen, wie sie in dieser Ordnung gelten, sind ihm vielmehr selbst verdächtig, und keineswegs außerwissenschaftliche Voraussetzungen, mit denen es nichts zu schaffen hat.»[35]

Dieses Verhalten nennt er das *kritische*, und hiervon beziehe die kritische Theorie in Abgrenzung zur *traditionellen* ihren Begriff. Der Horizont, vor dem die kritische Theorie ihre Aufgaben sieht, so könnte man sich Horkheimers Modell vorstellen, ist nicht der der gegenwärtigen Gesellschaft und der in ihr gültigen Parameter, sondern der einer möglichen anderen Gesellschaft. Die Philosophie bestimmt diesen utopischen, visionären, gesamtgesellschaftlichen Horizont und weist der Empirie den Weg, die Empirie untersucht die gegenwärtigen Gegebenheiten und bindet die Philosophie an die materielle Realität zurück. Im Wechselspiel beider Aspekte entsteht eine Theorie, die weder abstrakt-utopisch noch traditionell-unkritisch ist. Horkheimer betont, dass er den Kritikbegriff nicht so sehr im Sinne Immanuel Kants als eines spezifisches Vermögens des menschlichen Verstandes[36] verwende, sondern mehr im Anschluss an Karl Marx als dialektische Kritik der politischen Ökonomie, also im Sinne einer Betrachtung der Gesellschaft als einer komplexen, vielgestaltigen, dynamischen Totalität, aus der man eben nicht zum Zwecke der wissenschaftlichen Neutralität irgendwie hinaustreten kann. Die kritische Anerkennung der das gesellschaftliche Leben beherrschenden Kategorien (und hier bezieht sich Horkheimer dezidiert auf zentrale Begriffe von Marx, die in seiner Antrittsrede nur verklausuliert vorkamen: Ware, Tausch, Wert, Kapitalismus, …) beinhalte nämlich zugleich die Verurteilung dieser Gesellschaftsordnung. Die scheinbar so neutral vorgehende traditionelle Theorie sammele demgegenüber nur Daten, forme diese zu plausiblen statistischen Erscheinungsreihen und bilde aus dieser registrierenden Betrachtung ein beschreibendes Abbild äußerlicher Phänomene der Welt, wie sie historisch geworden sei. Dabei erfasse sie aber niemals die diesem Werden zugrunde liegenden Kräfte und Gegenkräfte, die auch eine grundlegende Veränderung dieser Welt bewirken könnten, wenn die vernünftige, absichtsvolle, emanzipatorische Tätigkeit der Menschen hinzutrete.

---

35   A. a. O., S. 261.
36   A. a. O., S. 261, Fußnote 1.

Für die kritische Theorie verweigert Horkheimer daher die unbefangene Anerkennung der geltenden Arbeitsteilung, die der Wissenschaft ein solch vermeintlich neutrales, geradezu desinteressiertes Verhalten gegenüber der Gesellschaft sowie der Entstehung und der Nutzung ihrer Ergebnisse abverlangt. Der Gegensatz der kritischen zur traditionellen Theorie entspringe denn auch «...*überhaupt nicht so sehr der Verschiedenheit der Gegenstände als der Subjekte*»[37]. Denn es gebe «*keine Theorie der Gesellschaft ... die nicht politische Interessen mit einschlösse, über deren Wahrheit anstatt in scheinbar neutraler Reflexion nicht selbst wieder handelnd und denkend, eben in konkreter geschichtlicher Aktivität, entschieden werden müßte*».[38] Wer sich also aufgrund der ihm als Wissenschaftler zugewiesenen Rolle in seiner theoretischen Arbeit beschränke, handele damit gerade nicht wissenschaftlich korrekt, sondern nur politisch konform zur Gesellschaftsordnung seiner Zeit. Kritische Wissenschaft sollte deshalb zukünftig «*planmäßiger Entscheidung*» und «*vernünftiger Zielsetzung*» unterworfen werden – hier darf man sich an die «*planvolle Diktatur des Direktors*» aus der Institutsantrittsrede erinnert fühlen und auch an die linke Denkfigur, dass die unsichtbare Hand des Marktes Misstrauen verdient und sinnvoll nur durch bewusste Planung ersetzt werden kann. Das Mantra der traditionellen Wissenschaft, dass Subjekt (Forscher) und Objekt (Untersuchungsgegenstand, also hier: die Gesellschaft) getrennt bleiben müssen, verfällt bezüglich der Forschung über Mensch und Gesellschaft der Kritik: «*Zur Entwicklung der Gesellschaft gehört aber das bewußte kritische Verhalten mit hinzu.*»[39] Bis heute ist dieses Selbstverständnis einer der zentralen Dreh- und Angelpunkte grundsätzlicher Gegnerschaft zur Kritischen Theorie. Auch Horkheimer und vor allem Adorno mussten immer wieder, zuletzt im sogenannten Positivismusstreit[40] in den 60er-Jahren, diese Haltung verteidigen, was ihnen – zumindest was ihre eigene Position im Wissenschaftsbetrieb anging – gelang. Ihre Nachfolger sollten darin später weniger erfolgreich sein, weshalb man heute in

---

37   A.a.O., S. 263.
38   A.a.O., S. 275.
39   A.a.O., S. 280.
40   Vgl. Theodor W. Adorno u.a., Der Positivismusstreit in der deutschen Soziologie, München 1993.

vielen deutschen Universitäten wieder Leute treffen kann, die glauben, dass alles, was nicht in eine Excel-Tabelle passt, auch keine Wissenschaft sein könne.

Exkurs zur Dialektik

«‹Woran arbeiten Sie?› wurde Herr K. gefragt. Herr K antwortete: ‹Ich habe viel Mühe, ich bereite meinen nächsten Irrtum vor.›»
Bertolt Brecht, Geschichten vom Herrn Keuner[41]

Die Denkweise, die solche kritischen Erkenntnisse in Horkheimers Sicht ermöglicht, ist die Dialektik. Der Begriff der Dialektik hat eine lange Geschichte im philosophischen Denken, und er hat einige Bedeutungswandel erfahren. Der Versuch, einen solchen Begriff auf wenigen Seiten zu veranschaulichen, ist von vornherein zum Scheitern verurteilt. Wesentlich schlechter wäre allerdings die Alternative: den Begriff gänzlich unerklärt zu lassen und so zu seiner weiteren Mystifikation beizutragen und gleichzeitig dem darzustellenden Thema die Spitze zu nehmen. Mehr noch als an anderen Stellen soll deshalb hier dazu ermuntert werden, Originaltexte zu lesen und vor allem auch zu diskutieren.

In ihrer frühesten Form taucht Dialektik in der griechischen Antike als Bezeichnung einer spezifischen Form der Gesprächsführung auf, etwa bei Platon und Sokrates. Sie ist eine Gesprächs- und Fragetechnik, in der durch Rede und Gegenrede, d. h. durch das dialogische Abarbeiten von Widersprüchen, nach Erkenntnis gesucht wird. Dabei geht es aber nicht, wie in der ihr verwandten Sophistik, um das bloße Rechtbehalten oder das Durchsetzen der eigenen Position. Dialektik ist schon bei Platon eine Methode der Wahrheitsfindung. Sie wird angewandt, um das Wesen der Dinge, ihren Platz in der Welt zu begreifen oder sich einer solchen Erkenntnis zumindest anzunähern. Im Durchgang durch die vorgebrachten Argumente kann diese Dialektik zum Obsiegen einer Position führen oder aber auch zu sogenannten Aporien, zur Aufdeckung theoretisch unauflösbarer Widersprüche. Die Dialektik taucht später sowohl bei Kant als

---

41 Bertolt Brecht, Geschichten vom Herrn Keuner, Zürcher Fassung, Frankfurt am Main 2004, S. 22.

auch bei Johann Gottlieb Fichte im deutschen Idealismus wieder auf, aber zu ihrer für die Kritische Theorie bedeutsamen Form kommt sie bei Hegel. Dialektik ist hier keine vom Philosophen erdachte Figur der Rhetorik mehr, sondern diejenige Form des Denkens, in der sich auch die gesetzmäßigen Bewegungen der Weltgeschichte vollziehen. Diese Dialektik ist durch verschiedene Axiome oder Gesetze charakterisiert:

- Das Gesetz vom *Umschlagen der Quantität in Qualität.* Es besagt, dass die bloße Erhöhung oder Verminderung der Zahl eine Veränderung der Beschaffenheit, einen qualitativen Sprung, bewirken kann: Sinkt zum Beispiel die Umgebungstemperatur an einem Gewässer von 18 Grad Celsius um 10 auf 8 Grad ab, wird es nur kälter, sinkt sie aber um weitere 10 Grad auf −2 Grad, so friert es zu. Die kontinuierliche Veränderung einer Quantität führt hier zu einem Umschlag in der Qualität; die Kategorien der Qualität und Quantität gehören also nicht zwei getrennten Welten an.

- Das Gesetz von der *Durchdringung der Gegensätze.* Hier sind wir wieder bei Bertolt Brechts Hegel-Darstellung aus den Flüchtlingsgesprächen. Dialektische Gegensätze entstehen aus inneren, von der Sache gegebenen und nicht einfach willkürlich von außen zu setzenden Widersprüchen, aus deren Aufeinandertreffen eine Dynamik entspringt, die eine Bewegung zur Aufhebung dieser Widersprüche in Gang setzt. Dialektische Gegensätze sind also keine logischen Widersprüche (von zwei sich widersprechenden Sätzen kann nur einer wahr sein), sondern notwendiger und gleichermaßen wahrer Ausdruck von realen Widersprüchen.

- Das Gesetz von der *Negation der Negation.* Die Schritte des dialektischen Prozesses können als Position (Setzung), Negation (Widerspruch) und Negation der Negation (Aufhebung des Widerspruchs) bezeichnet werden. Diese Negation der Negation ist keine Kompromissposition irgendwo in der Mitte zwischen Position und Negation, wie man dies aus dualistischen Denkformen gewöhnt ist, und auch nicht eine beliebige unter vielen möglichen Antworten, sondern dadurch gekennzeichnet, dass sie die Spannung zwischen Position und Negation durch die Aufhebung der ursächlichen Widersprüche in einem Zustand höherer Ordnung beendet.

Negation → Ablehnung Verneinung /Aufhebung

Der Begriff der *Aufhebung* ist ein äußerst schillernder, dessen drei Bedeutungen man leichter in der lateinischen Übersetzung erläutern kann, als in der deutschen Sprache, in der sie in einem Wort aufgehen:

- *conservare* bedeutet Aufheben im Sinne des *Aufbewahrens*, Erhaltens: Was in Position und Negation enthalten ist, darf nicht einfach verworfen und vergessen werden, sonst wäre die Denkbewegung kein gerichtetes Fortschreiten, sondern bloß ein belangloses Anstatt-von.

- *elevare* bedeutet Aufheben im Sinne des *Höherhebens*, des Aufstiegs: Die Erkenntnisse in Position und Negation, für sich richtig und wahr, aber auch begrenzt, werden in der Denkbewegung auf eine neue, höhere Stufe gehoben, es wird einen Schritt über die Widersprüchlichkeit von These und Antithese hinausgegangen.

- *negare* bedeutet Aufheben im Sinne von auflösen oder *vernichten*: Dieser Aspekt der dialektischen Operation macht Position und Negation überflüssig, nimmt ihnen die Gültigkeit, eine höhere Form der Erkenntnis tritt an ihre Stelle – der an Hegel geschulte Dichter sagt: «*Und das mit Recht; denn alles, was entsteht, ist wert, daß es zugrunde geht!*»[42]

Die Dialektik ist damit eine Darstellungsform, die immer Prozesscharakter hat. In allem, was betrachtet wird, findet man, da es Geschichte hat, Spuren des Vergangenen, und da es Zukunft hat, Zeichen des Zukünftigen: Im Weizenkorn als Keim einer neuen Pflanze sind alle Elemente der zukünftigen Weizenpflanze zwar angelegt, aber nicht enthalten. Auf fruchtbaren Boden fallend vergeht der Keim als Position und wird zur Weizenähre, ihrer eigenen Negation. Das Korn vergeht in diesem Prozess («negare»), wächst über sich hinaus («elevare») und erhält sich («conservare») – mit der Möglichkeit einer zukünftigen, vermehrten Reproduktion von neuen Weizenkörnern. Gelingt der Prozess der Befruchtung, so reproduziert sich die Pflanze in der Negation der Negation aufs Neue und vergeht selber.

Für Hegel hat auch die Weltgeschichte dialektischen Prozesscharakter, sie kann in ihrer Entwicklung immer nur als gerichtet, nicht als zufällig verstanden werden. In Hegels Geschichtsphilosophie treibt der Weltgeist die Entwicklung des menschlichen

---

42 So Mephistopheles, der Teufel, gegenüber Faust in Goethes gleichnamigem Werk (erster Teil, erste Studierzimmerszene).

Geistes zu seiner Selbsterkenntnis voran, indem er sich einzelner Völker oder Individuen bedient, die die Mission ihrer Epoche auszuführen haben. Was auch immer diese Akteure selber wollen oder wünschen ist unwichtig – die «List der Vernunft» sorgt dafür, dass das, was notwendig und an der Zeit ist, auch geschieht. Rüdiger Safranski zitiert einen Brief Hegels an seinen Kollegen Friedrich Niethammer, in dem Hegel seinen Blick auf den Fortgang der Geschichte beschreibt: «*Ich halte mich daran, daß der Weltgeist der Zeit das Kommandowort zu avancieren gegeben; solchem Kommandowort wird pariert; dies Wesen schreitet wie eine gepanzerte, festgeschlossene Phalanx unwiderstehlich und mit so unmerklicher Bewegung, als die Sonne schreitet, vorwärts, durch dick und dünn; unzählbar leichte Truppen gegen und für dasselbe flankieren drum herum, die meisten wissen gar von nichts, um was es sich handelt, und kriegen nur Stöße vor den Kopf, wie von einer unsichtbaren Hand.*»[43] Hegel bewunderte aus dieser Perspektive heraus etwa Napoleon Bonaparte, der von der deutschen Öffentlichkeit seiner Zeit sonst meist nur als fremder Besatzer und Tyrann angefeindet wurde, weil dieser das französische Bürgerliche Gesetzbuch, den Code Civil, in die rückständigen, feudalen deutschen Fürstentümer gebracht hatte, und notierte angeblich, nachdem er ihm 1806 bei der Eroberung von Jena begegnet war, nun habe er den «*Weltgeist zu Pferde*» gesehen[44].

Obwohl sich die Philosophie bei Hegel also von der Vorstellung einer religiösen Schicksalhaftigkeit des Zeitenlaufs schon gelöst hat, ist sie noch nicht bei der Erkenntnisform der modernen Gesellschaftswissenschaften angekommen.[45] Für Hegel sind die Entfaltung der Vernunft und der Geschichtsverlauf

---

43 Rüdiger Safranski, Romantik, München 2007, S. 236 f.

44 Wer nachvollziehen möchte, warum der in Deutschland immer als Eroberer und Tyrann dargestellte Napoleon hier als Verfechter des historische nFortschritts erscheint, dem sei das Buch von Peter Hacks, Ascher gegen Jahn, Berlin und Weimar 1991, empfohlen. «Die drei Klassiker der Neuzeit sind Goethe, Hegel, Napoleon. Der Dichter erschließt neue Seelenbereiche, der Philosoph neue Gedankenreihen, der Staatsmann neue Verwaltungseinrichtungen … Die Weltaneignung durch die Klassik ist die Antwort auf die erweislich nichtrevolutionäre, eine postrevolutionäre … Lage» (a. a. O., S. 67).

45 Vgl. Arseni Gulyga, Die klassische deutsche Philosophie, Leipzig 1990, S. 275 ff.

eins, und somit ist für seine Philosophie notwendig alles, was wirklich ist, auch vernünftig. Daher besteht gegen die Sendboten des Fortschritts keine Möglichkeit des Einspruchs, selbst wenn sie eine Blutspur hinter sich herziehen. Napoleon verkörperte seinerzeit diesen Fortschritt, denn Hegel sah den Gipfel der historischen Entwicklung im Staat, der über den vielfältigen Widersprüchen der Gesellschaft steht und diese aufhebt. Insbesondere sah er dies im preußischen Staat, seinem Arbeitgeber, realisiert, der eine solche Philosophie natürlich überaus wertschätzte. Gegen die Affirmation des Staates sollte später Marx scharfen Einspruch erheben und die Kritische Theorie wird auch mit der von Marx noch nicht angetasteten Geschichtsphilosophie hart ins Gericht gehen. Zudem wird sie auch die Gefahr dialektischen Denkens kritisch beleuchten, mit seiner historisch so siegesgewissen Geistesgewalt auch ganz reale gesellschaftliche Gewalt im Namen eines wie auch immer gearteten Fortschritts zu rechtfertigen.

Hegels Dialektik fordert aber nicht nur, denkend immer eine geschichtliche Perspektive einzunehmen, sondern auch, die Welt immer als Totalität, als dynamische, sich entwickelnde Ganzheit zu betrachten. Was immer der Untersuchung unterzogen wird, kann nicht isoliert begriffen und verstanden werden, sondern nur in seinem Zusammenhang und in seiner Wechselwirkung mit dem Ganzen. Dies tut Dialektik eben durch das Denken in Prozessen und in Widersprüchen. Sie entwickelt ihrem Anspruch nach in ihrem Fortschreiten einen Aspekt der Wirklichkeit aus einem anderen, statt willkürlich Objekte zu isolieren, formelhaft zu definieren und von der scheinbar sicheren Warte eines irgendwie außerhalb stehenden Subjekts aus zu klassifizieren. Immer erst das «*Ganze ist das Wahre*», die Einbettung der Einzelphänomene in die Totalität. Marx wird später an diese Haltung anschließen, aber als Vermittlung, die diese Totalität herstellt, auf die Ökonomie verweisen, nicht auf den Geist. Hegel selbst fordert die «*Arbeit am Begriff*», bei der aus der Spannung zwischen Objekt und Subjekt, zwischen Besonderem und Allgemeinem die produktive Spannung des dialektischen Denkens entsteht. Ein schönes Beispiel für diese hegelsche Idee findet sich in der «Kleinen Weltgeschichte der Philosophie» von Hans Joachim Störig: «*Der allgemeinste, und zugleich leerste Begriff ist der des ‹Seins›. Was aber ist ‹Sein›*

Totalität → Ganzheit; Vollständigkeit

in dieser allgemeinsten Form? Wohin wir blicken, gibt es nur bestimmtes (nicht allgemeines) Sein. Ein Sein aber, das jeder Bestimmung entkleidet ist, ist ein Nichts. Es ist nichts wirkliches, nur ein allgemeiner Gedanke, und das ist das ‹Nichts› auch. So kommen wir vom Sein auf dessen anscheinenden Widerspruch, das Nichts. So finden wir, systematisch vorgehend, bei der Zergliederung eines Begriffs immer den nächsten. Hegel löst nicht nur den Widerspruch zwischen Sein und Nichts im Begriff des ‹Werdens›, in dem diese Gegensätze ineinander umschlagen, er schreitet weiter und entfaltet aus diesem einen Anfang heraus die ganze Kette der Begriffe bis zum absoluten Geist.»[46]

In der Logik, die traditioneller Theorie zugrunde liegt, vor allem in den Naturwissenschaften, gelten hingegen andere Gesetze, besser gesagt: Denkregeln. Der Satz von der Identität etwa verlangt, dass Begriffe – als Werkzeuge des Denkens – innerhalb einer Argumentation gleich bleiben müssen. Der Satz von der Widerspruchsfreiheit verlangt, dass von zwei gegensätzlichen Aussagen immer nur eine wahr sein kann. Der Satz vom ausgeschlossenen Dritten lässt zudem auf die Frage, ob ein Satz falsch oder wahr ist, nur eine dieser beiden Antworten zu, ein Ausweichen in etwas Drittes *(«vielleicht», «kommt drauf an», «beides»)* ist formallogisch nicht gestattet. Ausgerüstet mit diesen und weiteren Regeln lässt sich wissenschaftlich gesichert nun ein isoliertes Objekt beforschen, ohne dass man fürchten muss, in spekulative Ungewissheit abzuleiten. Eine solche wissenschaftliche Sichtweise versucht daher, Einzelelemente der Welt von den als Störungen begriffenen Wechselwirkungen mit anderen Phänomenen zu isolieren, sie festzuhalten, um festzustellen, was im Einzelnen der Fall ist; sie versucht, ihre Ergebnisse in die binäre Logik von entweder–oder, ja–nein oder (heutzutage) null und eins zu pressen und einem abstrakt vorgebildeten Ordnungssystem durch Einfügung am richtigen Ort einzuverleiben. Die Differenz dialektischen Denkens zu diesem Wissenschaftsverständnis ist so groß, dass sich viele Wissenschaftler und auch Philosophen seit jeher weigern, Dialektik überhaupt als eine zulässige Denkweise anzuerkennen. Es mangelt ihr in dieser Sichtweise an Widerspruchsfreiheit und Eindeutigkeit, womit Dialektik und ihre Erkenntnisse in den Be-

---

46 Hans-Joachim Störig, Kleine Weltgeschichte der Philosophie, Stuttgart 1961, S. 524.

reich der gedanklichen Willkür, der Religion und Metaphysik oder bestenfalls noch der Poesie gehörten, aber nicht in die Wissenschaft. Widersprüche in der dialektischen Theorie, die von diesen Kritikern gerne bemängelt werden, sind aber nach dialektischem Selbstverständnis kein Mangel dieser Denkform, sondern der wirklichen Widersprüchlichkeit in der Realität der Gesellschaft geschuldet. Diese könne eben nur ein Denken adäquat erfassen, das sich in Widersprüchen bewegt und sie bewusst aufnimmt, während ein dualistisches Entweder-oder die Gesellschaft in ihrer dynamischen Geschichtlichkeit gar nicht begreifen könne.

Über den Menschen soll Hegel dementsprechend einmal ironisch angemerkt haben, dieser besitze Identität überhaupt nur in einer Situation, wenn er nämlich zuletzt auf dem Totenbett liege, und damit eben jeder Prozess, jede gerichtete Entwicklung und Bewegung aufgehört habe: Identität, absolute Gleichheit mit sich, besitzt nur ein totes Ding. Was lebendig ist, kann hingegen nur als werdend und sich verändernd beschrieben werden. Jedoch darf Dialektik, wie Michael Heinrich[47] zu Recht herausstellt, kein Freibrief für Unentschiedenheit und Beliebigkeit werden – wenn man keine Ahnung hat, spricht man erst mal von Dialektik, um sich nicht festlegen zu müssen –, sondern sollte mit dem Anspruch zu größter Konkretion und Genauigkeit in Tuchfühlung mit der Sache verbunden sein. In diesem Sinne ist Horkheimers kritische Theorie, wie er sie 1937 als Fusion dialektischer Philosophie und materialistischer empirischer Forschung beschreibt, Erbe des dialektischen Denkens von Hegel und Marx.

2.5 Kritische Theorie und orthodoxer Marxismus

Nach diesem Exkurs in die Welt der Dialektik kehren wir zu Horkheimers Wissenschaftskritik zurück. Das von bürgerlichen Kreisen gegen die Dialektik verhängte Urteil der Unwissenschaftlichkeit trifft bis heute auch immer wieder Karl Marx. Denn die historische Entwicklung wurde auch beim Hegelschüler Marx durch Widersprüche innerhalb des gesellschaftlichen

---

47 Michael Heinrich, Einführung in die Kritik der politischen Ökonomie, S. 34 ff.

Gefüges vorangetrieben, die sich zuspitzten und in plötzlichen Umschlägen Entwicklungssprünge bewirken. Natürlich kennt Marx im Gegensatz zu Hegel keinen Weltgeist mehr, der diese geschichtliche Entwicklung beflügelt. Seit seinen «Thesen über Feuerbach» versteht er sich als Materialist: Die Entwicklung der Produktivkräfte und die Kämpfe der Klassen halten die Weltgeschichte in Bewegung. Damit hat Marx nach seinem Verständnis Hegels Dialektik vom (idealistischen) Kopf auf die (materialistischen) Füße gestellt. Wir lassen wieder Brecht anstelle von Marx sprechen, er dichtet einfach schöner:

«Am Grunde der Moldau wandern die Steine
es liegen drei Kaiser begraben in Prag.
Das Große bleibt groß nicht und klein nicht das Kleine.
Die Nacht hat zwölf Stunden, dann kommt schon der Tag.
Es wechseln die Zeiten. Die riesigen Pläne
der Mächtigen kommen am Ende zum Halt.
Und gehn sie einher auch wie blutige Hähne
Es wechseln die Zeiten, da hilft kein' Gewalt.
Am Grunde der Moldau wandern die Steine
es liegen drei Kaiser begraben in Prag.
Das Große bleibt groß nicht und klein nicht das Kleine.
Die Nacht hat zwölf Stunden, dann kommt schon der Tag.»[48]

Unsichtbar auf dem Grund des Flusses wirken die entscheidenden Kräfte, die Wasseroberfläche ist nur trügerischer Schein, aus der Tiefe wird das scheinbar Tote, Unbewegbare doch bewegt von unwiderstehlicher Gewalt. Auf jeden Tag muss eine Nacht folgen, genau so wird Großes untergehen, Kleines emporsteigen. Auch Kaiser sterben, selbst die Mächtigsten unter den Menschen kommen gegen die Gesetze der Geschichte nicht an. Die Analogie zu Hegels Denken besteht also darin, dass im Geschichtsprozess weiterhin eine Teleologie[49] angenommen wird, auch wenn die Bewegungskräfte sich verändert haben, und dass ein abschließendes Zur-Ruhe-Kommen statt im preußischen Staat, den der beamtete Philosoph Hegel als den

---

48 Bertolt Brecht, Lied von der Moldau. Wer Ton, Steine, Scherben vorzieht, kann dieselbe Figur der notwendig aufkommenden Veränderung fünfzig Jahre später auch dort finden: «Wenn die Nacht am tiefsten ist, ist der Tag am nächsten.»

49 Auf ein Ziel gerichtete und daher insgesamt sinnhafte Entwicklung, vom altgriechischen télos = Ziel oder Zweck.

Gipfel der menschlichen Entwicklung beschrieb, nun im Kommunismus zu erwarten ist.

Was aber veranlasste den dialektischen Denker Horkheimer, seine kritische Theorie nicht nur von der bürgerlichen Wissenschaft abzugrenzen, sondern ebenso von den in seiner Gegenwart vorherrschenden Interpretationen des Marxismus? In der auf Marx folgenden Institutionalisierung seiner Theorie hatte sich der dialektische, kritische Denkansatz zum Lehrgebäude von *Diamat* (der Dialektische Materialismus als die Lehre von den Entwicklungsgesetzen der Natur und der Welt) und *Histomat* (der Historische Materialismus als die Lehre von der gesetzmäßigen Entwicklung der Gesellschaft) verfestigt und eine eher unrühmliche Karriere als Selbstlegitimation der parteiförmig und ab 1917 in der Sowjetunion auch staatlich organisierten sozialistischen Bewegung gemacht. Die von Marx prognostizierte Entwicklung des Kapitalismus wurde nicht mehr in enger, kritischer, wissenschaftlicher Tuchfühlung mit der Realität konkret herausgearbeitet – Marx selber saß geschlagene sechzehn Jahre lang in Londoner Bibliotheken und studierte nahezu die gesamte verfügbare philosophische, politische und ökonomische Literatur seiner Zeit, um das «Kapital» zu verfassen –, sondern aus allgemeinen Gesetzen einfach abgeleitet. *«Die Lehre von Marx ist allmächtig, weil sie wahr ist»*[50], deklamierte man in der Sowjetunion. Ist eine allmächtige Wahrheit einmal gefunden, so ist natürlich jede weitere geistige Regung unnötig und unter einer diktatorischen Regierungsform auch tendenziell ungesund. Die jeweils hoch im Kurs stehenden Parteiführer stellen mit ihren Interpretationen der Urtexte dann jenes Material, durch dessen Ausdeutung ein zum Dogma erstarrter Marxismus jedwedes Phänomen erklären muss und natürlich auch kann. Die scheinbare Neutralität der bürgerlichen Wissenschaft, die der Marxismus so scharf kritisierte, wurde nur durch eine genau so falsche unmittelbare Abhängigkeit der Theorie von der Praxis der sozialistischen Organisation oder des sozialistischen Staatsapparates ersetzt. Das Verhältnis zur Theorie ist hier eigentlich überhaupt nicht mehr wissenschaftlich, sondern strukturell eher religiös und damit vorwissenschaftlich. Letztlich entsteht so eine Dogmatik, die auf einem Kanon heiliger Texte

---

50 Wladimir Iljitsch Lenin, Drei Quellen und drei Bestandteile des Marxismus, in: Werke (W) Band 19, S. 3; Berlin 1977.

beruht und sich müht, die Realität durch exzessive Auslegungen dieser Quellen zu klassifizieren. Marx, dessen Hauptwerk «Das Kapital» das Wort «Kritik» im Untertitel trägt[51] und nicht etwa «Lehre» oder «System», hatte zu Lebzeiten gespottet, er selbst sei kein Marxist. Von diesem kritischen Geist haben die meisten ihm Nachfolgenden leider weiten Abstand genommen.

Horkheimer kritisierte in seiner Schrift «Traditionelle und kritische Theorie» also zwei Richtungen wissenschaftlicher Tradition. Für ihn darf es in einer kritischen Theorie der Gesellschaft einen Determinismus wie im erstarrten Marxismus ebenso wenig geben wie eine affirmative Haltung gegenüber der bürgerlichen Gesellschaft: «*Die Behauptung absoluter Notwendigkeit des Geschehens meint letzten Endes dasselbe wie diejenige der realen Freiheit in der Gegenwart: die Resignation in der Praxis.*»[52] Die kritische Theorie versteht sich als die «*intellektuelle Seite des historischen Prozesses*»[53] der Selbstbefreiung der Menschheit, betont dabei aber, dass keine Klasse oder Schicht prinzipiell vor der ideologischen oder materiellen Integration in die bürgerliche Gesellschaft gefeit ist. Deshalb ist auch eine «*materielle*» Seite des historischen Prozesses nicht mehr aufzutreiben: Ein revolutionäres Subjekt kann, anders als bei Marx noch das Proletariat, nicht mehr aus einer materialistischen Analyse abgeleitet werden. Kein Klassenstandpunkt kann mehr eingenommen werden und kein feststehendes Subjekt einer gesellschaftlichen Umwälzung ist mehr auszumachen, auf dessen Seite sich Theorie einfach und zuversichtlich schlagen könnte. Auch den sicheren Standpunkt der traditionellen Theorie, die sich im Einverständnis mit der Gesellschaft befindet und von dieser eine ständige Rückmeldung über ihre praktische Nützlichkeit erhält, sich also als Theorie durch die Praxis bestätigt und als Institution durch die herrschenden Autoritäten finanziert sehen kann, gibt die Kritische Theorie auf. Sie kann sich aber auch nicht mehr auf den Glauben an einen fast naturgesetzlichen Entwicklungsgang der Geschichte und die Überzeugung stützen, in Identität mit der Sache der Arbeiterklasse zu

---

51 «Das Kapital. Kritik der politischen Ökonomie.» So heißt das berühmte Buch von Karl Marx mit vollem Namen, erschienen als Bände 23–25 der Marx-Engels-Werke (MEW), Berlin 1961.

52 Max Horkheimer, Traditionelle und kritische Theorie, S. 282.

53 A. a. O., S. 268.

sein. Diese vermeintlichen Gewissheiten, die anderen Theorien Sicherheit geben, sind für sie verloren. «*Wirf weg, mein Herz, daß Du gewinnst!*», rief Hermann Hesse aus – Horkheimer hat davon ausgiebig Gebrauch gemacht. Dieser Verzicht auf alle Gewissheiten wird demnach weniger als Ausdruck von Schwäche, sondern als Zugewinn an Offenheit empfunden: Die zukünftige Geschichte ist noch nicht geschrieben. Die Selbstbefreiung der Menschheit ist zwar nicht mehr sicher (traditioneller Marxismus), aber auch kein bloßes Hirngespinst (traditionelle Theorie), sondern eine begründete Möglichkeit, eine zerbrechliche, verlierbare Chance. Kritische Theorie bleibt also isoliert, sie ist nicht der Rechtfertigung der gegenwärtigen Gesellschaft verpflichtet und nicht denen, die behaupten, die Zukunft sicher zu kennen und auf ihrer Seite zu haben.

Die Form, in der kritische Theorie ihre Erkenntnisse formuliert, ist daher zwangsläufig negativ: «*Zwischen den Urteilsformen und den geschichtlichen Epochen bestehen Zusammenhänge ... Das kategorische Urteil ist typisch für die vorbürgerliche Gesellschaft: so ist es, der Mensch kann nichts daran ändern. Die hypothetische oder disjunktive Urteilsform gehören in besonderem zur bürgerliche Welt: unter gewissen Umständen kann dieser Effekt eintreten, entweder ist es so oder anders. Die kritische Theorie erklärt: es muß nicht so sein, die Menschen können das Sein ändern, die Umstände sind jetzt vorhanden.*»[54] Aus dieser Offenheit heraus entsteht mit der Zeit auch eine ganz eigene Art von theoretischen Texten. In den Schriften der Kritischen Theorie – die empirischen sozialwissenschaftlichen Arbeiten einmal ausgenommen – findet sich wenig Schematisches, wenngleich sie auch nicht ohne innere Ordnung sind. Fachbegriffe werden nicht definiert, sondern in ihrer historischen Genese beschrieben. Systematische Analysen des Forschungsstandes und umfangreiche Bezüge auf die universitäre Welt findet man nur selten, dafür aber häufig Illustrationen, Analogien oder Bilder aus Mythos, Religion oder der kulturellen Sphäre. Es dominiert eine assoziative oder bildhafte Sprache, deren mitunter eigenartig anmutender Duktus weniger eitle persönliche Marotte der Theoretiker denn eine Konsequenz aus der Struktur ist, die sie ihrer Theorie geben wollen. Ähnlich wie bei den Enzyklopädisten des französischen 18. Jahrhun-

---

54 A. a. O., S. 279.

derts (diese wählten die lexikalische Variante der Gliederung) bestand nicht der Wunsch, Wissen und Zusammenhänge hierarchisiert darzustellen, sondern eher in der Form verschiedener denkbarer Konstellationen oder Bezüge. Die Elemente der Theorie sind dabei nicht wie die Backsteine in einer festen Mauer aufeinandergesetzt, wobei einer den anderen stützt, sondern umkreisen einander eher wie Elementarteilchen in einem gemeinsamen Schwerefeld. Im Gegensatz zu den Enzyklopädisten der französischen Aufklärung glaubte die Kritische Theorie aber nicht mehr, dass eine vollständige Erfassung des Wissens ihrer Zeit möglich oder sinnvoll sei. Als Textgattung ist daher besonders bei Adorno und Horkheimer der Aphorismus beliebt, aber auch die Monografien haben oft eine fragmentarische und exemplarische Form. Diese Arbeitsweise ist in einer konkreten historischen Situation entstanden, zu der wir nun wieder in das Frankfurt der frühen 30er-Jahre zurückkehren.

3 Die Arbeit des Instituts für Sozialforschung

3.1 Akteure

Aus dem im Zusammenhang mit der Marxistischen Arbeitswoche beschriebenen Milieu vornehmlich parteinaher und zugleich parteikritischer Intellektueller, die im Übrigen großteils jüdischen Familien entstammten, rekrutierte Max Horkheimer ab 1931 diejenigen Mitarbeitenden, die ihm am Institut für Sozialforschung helfen sollten, seine Idee einer kritischen Theorie zu verwirklichen. Für diesen Versuch sollten ihm in Deutschland nur wenige Jahre bleiben, bevor Exil und Krieg das Projekt unterbrechen sollten. Trotzdem konnte Horkheimer einige grundlegende Entscheidungen zur Arbeit des Instituts und zum dort beschäftigten Personal treffen. Ein kurzer Blick auf die Mitarbeitenden, die in dieser Phase am IfS oder in seinem Umfeld tätig wurden, lässt leicht erkennen, was Horkheimer für sein Forschungsprogramm als wichtig erachtete.

- Zunächst war *Max Horkheimer (1895–1973)* als Direktor federführend in der Ausrichtung der Forschung. Als Philosoph, der sich während des Studiums viel mit Nationalökonomie und Psychologie – zunächst mit der Gestaltpsychologie, später mit der Psychoanalyse – auseinandergesetzt hatte, verfasste er die programmatischen Texte der ersten Institutsjahre, die, wie in seiner Antrittsrede vorgeschlagen, den Rahmen für fachwissenschaftliche Ausführungen und gemeinschaftliche Forschungen bildeten. Neben den bereits zitierten Texten waren dies Veröffentlichungen zur Lage der Wissenschaft, zu erkenntnistheoretischen Fragestellungen und zur konkreten Ausarbeitung seines Konzeptes einer kritischen Sozialphilosophie. Hinzu kamen noch der «Allgemeine Teil» des ersten großen Kollektivwerkes des Instituts, der «Studien zu Autorität und Familie», und die unter dem Pseudonym Heinrich Regius verfasste Aphorismensammlung mit dem Titel «Dämmerung».

- *Friedrich Pollock (1894–1970)*, ein Jugendfreund Horkheimers, gehörte dem Institut seit dessen Gründung an. Beide verband eine außergewöhnliche Freundschaft, deren Charakter und Verbindlichkeit sie immer wieder in schriftlicher Form niederlegten[55] und die von frühester Jugend bis zu Pollocks Tod 1970 eine solche Bindungskraft besaß, dass beide, auch mit ihren Familien, fast sechzig Jahre lang in größter Nähe zueinander wohnten und arbeiteten. Pollock hatte als einziger Vertreter der Kritischen Theorie seine Promotion über ein ökonomisches Thema, nämlich Marx' Geldtheorie, abgeschlossen, und war als Mitherausgeber der Marx-Engels-Werke und zeitweiliger Stellvertreter des früheren Institutsleiters Grünberg eigentlich ein anerkannter und etablierter Wissenschaftler. Neben Analysen des gegenwärtigen Kapitalismus und seinem vom Institut herausgegebenen Buch über «Die planwirtschaftlichen Versuche in der Sowjetunion 1917–27» übernahm er aber zunehmend administrative und organisatorische Aufgaben für seinen Freund und Institutsleiter Horkheimer, was langfristig zulasten seiner eigenen, individuellen wissenschaftlichen Produktivität ging.
- *Leo Löwenthal (1900–1993)*, Literaturwissenschaftler, kam als Stipendiat Mitte der 20er-Jahre zum Institut, ab 1930 war er fester Mitarbeiter. Er gehörte ebenfalls zum frühen Freundeskreis um Max Horkheimer und über ihn fanden viele andere den Weg dorthin. Seine Arbeiten trugen maßgeblich dazu bei, dass im deutschen Sprachraum die Wissenschaftsdisziplin der Literatursoziologie entstand. Analysen der sozialen Bedeutung und der Rezeption von literarischen und künstlerischen Werken waren sein Schwerpunkt in der Frühphase des Instituts, wo er zudem redaktionelle Aufgaben in der institutseigenen «Zeitschrift für Sozialforschung» (ZfS) übernahm. Später sollte er sein Interesse und seine Arbeit auf das ganze Themenfeld der Massenmedien bzw. der Kulturindustrie ausweiten.
- Auch *Erich Fromm (1900–1980)* kam über einen persönlichen Kontakt an das IfS. Aus gemeinsamen Studienjahren in Heidelberg kannte er Löwenthal. Dieser führte Fromm, der bereits eine Ausbildung zum Psychoanalytiker abgeschlossen hatte, ans Institut heran, in dem die Psychoanalyse ohne-

---

55   Vgl. Rolf Wiggershaus, Die Frankfurter Schule, S. 124 f.

hin schon interessiert diskutiert wurde. Es entstanden enge Kontakte zwischen dem 1929 gegründeten Frankfurter «Süddeutschen Institut für Psychoanalyse», an dem Fromm beteiligt war, und dem IfS, das die Psychoanalytiker schließlich sogar im eigenen Gebäude aufnahm. Dieser Austausch zwischen Marxisten und Psychoanalytikern war – nicht nur in Frankfurt – eine der spannendsten und produktivsten geistigen Entwicklungen der 20er- und 30er-Jahre. Und folgerichtig holte Horkheimer den studierten Soziologen und am Marxismus interessierten Analytiker Fromm 1930 als Leiter der sozialpsychologischen Abteilung ans IfS. Fromm veröffentlichte in der ZfS Arbeiten zu sozialpsychologischen Fragen, vor allem die programmatische Schrift «Über Methode und Aufgabe einer analytischen Sozialpsychologie» und leitete ab 1929 die empirischen Untersuchungen des Instituts.

- *Theodor Wiesengrund-Adorno (1903–1969),* der den ersten Teil seines Nachnamens später mit einem *W.* abkürzte, war als junger Student 1921 an die Frankfurter Universität gekommen, um Soziologie, Philosophie, Psychologie und Musikwissenschaften zu studieren. Der gemeinsame Freund Siegfried Kracauer brachte Adorno mit Löwenthal in Kontakt, Horkheimer und Adorno lernten sich beim Besuch psychologischer Seminare kennen. Zunächst profilierte sich Adorno, der lange eine musikalische Karriere anstrebte, als Komponist und Musikkritiker. Er hatte in Wien Kompositionsunterricht bei Alban Berg genommen und sich im Umfeld der Zweiten Wiener Schule, einem avantgardistischen Kreis um den Komponisten und Musiktheoretiker Arnold Schönberg, bewegt. 1931 reichte er aber doch eine philosophische Habilitationsschrift an der Frankfurter Universität ein. Kurz nach Horkheimers Amtsantritt als Institutsdirektor begann er als Privatdozent für Philosophie seine Arbeit am IfS, aber erst 1938 wurde er Vollmitglied des Instituts. Entsprechend seiner ausgewiesenen Kompetenz war er hauptsächlich in den Bereichen Musik («Zur gesellschaftlichen Lage der Musik», «Über Jazz», erschienen unter dem merkwürdigen Pseudonym Hektor Rottweiler) und allgemeine Philosophie tätig. Sein Exil in Großbritannien 1934–38 trennte ihn von den in kontinentaleuropäische Länder ausgewanderten Institutskollegen, zu denen er erst in den USA wieder stieß.

- *Herbert Marcuse (1898–1979)* zählte ebenfalls zum Freundeskreis von Leo Löwenthal, wurde aber erst am 30. Januar 1933, dem Tag der Machtübergabe an die Nationalsozialisten, am Institut angestellt. Er war als Literaturwissenschaftler mit starkem Interesse an Marxismus und Philosophie nach längerer Berufstätigkeit wieder in die Wissenschaft zurückgekehrt, um in Freiburg bei Heidegger zu promovieren, kehrte diesem aber wegen dessen Begeisterung für die Nazis schnell den Rücken (und andersherum: Heidegger blockierte seinerseits die Promotion des marxistischen Juden Marcuse[56]). Über die Fürsprache von Freunden kam Marcuse dann mit dem IfS in Kontakt, wo er, nach anfänglichem Zögern wegen seiner Heideggerkontakte, schnell als kompetenter Mitstreiter anerkannt wurde. Er schrieb zunächst fachphilosophische Aufsätze, mitunter Horkheimer kontrapunktierend (wie etwa in «Philosophie und kritische Theorie»), beteiligte sich an den empirischen Studien des Instituts mit dem ideengeschichtlichen Teil der «Studien über Autorität und Familie» und arbeitete im Exil an der ZfS mit.

Willem van Reijen fasst in seinem Buch über die Kritische Theorie das Verhältnis des bisher beschriebenen engeren Horkheimer-Kreises zum Rest des Instituts so zusammen:

«Man kann ohne Übertreibung behaupten, daß Horkheimer, Adorno und Marcuse in den zwanziger Jahren die einzigen waren, die sowohl eine gründliche philosophische Kenntnis hatten als auch mit dem Werk von Marx so vertraut waren, daß sie wie kaum sonst jemand davon überzeugt waren, daß nur auf der Grundlage empirischer Forschung die Philosophie auf die gesellschaftliche Wirklichkeit und letztlich auch auf ihre eigene Geschichte bezogen werden kann. Es ist von daher betrachtet vielleicht kein Zufall, daß sie eher als die Marxspezialisten Wittfogel, Neumann, Pollock, Borkenau und Grossmann, einen bleibenden, nicht nur philosophischen Einfluß ausgeübt haben.»[57]

Die Trennlinie verlief also weitgehend zwischen der schon von Carl Grünberg ans Institut geholten Generation und den später Hinzugestoßenen. Aber natürlich prägen nicht nur theoretisch-politische Erwägungen den Zusammenhalt einer Grup-

---

56 A. a. O., S. 122.
57 Willem van Reijen, Philosophie als Kritik. Königstein im Taunus 1986, S. 40.

pe von oppositionellen Intellektuellen in Kriegs- und Verfolgungszeiten, sondern wohl weit mehr noch ganz alltägliche Umstände und schnöde materielle Gegebenheiten: Einige Mitglieder wurden in den Wirren von Krieg und Emigration vom Kern des Instituts getrennt, manche gehörten ihm auch längere oder kürzere Zeit an, ohne je eine enge theoretische oder persönliche Bindung an den Horkheimer-Kreis gehabt zu haben, wieder andere verfolgten eine Laufbahn außerhalb des Wissenschaftsbetriebes, auch weil die Ressourcen des Instituts zur Beschäftigung und damit auch zur Bindung von Mitarbeitenden begrenzt waren.

Einige weitere Namen müssen noch genannt werden. Auch wenn sie im Rahmen einer Einführung nicht ausführlich vorgestellt werden können und im Verlauf der weiteren Erörterung kaum noch vorkommen werden, haben ihre Beiträge der Kritischen Theorie teilweise bedeutende Impulse gegeben.

- *Walter Benjamin (1892–1940)* stand dem inneren Kreis um Horkheimer zwar sehr nahe, wurde aber niemals fester Mitarbeiter am IfS. Durch seine langjährige Freundschaft mit Adorno spielte er dennoch eine nicht zu unterschätzende, inspirierende Rolle. Der Berliner Kunstkritiker und Philosoph war unter anderem befreundet mit Siegfried Kracauer, Gershom Scholem, Ernst Bloch und Bertolt Brecht und gehört zu den eigensinnigsten Denkern seiner Zeit. Seine stilistische und formale Eigenständigkeit, die seine Schriften so lesenswert machen, erschwerten ihm seinen Lebensweg allerdings erheblich: Eine wissenschaftliche Karriere gelang ihm nicht, auch ein Habilitationsprojekt in Frankfurt scheiterte und trotz vieler literarisch-publizistischer Aktivitäten und Pläne, die ihn immer wieder quer durch Europa führten, blieb seine ökonomische Lage immer prekär. Ab 1933/34 gelang es Adorno, eine minimale Anbindung Benjamins an das IfS zu vermitteln. 1940 – deutsche Truppen hatten bereits Frankreich besetzt, wo Benjamin im Exil lebte – erhielt dieser so auch ein Visum für die USA, wo das Institut sich mittlerweile niedergelassen hatte. Doch der Versuch, nach französischer Internierung die Grenze ins formell neutrale Spanien zu überqueren, scheiterte, und Walter Benjamin nahm sich, eine Gefangennahme durch die Deutschen fürchtend, am 26.9.1940 in Portbou das Leben. Sein letzter Text, die

Thesen «Über den Begriff der Geschichte», nimmt Teile der geschichtsphilosophischen Wende vorweg, die Adorno und Horkheimer später angesichts von Weltkrieg und Genozid mit der «Dialektik der Aufklärung» vollziehen sollten. Auch Benjamins früher Text über «Das Kunstwerk im Zeitalter seiner technischen Reproduzierbarkeit»[58] ist ein Schlüsselwerk für die Auseinandersetzung nicht nur der Kritischen Theorie mit der modernen Massenkultur bzw. Kulturindustrie.

- *Karl August Wittfogel (1896–1988)* war als marxistischer Asienspezialist bereits 1925 ans Institut gekommen und arbeitete dort unter anderem an der Ausführung des marxschen Begriffs der *asiatischen Produktionsweise*, einer vormodernen, mit dem europäischen Feudalismus korrespondierenden historischen Formation, die als die ökonomische Basis der spezifischen Staatsform der *orientalischen Despotie* beschrieben wurde. Sein Werk «Wirtschaft und Gesellschaft Chinas» ist ein (auch für nicht besonders an Asien Interessierte) spannend zu lesendes Beispiel für die Herleitung von Gesellschaftsstrukturen aus ihrer ökonomischen Basis. Als bekannter Kommunist (Wittfogel war unter anderem Mitarbeiter der KP-nahen Organisation Marxistische Arbeiterschulung, die Parteimitgliedern den Marxismus in Kursen[59], Veranstaltungen und im Selbststudium nahobringen wollte) wurde er nach der Machtübergabe an die Nazis verhaftet und mehrere Monate lang im Emsland in Konzentrationslagern eingekerkert[60], bis er Ende 1933 entlassen wurde. Nach seiner Emigration in die USA brach er anlässlich des Hitler-Stalin-Paktes 1939 nicht nur mit der KPD, sondern mit der Linken überhaupt und wurde Anhänger einer aggressiven Totalitarismustheorie. Seine frühen Arbeiten wurden aber in den 60er- und 70er-Jahren von der Neuen Linken wieder aufgegriffen, als es darum ging, die autoritäre Entwicklung des Staatssozialismus

---

58 Walter Benjamin, Das Kunstwerk im Zeitalter seiner technischen Reproduzierbarkeit, GS 1.1, S. 471–508.

59 Häufig als Raubdruck antiquarisch zu erstehen ist z. B. der MASCH-Kurs «Politische Ökonomie», herausgegeben von Karl August Wittfogel, Hermann Duncker, Alfons Goldschmidt, Wien und Berlin 1930.

60 Unter dem Pseudonym Klaus Hinrichs schrieb er dazu den autobiografischen Roman «Staatliches Konzentrationslager VII», London 1936. Angeblich geht auch das berühmte Lied der Moorsoldaten auf einen von ihm aus dem KZ geschmuggelten Kassiber zurück.

in Osteuropa und Asien marxistisch zu erklären. Aus der Fülle von Büchern aus dieser Zeit ist Rudi Dutschkes Dissertationsschrift[61] zu erwähnen, in der er viel mit den von Wittfogel ausgearbeiteten Begrifflichkeiten operiert, nicht ohne diesen dabei ständig als Renegaten zu beschimpfen.

- *Franz Leopold Neumann (1900–1954)* war Gewerkschafter und Sozialdemokrat und stieß nach einem Studium in Frankfurt am Main erst im amerikanischen Exil zum IfS. Die Kernthese seines Hauptwerks «Behemoth»[62] beinhaltet, dass der totalitäre NS-Staat kein monolithisches Gebilde gewesen, sondern von verschiedenen Cliquen und Interessengruppen durchsetzt und umkämpft gewesen sei, sodass hinter der Fassade eines starken Staats doch eher eine vielfältige Konkurrenz und Ambivalenz und eine geradezu systematische Willkür geherrscht habe.

- *Otto Kirchheimer (1905–1965)* hatte beim, freundlich gesagt, sehr konservativen Staatsrechtler Carl Schmitt sein Jurastudium abgeschlossen und war danach als engagierter Sozialdemokrat und Jurist bekannt geworden. Insbesondere hatte er mit scharfem Auge die Weimarer Verfassung früh als nicht besonders krisenfest erkannt. Als Jude und prominenter Linker verließ er frühzeitig Deutschland, um erst in der Pariser Niederlassung des IfS, später auch im US-Exil mit dem Institut zusammenzuarbeiten. Bei der Analyse des Nationalsozialismus sah er ähnlich wie Neumann eher eine um mehrere politische Machtpole organisierte, heterogene Form der Herrschaft am Wirken als ein wirkliches Einparteiensystem. Er gehörte theoretisch und politisch nicht zum Horkheimer-Kreis, war aber über ein Jahrzehnt lang Mitglied des IfS.

- *Henryk Grossmann (1881–1950)* war polnischer Sozialist und musste sein Heimatland 1926 bereits vor dem Putsch des nationalistischen Generals Piłsudski verlassen. Er kannte Carl Grünberg noch aus seiner Studienzeit in Wien und kam so früh als zweiter Hauptassistent neben Pollock an das IfS. Er galt als Vertreter der Zusammenbruchsthese, d. h. der

---

61 Rudi Dutschke, Versuch, Lenin auf die Füße zu stellen. Über den halbasiatischen und den westeuropäischen Weg zum Sozialismus, Berlin 1974.

62 Franz Neumann, Behemoth. Struktur und Praxis des Nationalsozialismus 1933–44, Köln und Frankfurt 1977.

Erwartung, dass der Kapitalismus an seinen inneren Widersprüchen zerbrechen würde, wie er in «Das Akkumulations- und Zusammenbruchsgesetz des kapitalistischen Systems»[63] darlegte, und so war das theoretische Verhältnis zwischen ihm und Pollock und Horkheimer doch eher angespannt. Auch politisch nahmen die Differenzen zu; angesichts des deutschen Ostfeldzuges 1941 nahm Grossmann eine eher ungebrochen prosowjetische Position ein. Er blieb während des gesamten Exils Mitglied des Instituts, ohne zum theoretischen Werk des Horkheimer-Kreises direkt etwas beizutragen, und kehrte ihm erst den Rücken, als er sich 1949 im Gegensatz zu seinen Kollegen für eine Rückkehr in die sowjetische Besatzungszone Deutschlands entschied.

Viele weitere Menschen waren zudem als Studierende, Stipendiatinnen oder Stipendiaten, freie Mitarbeitende oder kurzfristig Beschäftigte am Institut tätig.

Die entscheidenden Akteure sind nun benannt, doch wie gestaltete sich die Zusammenarbeit dieser teils recht verschiedenen Charaktere im IfS? Eines der ersten Anliegen Horkheimers war die Umgestaltung der Publikationen des Instituts. Die Monografienserie «Schriften des Instituts für Sozialforschung» erschien weiter, aber Carl Grünbergs Zeitschrift «Archiv für die Geschichte des Sozialismus und der Arbeiterbewegung», die dieser aus Wien nach Frankfurt mitgebracht hatte, wurde nicht mehr weitergeführt. Stattdessen wurde die «Zeitschrift für Sozialforschung» (ZfS) aus der Taufe gehoben. In ihr sollten Mitarbeitende, Freundinnen und Freunde des Instituts schreiben, die Horkheimers Anspruch an Kritischer Theorie genügten, nämlich sowohl in ihrem Feld fachlich-methodisch auf der Höhe der Zeit zu sein als auch eine kritisch-marxistische Perspektive zu haben. In einem Aufsatzteil wurden längere Fachartikel und Einzeluntersuchungen publiziert, während ein weitgespannter Rezensionsteil versuchte, möglichst umfassend die zeitgenössische soziologische und philosophische Literatur vorzustellen und zu kritisieren.

Das erste Heft war der Einstieg in Horkheimers Forschungsprogramm und enthielt eine Reihe von Grundsatzartikeln. Lö-

63 Henryk Grossmann, Das Akkumulations- und Zusammenbruchsgesetz des kapitalistischen Systems. Zugleich eine Krisentheorie, Leipzig 1929.

wenthal beschrieb die Ausrichtung der Zeitschrift im Gespräch mit dem Soziologen Helmut Dubiel so:

«Der erste Band, nein, schon das erste Heft der Zeitschrift, sollte eine Art Programm enthalten, eine Stellungnahme aller Hauptmitarbeiter der Zeitschrift in bezug auf das, was sie vereint, nämlich die materialistische Geschichtsauffassung, zugespitzt und angewandt auf dem Feld, wovon sie am meisten verstehen. Horkheimer schrieb über Philosophie, Adorno über Musik, Pollock über Ökonomie, Fromm über Psychologie und ich eben über Literatur.»[64]

Der Chronist der frühen Kritischen Theorie, Martin Jay, stellt diese Arbeitsprozesse so dar:

«Vor dem Druck erschöpfend diskutiert und kritisiert von den anderen Institutsmitarbeitern, waren viele dieser Artikel mindestens eben so sehr Kollektivarbeiten wie Produkte von Einzelnen. Die Zeitschrift war, um mit Leo Löwenthal zu sprechen, ‹weniger ein Forum für unterschiedliche Standpunkte als eine Plattform zur Darlegung des Instituts›.»[65]

Dies war ein gänzlich anderer Ansatz als der des sich als Kompendium verstehenden Archivs. Später, im Exil, wurde die Zeitschrift zeitweilig zum Schwerpunkt der Institutsarbeit.

In einer gesellschaftlich kritischen Situation, in der die Linken in ganz Europa besonders laut politische Bündnisse, Einheits- und Volksfronten propagierten, hielt Horkheimer also das Finden und Setzen klarer eigener Positionen für wichtiger als die Herstellung eines breiten Konsenses aller Wohlmeinenden. Zwar gibt es Kompromisse in der Form, insbesondere verzichteten die offiziellen Schriften des IfS auf jede kämpferische Rhetorik, aber in der Sache wurde radikal Kritik geübt. Wirkung versprach man sich im Institut davon, diese Kritik zuzuspitzen, und nicht, sie möglichst einem breiten Publikum schmackhaft zu machen. Tatsächlich sollte die ZfS fast ein Jahrzehnt lang unverdrossen in deutscher Sprache und ohne ein nennenswertes Lesepublikum erscheinen – selbst noch, als die Herausgeber und Autoren in den USA leben mussten und deutsche Armeen fast ganz Europa besetzt hielten.

---

64 Leo Löwenthal, Mitmachen wollte ich nie, in: ders., Untergang der Dämonologien, Leipzig 1990, S. 261.
65 Martin Jay, Dialektische Phantasie, Frankfurt am Main 1976, S. 45 f.

3.2 Die Diagnose eines stabilisierten Kapitalismus

Die Mitarbeitenden des IfS hatten die unterschiedlichsten fachlichen und biografischen Hintergründe, waren aber in ihrem Blick auf Gesellschaft allesamt inspiriert von Karl Marx. Dessen Gedankenwelt bildete die Grundlage, auf der sich die Kritische Theorie herausbilden und von der aus sie Impulse aus anderen Feldern des kritischen Denkens aufnehmen sollte: von der klassischen Philosophie der Aufklärung bis zu Kant und Hegel, von den misanthropischen bürgerlichen Denkern der Moderne wie Nietzsche oder Schopenhauer, von den fortgeschrittenen Wissenschaftsdisziplinen der Psychoanalyse und Soziologie, und – wenig explizit, aber doch auffindbar – von den kritischen Denktraditionen des europäischen Judentums in seinen vielfältigen Brechungen. Zweifellos aber war Marx das Gravitationszentrum der intellektuellen Bemühungen am Institut. Mit dessen Wende von der idealistischen Philosophie zum Materialismus war der Praxisbezug der (Sozial-)Philosophie unabweisbar geworden. In seinen «Thesen über Feuerbach» hatte der junge Marx polemisch den Stab über die ganze Philosophie gebrochen, die diesen Aspekt vernachlässigte: «*Die Philosophen haben die Welt nur verschieden interpretiert; es kömmt drauf an, sie zu verändern*»[66], lautet dort der abschließende Satz. Bei dieser Feststellung folgten ihm alle Vertreter der Kritischen Theorie. Praxis bedeutete ihnen: tätiges, gesellschaftliches Handeln des Menschen zur Gestaltung seiner von ihm selbst geschaffenen Lebenswelt; Stoffwechsel mit der Natur und alle damit zusammenhängenden Verrichtungen, die nicht auf rein geistige Tätigkeit beschränkt bleiben.

Somit ergab sich aus der von Marx geleisteten Analyse eine große Herausforderung: In der bürgerlichen, kapitalistischen Gesellschaft sind die Menschen nicht bewusste Herren der aus ihrer Praxis hervorgegangenen Gesellschaft. Sie sind dieser vielmehr unterworfen. Die gesellschaftliche Reproduktion, Praxis im allerweitesten Sinne, vollzieht sich nach ökonomischen Gesetzen und damit hinter dem Rücken und durch die Aktionen der Individuen hindurch, die letztlich als Vollstrecker dieser allgemeinen Gesetze handeln und ihnen bei Strafe des ökonomischen Un-

---

66   Karl Marx, Thesen über Feuerbach, Marx-Engels-Werke, MEW 3, S. 5 ff.

tergangs nachkommen müssen. Als ihrer eigenen Gesellschaft und deren praktischer Gestaltung nicht mächtig, verharren die Menschen, so Marx' Urteil, in der Vorgeschichte ihrer Gattung. Dass diese Gesellschaftsform, der Kapitalismus, dabei aber fähig ist, ihre Reproduktion sogar auf immer höherer Stufe zu leisten, macht ihre geschichtliche Würde und Notwendigkeit aus. Dieser praktische Prozess kann zwar Untersuchungsgegenstand kritischer Gesellschaftstheorie sein, ihre Intention, zur Veränderung der Gesellschaft beizutragen, bezieht sich aber auf eine zweite, auf diesen Zusammenhang bezogene und auf ihn reflektierende Praxis: politisches Handeln, das die Gesellschaft als Ganzes zum Ziel hat. Praxis als Problemstellung kritischer Gesellschaftstheorie ist also zunächst politische Praxis.

So konzentrierte sich das IfS unter Leitung von Max Horkheimer zuerst auf diejenige Gruppe, deren Praxis dazu dienen könnte, den erkannten falschen gesellschaftlichen Zustand zu beenden: die Arbeiterklasse. Mit neuen Methoden untersuchte das Institut deren Lage und befasste sich zudem intensiv mit der ökonomischen Situation in Europa und der Welt. Friedrich Pollock, der wichtigste Ökonom des Instituts, fand bereits im ersten Band der ZfS auf die Frage nach den Chancen einer baldigen gesellschaftlichen Umwälzung eine nüchterne Antwort: «*Die Aussichten für die Verwirklichung einer sozialistischen Planwirtschaft sind trotz aller ökonomischen Wirklichkeiten … gering.*»[67] In einem weiteren Artikel gelangte er zu der Feststellung, dass sich aus den von Marx richtig beobachteten und beschriebenen Krisentendenzen der Kapitalverwertung nicht etwa eine Förderung der revolutionären Bestrebungen ergebe, sondern im Gegenteil deren Blockade, und dass eine Änderung dieses Zustandes nicht abzusehen sei:

«*Die … grundsätzlichen Betrachtungen über die … Aufhebung gefährlicher Spannungen zwischen Produktivkräften und Produktionsverhältnissen führen zu dem Schluß, daß es falsch ist, das notwendige Ende des Kapitalismus für eine nahe Zukunft vorauszusagen … das veränderte Gewicht der Arbeiterklasse im Wirtschaftsprozeß, die Umwälzungen in der Waffentechnik und die außerordentliche Vervollkommnung der geistigen*

---

67   Friedrich Pollock, Die gegenwärtige Lage des Kapitalismus und die Aussichten einer planwirtschaftlichen Neuordnung, in: ZfS, Jahrgang 1, S. 27.

Massenbeherrschung lassen auf absehbare Zeit ... Widerstand nur im Gefolge schwerster Katastrophen als möglich erscheinen.»[68]

Diese Sätze Pollocks sollten auf lange Zeit die optimistischste Einschätzung aus dem Kreis des Instituts für Sozialforschung zur gesellschaftlichen Lage sein. Sein Fazit lautete: «*Was zu Ende geht, ist nicht der Kapitalismus, sondern nur seine liberale Phase.*»[69] Diese Position ist übrigens eine der theoretischen Einsichten, die bei den Institutsmitgliedern über alle politischen und gesellschaftlichen Umbrüche hinweg unverändert bleiben sollte: Einen Zusammenbruch des Kapitalismus aus einer inneren Krisendynamik heraus hielt niemand im IfS jemals für eine realistische Option. Darüber hinaus kann festgehalten werden, dass sich auch niemand dort von einem solchen Zusammenbruch etwas Positives erhofft hätte. Emanzipation tritt ein, wenn Menschen ihre Geschichte bewusst und vernünftig selber machen, Fortschritt erfolgt in der dialektisch gedachten Aufhebung einer Gesellschaftsform in einer höheren. Ein Zusammenbruch genügt beiden Kriterien nicht und brächte vermutlich nur die Wiederkehr einer historisch eigentlich längst überwundenen Barbarei. Damit ist umrissen, in welcher Gestalt dem IfS die Krise des Marxismus, die ja bereits seit der «Marxistischen Arbeitswoche» stetig diskutiert wurde, erschien: nicht als Krise seiner dialektischen philosophischen Basis, des Materialismus, oder seiner grundlegenden Erkenntnisse über die kapitalistische Form der Vergesellschaftung, sondern vor allem als Krise seiner Revolutionstheorie. Bezogen auf die frühe ökonomische Analyse des IfS fassen Christoph Türcke und Gerhard Bolte zusammen: «*Dieses Resümee bedeutet Abwendung von der Marxschen Zukunftsprognose – durch Anwendung der Marxschen Krisentheorie.*»[70]

Darin kündigen sich Schwierigkeiten an, die im Verlauf der Entwicklung der Kritischen Theorie immer größer werden sollten. Die Entstehung der Kritischen Theorie war durch das weitgehende Versagen des Marxismus bedingt, wo dieser als

---

68 Friedrich Pollock, Bemerkungen über die Wirtschaftskrise, in: ZfS, Jahrgang 2, S. 350.
69 Friedrich Pollock, ebd.
70 Gerhard Bolte und Christoph Türcke, Einführung in die kritische Theorie, Darmstadt 1997, S. 13.

Revolutionstheorie aufgetreten war und die Einheit von Gesellschaftstheorie und politischer Praxis postuliert hatte. Somit war innerhalb der Kritischen Theorie ein Widerspruch angelegt: Das Anknüpfen an Marx' Werk als einer Philosophie politischer Praxis war verbunden mit dem geschichtlichen Scheitern eben dieses Anspruchs. Praxis und ihr Ausbleiben waren somit so etwas wie das Geburtstrauma der Kritischen Theorie: ein krisenhafter Beginn, dessen Spätfolgen noch die gesamte nachfolgende Existenz prägen.[71]

3.3 Psychoanalytische Theoriebildung und empirische Sozialforschung

*D*as von Horkheimer bei seinem Amtsantritt vorgestellte Forschungskonzept zur Überwindung dieser theoretischen Krise würde man heute wohl interdisziplinär nennen, auch wenn es in diesem Begriff nicht gänzlich aufgeht. Die Krise des Marxismus sollte durch eine Durchdringung von philosophischer Theorie und fachwissenschaftlicher Empirie überwunden werden. Offenbar stellte sich vor allem die Erklärung der Umsetzung ökonomischer Basisprozesse in Bewusstseinsinhalte wesentlich komplizierter dar, als in den Tagen der Klassiker der politischen Ökonomie vermutet. Der Psychologie, der wissenschaftlichen Disziplin zur Erforschung des Geistes- und Seelenlebens, wurde daher ein zentraler Platz eingeräumt, und die psychoanalytische Strömung erschien Horkheimer als deren fortgeschrittenste und kritischste Gestalt. Erich Fromm stellte später in seinem Buch «Jenseits der Illusionen» drei große Parallelen zwischen Marx und Freud her, die für ihn der entscheidende Anlass zu einer Integration beider Theorien gewesen seien. Er drückt mit Hilfe dreier Zitate aus, worin er die geistige Nähe der beiden Theoretiker begründet sieht:

«Die beiden gemeinsamen grundlegenden Ideen lassen sich am besten in drei kurzen Sentenzen ausdrücken, von denen die beiden ersten römischen, die dritte christlichen Ursprungs ist: 1.

---

71 Zum Zusammenhang der Begriffe Kritik und Krise vgl. Gerhard Bolte und Christoph Türcke, a. a. O., Vorwort; ebenso Christoph Menke, Kritische Theorie und tragische Erkenntnis, in: Zeitschrift für kritische Theorie (ZfkT), Band 5, Lüneburg 1997, S.43 ff.

‹*De omnibus est dubitantum*› (‹*man muß an allem Zweifeln*›); 2. ‹*Humani nil a me alienum puto dum*› (‹*Nichts menschliches ist mir fremd*›); 3. ‹*Die Wahrheit wird euch frei machen*›.»[72]

Im ersten Prinzip spiegelt sich für Fromm die kritische Grundhaltung beider Autoren wider: Beide hätten sich als Kritiker begriffen, deren Ziel das Zerstören von Illusionen gewesen sei, um die weltbewegenden, aber bislang verborgenen Kräfte der Ökonomie (Marx) bzw. der Triebe (Freud) sichtbar zu machen. Der dritte Satz – das Vertrauen auf die Kraft der Wahrheit, zitiert aus dem Johannesevangelium – drücke aus, dass das Zerstören von Illusionen (z. B. Ideologien bei Marx, Rationalisierungen bei Freud) ja nur sinnvoll und wünschenswert sei, wenn man sich von der Erkenntnis der Wahrheit auch eine befreiende Kraft verspreche und somit implizit auf die menschliche Vernunft baue. Mit der Herkunft aus der Aufklärung ergäbe sich außerdem – dies ist die zweite Sentenz – der zutiefst menschenfreundliche, humane Impuls beider Autoren, der anerkenne und verstehe, dass jeder einzelne Mensch stellvertretend für die ganze Menschheit stehe, dass also individuelles Leid weder göttliches Schicksal noch einfaches Pech ist bzw. bleiben darf, sondern gesellschaftliche Ursachen hat, und dass ein Verstehen und vielleicht auch eine Veränderung dieser Ursachen möglich ist. Schließlich fügt Fromm noch hinzu, dass beide Theorien von einer dialektischen und dynamischen Sicht der Wirklichkeit ausgingen, wobei man allerdings festhalten muss, dass Freud sich selbst nie als Dialektiker bezeichnet hat. Fromms Charakterisierung dieser strukturellen Ähnlichkeiten ist ein hilfreicher Einstieg, trifft aber noch nicht vollständig die Intentionen von Horkheimer, Adorno und Marcuse.

Exkurs zur Psychoanalyse

Sigmund Freud hatte das Erscheinungsdatum seines Buches «Die Traumdeutung», mit dem er die Grundlagen seiner psychoanalytischen Theorie erstmals systematisch darstellte, von 1899 auf 1900 vorverlegt, vermutlich in dem etwas eitlen Wunsch, mit seinem Werk am Beginn eines neuen Jahrhunderts teilzuhaben. Im Nachhinein – zunächst lag das Buch wie Blei in den Regalen – hat die Geschichte ihn bestätigt. Ohne

---

72   Erich Fromm, Jenseits der Illusionen, Stuttgart 1981, S. 19 ff.

die Wichtigkeit seiner Vorgänger und Nachfolger schmälern zu wollen, ist es nicht übertrieben zu sagen, dass vermutlich kaum eine einzelne Theorie das Selbstverständnis der modernen Gesellschaften so nachhaltig beeinflusst hat und bis heute beeinflusst wie diejenige Freuds. Er selber charakterisiert die Psychoanalyse in der ihm eigenen Mischung aus Eitelkeit und Scharfsicht als die dritte große narzisstische Kränkung[73] der modernen Menschheit durch die Wissenschaft nach Kopernikus und Darwin[74]: Der Erste habe, so Freud, der Menschheit des ausgehenden Mittelalters offenbart, dass sich das Universum keinesfalls um die Erde drehe und sie daher nicht der Nabel des gesamten Kosmos sei, sondern, wie man heute sagen würde, nur in einem total aus der Mode gekommenen Spiralarm der Galaxis vor sich hindämmere. Der Zweite eröffnet nach Freud dem modernen Menschen, der sich anschickte, den gesamten Erdball zu unterwerfen, dass er keinesfalls göttlicher Abkunft sei, sondern statt dessen von haarigen und grunzenden Primaten abstamme. Schließlich habe er selbst, Freud, nun seinen sich als aufgeklärt missverstehenden Mitmenschen eröffnet, dass sie trotz aller bürgerlicher Rationalität nicht mal im eigenen Kopf Herr im Hause seien, sondern mit all ihrem selbstherrlichen Tun und Lassen doch nur Spielball von kaum zugänglichen, weil unbewussten und zu allem Überfluss auch noch regelmäßig sexuell konnotierten Kräften sind.

Die dadurch ausgelöste narzisstische Kränkung trägt vermutlich bis heute zu einem nicht geringen Teil zu dem heftigen

---

73 Narziss ist eine Figur der griechischen Mythologie, die von den Göttern ob ihrer Eitelkeit damit gestraft wird, sich in das eigene, natürlich unerreichbare Spiegelbild zu verlieben. In manchen Fassungen der Sage endet dies tödlich, in fast jedem Fall (Marcuse wird andere Betonungen setzen!) aber tragisch. Narzissmus ist in der psychoanalytischen Theorie seitdem die Bezeichnung für eine Persönlichkeitsstörung, in der übersteigerte Selbstliebe die Fähigkeit, für andere Personen Liebe zu empfinden, schwächt.

74 Vgl. Sigmund Freud, Studienausgabe (ST), Frankfurt am Main 1969, Band 1, S. 283 f. Während man Kopernikus und Galilei inzwischen weitgehend in Ruhe lässt (Letzterer, vor vierhundert Jahren verfemt, wurde vom Papst 1992 sogar «rehabilitiert»), versucht sich die religiöse Rechte immer noch daran, den Darwinismus zu bekämpfen, neuerdings mit so lustigen Konzepten wie Kreationismus oder Intelligent Design.

und oft emotionalen Widerstand bei, den regelmäßig erfährt, wer sich in Gesprächen und Diskussionen auf Freud oder die psychoanalytische Theorie bezieht: Veraltet seien seine Annahmen, der Einfluss des Sexuellen und der Kindheit würde überschätzt, der Mann sei ein bürgerlicher Konservativer, der – wenn überhaupt – nur über das Milieu seiner reichen Wiener Klientel hätte Aussagen treffen dürfen, und außerdem sei er ein übler patriarchaler Frauenfeind und sexuell frustriert gewesen. Trotz solcher Schmähungen sind Begriffe und Fragmente der freudschen Theorie längst in Alltagssprache und -verstand übergegangen: «Das war ein freudscher Versprecher» oder «Das habe ich wohl verdrängt» rutscht selbst Freudkritikern ganz automatisch heraus und Bezeichnungen wie Fetisch für ungewöhnliche sexuelle Wünsche oder Phallussymbol für alles, was länger ist als breit, sind längst Allgemeinplätze geworden. Eben weil bestimmte Aspekte der psychoanalytischen Theorie aufgrund ihrer Evidenz eine derartige Popularisierung erfahren haben und heute auch ohne Lektüre der Schriften Freuds allgemein akzeptiert werden, ist es nur noch schwer nachzuvollziehen, welchen revolutionären Charakter diese Theorie um 1910 oder 1920 hatte und noch immer haben kann, wenn man von ihren tatsächlich zeit- und personengebundenen Aspekten absieht und sie auch jenseits harmloser und popularisierter Details zur Kenntnis nimmt. Interessant ist hier aber vor allem, wie die psychoanalytisch geprägte Theoriebildung im Horkheimer-Kreis dazu beitrug, dem Anspruch interdisziplinärer, empirischer und theoriegeleiteter Sozialforschung nahezukommen.

Dieses Buch ist keine Einführung in die Psychoanalyse. Ohne einen minimalen Einblick ist aber nicht zu verstehen, warum und zu welchem Zweck Kritische Theorie sich so nachdrücklich auf Freud bezogen hat. Bei näherer Betrachtung seiner Theorie kann man zwei Hauptaspekte identifizieren, die diese große Bedeutung begründen:

Die Psychoanalyse ist erstens eine *Psychologie des Unbewussten*: Die wesentlichen Triebkräfte unseres Handelns und Denkens stehen außerhalb des Zugriffs unseres bewussten Ichs. Die menschliche Psyche ist ein dynamisches Gefüge verschiedener Instanzen (bei Freud genannt Es, Über-Ich und Ich), die sich beeinflussen und aufeinander wirken. Was im Alltagsverstand und im eigenen Selbstkonzept als stabile, integrierte, mehr oder weniger souverän der Außenwelt gegenüberstehende Person erlebt wird, als Ich im umgangssprachlichen Sinne, ist bei Freud die schwächste, labilste und korrupteste der drei psychischen Instanzen. Das Ich wird beständig von Es und Über-Ich mit widersprüchlichen Ansprüchen konfrontiert, die es in Übereinstimmung miteinander und mit der Außenwelt bringen muss. In Träumen, Fehlhandlungen und natürlich in psychischen Krankheitssymptomen, die allesamt nicht als zufällig, sondern als motiviert begriffen werden, sind einzelne Aspekte dieses Seelenlebens wahrnehmbar und können daher in der psychoanalytischen Behandlung teilweise bewusst gemacht und bearbeitet werden.

Das zweite für die Kritische Theorie wichtige Element der Psychoanalyse ist die *materialistische Fundierung der Triebtheorie*: Das Seelenleben des Menschen kann nicht unabhängig von dessen körperlicher Existenz betrachtet werden. Hier ist Freud, ohne sich selbst so zu nennen, Materialist, der die Psyche in Abhängigkeit vom Körper entstehen sieht.[75] Noch unbeobachtbare «feinstoffliche Vorgänge» im Körper steuerten das Seelenleben, stellt Freud nüchtern fest – von einer metaphysischen Substanz oder göttlichen Seele (oder gar von Karma oder Qi) keine Spur. Überhaupt hat Freud die Entwicklung seiner psychoanalytischen Theorie erst begonnen, nachdem ihm seine schulmedizinische Tätigkeit bei dem berühmten Pariser Arzt Jean-Martin Charcot keinerlei Aufschluss über die physischen Vorgänge liefern konnte, die nach Freuds Meinung materielle Grundlage der Geistesregungen sein müssten. Den Schnittpunkt von Soma (Körperlichkeit) und Psyche (Seelenleben) bilden in der psychoanalytischen Theorie die Triebe, die im Wesentlichen die psychische Repräsentanz körperlicher Bedürfnisse sind. Ein Trieb kann beschrieben werden als eine innerpersonale Kraft, die eine Quelle, einen Drang, ein Ziel und ein Objekt hat. Freud kennt genau zwei Triebe, die allerdings mitunter amalgamiert, also miteinander verschmolzen sind. In seiner frühen Konzeption (zur späten wird an anderer Stelle etwas gesagt werden) sind dies der Selbsterhaltungs- und der Sexualtrieb. Der Selbsterhaltungstrieb drückt sich im Bedürfnis nach Nahrung, Wasser, Schlaf, Wärme u. a. aus und ist dem Individuum ein Imperativ:

---

75 Vgl. Alfred Schmidt und Bernhard Görlich, Ein Gespräch, in: dies. (Hrsg.), Philosophie nach Freud, Lüneburg 1995, S. 75 ff.

Er kann nicht ignoriert werden und ein Aufschub oder eine Ersatzbefriedigung ist nicht möglich, weil die Nichtbefriedigung über kurz oder lang zum Tod führt. Der Sexualtrieb ist dem Selbsterhaltungstrieb daher untergeordnet – und er ist formbar: Seine Kraft, als Libido bezeichnet, kann in bestimmtem Maße gehemmt, abgelenkt oder für andere Ziele verwandt werden. Während der Kindheit durchläuft die Libido eine Reihe von Entwicklungsphasen, deren jeweils spezifische Bewältigung für die Ausprägung der Persönlichkeitsstruktur bzw. des Charakters der erwachsenen Person von ausschlaggebender Bedeutung ist. In psychoanalytischer Betrachtungsweise besteht denn auch eine große Skepsis gegenüber dem angeblich freien, bewussten Willen des einzelnen Menschen. Stattdessen werden strukturelle, dem einzelnen Individuum selbst eher unzugängliche Elemente des Bewusstseins betont, die letztlich ein in die Psyche eingewandertes Kondensat gesellschaftlicher Momente darstellen. Nicht die gesellschaftlichen Vorgänge werden also, wie oft vorschnell behauptet wird, durch die Psychoanalyse *psychologisiert,* sondern im Gegenteil erscheint in der psychoanalytischen Betrachtung das ins innerpsychische eingewanderte Gesellschaftliche als die über den Einzelnen dominierende, weil strukturgebende Kraft.

Darin liegt eine Nähe zu Marx' materialistischem Blick auf Individuum und Gesellschaft: Auch in dessen Betrachtung vollziehen Menschen im Wesentlichen die ihnen von einer (hier gesellschaftlich, nicht innerpsychisch gedachten) Struktur vorgegebenen Rollen. Echte Freiheit des Individuums und des Handelns wäre, wenn überhaupt denkbar, bei beiden Autoren erst einmal herzustellen, sie ist nicht bereits gegeben. Ihr Begriff des Individuums ist daher ein kritischer. So hält Freud, der zutiefst humanistisch gesonnene Arzt, immer fest, dass psychisch krank nur sei, wer sich selbst krank fühle, und es keinen prinzipiellen Unterschied zwischen Gesunden und Kranken gäbe, sondern der Übergang graduell sei: «*Die ganze Welt ist mein Patient*». Den Konflikt zwischen Individuum und Gesellschaft, an dessen produktiver Auflösung die psychisch Erkrankten scheitern, hält Freud allerdings für eine ahistorische Konstante. Zwar hat er über seine klinischen, auf den praktischen Aspekt zielenden Schriften hinaus auch umfangreiche Werke zu den kulturwissenschaftlichen und philosophischen Aspekten seiner Theorie verfasst, doch orientierten diese nicht auf empirische Soziologie oder empfehlen gar die Umwälzung der gesellschaftlichen Grundstruktur – ein Unterfangen, dem Freud, der zwar ein großer Humanist und Aufklärer, aber ein ebenso großer Pessimist war, bestenfalls kopfschüttelnd gegenübergestanden hätte. Sich darüber zu ereifern, in wessen Besitz sich die Produktionsmittel befinden sollten, wäre Freud absurd und für die Frage menschlichen Glücks als relativ bedeutungslos vorgekommen. Angesichts der von ihm diagnostizierten Grundkonflikte zwischen Individuum und Gesellschaft neigte Freud dazu, das große historische oder gesamtgesellschaftliche Panorama, vor dem sich ein solcher Konflikt jeweils abspielt, für nachrangig zu halten. Familie und Kindheit liegen zwar im Zentrum seiner Untersuchungen, aber kaum im Sinne von wandelbaren gesellschaftlichen Konstellationen als vielmehr von Grundmustern, die menschliche Existenz immer und jederzeit prägten und prägen.

Freud versammelte viele Schüler um sich, die seine Theorie in viele Richtungen zu erweitern begannen, nicht immer zur Freude ihres Lehrers. Ein politisch linker Flügel begann, intensiv über Verbindungen zur politischen Gesellschaftskritik allgemein und insbesondere zum Marxismus nachzudenken. Otto Fenichel, Siegfried Bernfeld oder Wilhelm Reich müssen hier genannt werden. Die Psychologie des Unbewussten und die materialistisch verstandene Triebtheorie gehörten nun aber einer Individualpsychologie an, die eigentlich zum Zwecke der Behandlung individuellen Leidens in einer *Sprechkur*, so Freuds Bezeichnung für die psychoanalytische Behandlung, entwickelt worden waren. Daher stellte sich die Frage, inwieweit und unter welchen Voraussetzungen eine Individualpsychologie für soziologische Analysen nutzbar gemacht werden könnte. Im Zentrum stand dabei bald der Charakterbegriff. Sowohl Erich Fromm als auch die Freud-Schüler Reich und der der Linken fernstehende Carl Gustav Jung begannen unter verschiedenen Vorzeichen mit der Kategorisierung von Persönlichkeits- oder Charaktertypen, um ein Werkzeug zur Beschreibung nicht nur von Individuen, sondern auch von sozialen Gruppen zu erhalten, deren Mitglieder sich durch bestimmte Gemeinsamkeiten ihrer psychischen Struktur auszeichnen, also einen bestimmten gemeinsamen Sozialcharakter aufweisen sollten.

Vor allem Wilhelm Reich stellte sich in Wien und Berlin ganz ähnliche Fragen wie Fromm und das IfS. Als orthodoxer Freudianer, der die Wichtigkeit der Triebtheorie in den Vordergrund stellte und der Sexualität eine mindestens so wichtige Rolle zusprach wie Freud, stand er Fromm oder Horkheimer eigentlich theoretisch sehr nahe[76]. Auch seine Kritik der autoritären Entwicklung in der Sowjetunion war deren Ansichten vergleichbar. Seine aktivistische politische Orientierung machte die Frankfurter ihm gegenüber allerdings mehr als nur skeptisch. Reich gründete eine der KPD nahestehende Bewegung für Sexualpolitik, wurde aber bald aus der prinzipiell psychoanalysefeindlichen Partei («bürgerlicher Psychologismus») und dann auch aus der Internationalen Psychoanalytischen Vereinigung («unzulässige Politisierung der Wissenschaft») ausgeschlossen. Er ging 1933 ins Exil, und dort verlagerte sich seine Theorie nach der Entdeckung der mystischen Lebensenergie *Orgon* in eher esoterische Gefilde, sie inspiriert aber bis heute die alternative, körperorientierte Psychotherapieszene. Seine marxistischen Texte aus den 20er- und 30er-Jahren werden von den heutigen Rechteinhabern nur noch in einer von Wilhelm Reich später selbst redigierten, entpolitisierten Fassung zum Druck freigegeben. Die Originale sind aber als Raubdrucke aus den 60er- und 70er-Jahren antiquarisch zu erhalten, insbesondere die «Massenpsychologie des Faschismus» ist einen Blick wert.[77] Viele dieser frühen Versuche einer Vermählung von Soziologie und Psychologie, nicht nur Reichs, krankten aber an einer recht schematischen Übertragung der freudschen Kategorien auf soziale Phänomene, und die Frage, wieweit Gruppen oder die Gesellschaft als Ganzes psychologisch analog zu einem Individuum betrachtet werden dürften oder ob dies gänzlich unzulässig sei, war ein hochbrisantes Streitthema. Differenzen in diesem Gebiet, die ab 1933/34 zutage traten, haben später wesentlich zum Bruch zwischen Fromm und dem IfS beigetragen.

---

76 Vgl. Rolf Wiggershaus, Die Frankfurter Schule, S. 182.

77 Der Originaltext wurde in Kopenhagen 1933 veröffentlicht, auf dieser Fassung beruhen die Raubdrucke. Eine im Gegensatz zu Schriften der mitunter etwas merkwürdigen heutigen Wilhelm-Reich-Anhängerschaft angenehm unideologische, weil literarisch orientierte Biografie Reichs stammt von Harry Mulisch: Das sexuelle Bollwerk, München 1997.

Die Psychoanalyse war in der Sicht der Frankfurter Forscher also eine Theorie, die sich radikal kritisch zur gesellschaftlichen Realität verhielt und ihnen daher anschlussfähig an ihr Projekt erschien. Horkheimer gab die Forschungsrichtung vor, und Erich Fromm als Fachwissenschaftler führte sie in seinem programmatischen Aufsatz «Über Methode und Aufgabe einer analytischen Sozialpsychologie» in der ZfS detailliert aus. Im Wesentlichen schrieb Fromm der zu begründenden Sozialpsychologie die Aufgabe zu, die konkreten Vermittlungsprozesse zwischen ökonomischer Basis und Überbauphänomenen, soweit diese im menschlichen Seelenleben repräsentiert seien, zu erforschen. Da die Psychoanalyse sowohl materialistisch als auch historisch vorgehe, indem sie die psychischen Abläufe als Erscheinung noch unbeobachtbarer physischer Prozesse und die Genese des Individuums als einen eigengesetzlichen, historischen Prozess betrachte, bestünde eine weitgehende methodische Übereinstimmung zwischen der marxschen Gesellschaftstheorie und ihrer neuen Hilfswissenschaft. Um diese Individualpsychologie nun für die Gesellschaftskritik fruchtbar zu machen, waren nach Fromm keine allzu großen Modifikationen notwendig: *«Die sozialpsychologischen Erscheinungen sind aufzufassen als Prozesse der ... Anpassung des Triebapparates an die sozialökonomische Situation. Der Triebapparat selbst ist ... biologisch gegeben, aber weitgehend formbar; den ökonomischen Bedingungen kommt die Rolle als primär formende Faktoren zu. Die Familie ist das wesentliche Medium, durch das die ökonomische Situation ihren formenden Einfluß auf die Psyche des Einzelnen ausübt. Die Sozialpsychologie hat die ... sozial relevanten seelischen Haltungen und Ideologien ... und insbesondere deren unbewußte Wurzeln aus den Einwirkungen der ökonomischen Bedingungen auf die libidinöse Struktur zu erklären.»*[78]

Die Integration der Psychoanalyse hat so zur Kritischen Theorie auf eine Weise beigetragen, die kaum überschätzt werden kann.

Das Verhältnis zur ursprünglichen Anwendung der psychoanalytischen Theorie, der therapeutischen Behandlung, war dabei unter den Mitgliedern des Instituts von Anfang an ambivalent. Nachdem Leo Löwenthal bei Frieda Fromm-Reich-

---

78 Erich Fromm, Über Methode und Aufgabe einer analytischen Sozialpsychologie, in: ZfS, Jahrgang 1, S. 40.

mann in psychoanalytischer Behandlung gewesen war (deren «psychoanalytisches Ambulatorium» sich allerdings eher als sinnenfroh-experimentelle Intellektuellenkommune darstellte, denn als wissenschaftlich-nüchterne medizinische Einrichtung im Sinne Freuds), begann auch Horkheimer 1928 eine Analyse bei dem Freud-Schüler und Pionier der Psychoanalyse in Frankfurt, Karl Landauer. Soweit bekannt war Horkheimers einziges Problem sein Unvermögen, öffentlich ohne vorbereiteten Text frei zu sprechen. Nach einem Jahr war dies behoben und die Analyse beendet. Nach ihrem Verlauf befragt, soll Horkheimer trocken zu Protokoll gegeben haben, der Herr Landauer sei gebildet worden. Adorno und Marcuse und auch Pollock verspürten trotz ihres ausgeprägten Interesses an der psychoanalytischen Theorie ganz und gar keine persönliche Neigung oder Neugier, sich einer solchen Kur zu unterziehen, aus der sich zumindest bei Adorno später eine ganz dezidierte Ablehnung der Psychoanalyse als Therapie entwickelte, und auch Marcuse reagierte auf Nachfragen, warum er trotz seiner Begeisterung für die Psychoanalyse nicht analysiert sei, mitunter eher patzig. Über Adornos Haltung spottete nach Peter von Haselbergs Erinnerung ein Freund, Adorno befände sich im glücklichen Besitz einer Neurose, die sich als intellektuelle Produktivkraft auswirke, weshalb er ständig Angst davor habe, einem Analytiker in die Hände zu fallen.[79] Horkheimer, Löwenthal und natürlich Fromm waren dagegen analysiert. Obwohl das IfS einiges dazu beitrug, die Psychoanalyse auch in ihrer Eigenschaft als medizinische Kunst an der Frankfurter Universität zu etablieren, blieben die Berührungspunkte mit diesem Hauptbetätigungsfeld der meisten Analytiker bei allen außer Fromm vergleichsweise gering. Geschätzt wurden Freuds philosophische Beiträge zur Kulturgeschichte und seine Erkenntnisse über Funktion und Ursprung der menschlichen Psyche. Diese Theoreme nahmen in der Kritischen Theorie den Platz ein, der eigentlich einer anthropologischen Theorie zufallen könnte. In einer marxistischen Gesellschaftstheorie, die davon ausgeht, dass der Mensch im Wesentlichen das Ensemble der gesellschaftlichen Verhältnisse ist, in denen er lebt, gibt es zwar keinen Platz für eine feste Wesenslehre darüber, was *der Mensch* oder *das We-*

---

79   Peter von Haselberg, Wiesengrund-Adorno, in: Heinz-Ludwig Arnold (Hrsg.), Text und Kritik Sonderband Adorno, München 1977, S. 12.

sen des Menschen an sich und überhaupt und generell sei. Aber wenn es darum geht, *was* da von den gesellschaftlichen Umständen geformt wird und *wie genau* diese Beeinflussung geschehen mag, dann greift Kritische Theorie nahezu immer auf Freud zurück.

3.4 Forschungsprojekte zu Familie und Autorität in Europa

Am IfS hatte man bereits in der Interimszeit zwischen Grünberg und Horkheimer begonnen, moderne, in Europa bis dahin kaum bekannte oder erprobte Erhebungsverfahren und empirische Forschungsmethoden einzusetzen. In Umfragen nach US-amerikanischem Vorbild hatte man sich mit Hilfe von Fragebögen, Interviews, Statistikauswertungen u. a. daran gemacht, ein Bild von der psychischen Verfasstheit und sozialen Lage der gesellschaftlichen Gruppe zu zeichnen, die in Marx' Vorstellung die wichtigste war: die der Arbeiter und Angestellten. Da deren Verhalten am wenigsten den Erwartungen der ökonomisch fundierten Revolutionstheorie entsprochen hatte, bestand hier das größte Erkenntnisinteresse. Anders als bei den heute beliebten Meinungsumfragen musste auf der Basis der freudschen Tiefenpsychologie davon ausgegangen werden, dass die befragten Menschen keineswegs immer sagen würden, was sie dächten und vice versa, ja, dass es ihnen sogar unmöglich sein würde, im Unbewussten liegende, aber stark meinungs- und handlungsleitende psychische Motive zu erkennen, geschweige denn zu verbalisieren. Dies insbesondere dann, wenn einzelne dieser Motive zusätzlich durch gesellschaftliche Tabus oder Sanktionen daran gehindert würden, in unverfälschter Form in die Öffentlichkeit zu dringen. Adorno, der hier noch nicht beteiligt war, beschrieb dies im Problemaufriss zu einer späteren Studie so: «*Was die Menschen sagen und in etwa auch, was sie wirklich denken, hängt weitgehend vom geistigen Klima ab, in dem sie leben; ändert sich dieses Klima, paßt sich der eine schneller an als der andere.*»[80]

Ungefähr 600 fragebogengestützte Interviews mit jeweils 271 Items (einzelnen Fragepositionen) waren in Arbeiter- und

---

80   T. W. Adorno, Studien zum autoritären Charakter, Frankfurt am Main 1980, S. 5.

Angestelltenfamilien geführt worden. Es wurden zunächst Alter, Bildungsgrad, Beruf u. ä. erhoben und danach offene Fragen zu kulturellen Gewohnheiten, Vorbildern, Erziehungsverhalten, Geschlechterverhältnis und anderen Aspekten des Alltagslebens gestellt: *«Wie schmücken Sie ihre Wohnung?»; «Halten Sie es für richtig, daß Frauen einen Beruf ausüben? Auch die Verheirateten?»; «Welchen Menschen halten Sie für die größte Persönlichkeit der Geschichte/ der Gegenwart?»* oder auch *«Kommt man bei der Erziehung von Kindern ganz ohne Prügel aus?»*. So lauteten einige der Fragen, von denen sich die Forscher Aufschluss über tiefer liegende Persönlichkeitsstrukturen erhofften, als sich mit der heute so beliebten Sonntagsfrage eruieren lassen («Was wählen Sie?» wurde natürlich auch gefragt). Die Antworten wurden mit Hilfe psychoanalytischer Begrifflichkeiten interpretiert und systematisiert. Ziel der Untersuchung war es, auf der Basis der freudschen Begriffe Persönlichkeits- oder Charaktertypen herausarbeiten zu können, durch die sich das politische Verhalten der Arbeiterklasse besser verstehen lassen würde.

Die Studie konnte wegen methodischer Unerfahrenheit, aus organisatorischen Gründen und auch aufgrund wachsender theoretischer Spannungen zwischen Fromm und seinen Kollegen nicht im Sinne eines repräsentativen Ergebnisses ausgewertet werden. Ihre Bedeutung für die Kritische Theorie bestand in der Erprobung der Methoden, der Skalenkonstruktion, der Durchführung und der Auswertung. Die Ergebnisse wurden erst 1983 publiziert[81], obwohl die provisorische Auswertung den Kreis um Horkheimer sofort aufs höchste alarmierte: Nur bei einem kleinen Teil der untersuchten Stichprobe, die ja immerhin die Arbeiterklasse in Deutschland repräsentieren sollte, nämlich nur bei etwa 15 % der Befragten, stimmten ermittelte Charakterstruktur und geäußerte politische Gesinnung überein. Nur bei dieser kleinen Gruppe konnte die Forschungsgruppe davon ausgehen, dass ihr politisch vorgetragener Radikalismus auch eine gewisse Verankerung in ihrer Persönlichkeit hatte. Neben einem ähnlich großen Teil offen konservativ bis nationalistisch eingestellter Arbeiterinnen, Arbeiter und Angestellter, bei denen sich autoritäre psychische Struktur und reaktionäre Mei-

---

81 Erich Fromm, Arbeiter und Angestellte am Vorabend des Dritten Reiches, München 1983.

nung auch durchaus deckten, hing die Mehrheit der in der SPD und KPD oder den Parteien der Mitte organisierten Menschen höchst traditionellen Wertvorstellungen und Lebenspraxen an. In der sich zuspitzenden politischen Krise der frühen 30er-Jahre war dies ein Warnsignal: Wenn die politische Zuordnung zur Demokratie, zur Linken oder zur Arbeiterklasse in einem so großen Ausmaß ein Lippenbekenntnis war, dann konnte nicht darauf gebaut werden, dass es diesen Organisationen gelingen würde, dem anwachsenden Nationalsozialismus ernsthaften Widerstand entgegenzusetzen. Vielmehr war zu erwarten, dass unter starkem gesellschaftlichem Druck viele ihrer Mitglieder der Linken den Rücken kehren würden. Dies sensibilisierte die Frankfurter so stark für die Bedrohlichkeit der politischen Lage, dass sie verstärkt zu diskutieren begannen, ob ihre Zukunft in Deutschland noch sicher wäre.

Weitere Studien mit dem Schwerpunkt der Erforschung des Verhältnisses von Familie und Autorität wurden während der folgenden Jahre von den Institutsniederlassungen in London, Paris und Genf durchgeführt. Gemeinsam war ihnen allen, dass sie dazu beitragen sollten, die Familie als die primäre Sozialisationsinstanz für die empirisch festgestellten Autoritätsverhältnisse genauer zu verstehen:

«Die Wahl des Themas Autorität und Familie hat ihren Grund in bestimmten theoretischen Vorstellungen. Schon seit mehreren Jahren gehört es zu den Aufgaben des Instituts, den Zusammenhang zwischen den verschiedenen Bereichen der materiellen und geistigen Kultur zu erforschen … Je mehr wir die Bedeutung der politischen, moralischen und religiösen Anschauungen der neueren Zeit für die Gesellschaft analysieren, um so deutlicher trat die Autorität als ein entscheidender Faktor hervor. … Unter allen gesellschaftlichen Institutionen, die den Menschen für Autorität empfänglich machen, steht aber die Familie an erster Stelle.»[82]

Dieser Band ist zwar das einzige, aber trotzdem beeindruckende Beispiel dafür, dass Horkheimers Idee der Kritischen Theorie eine produktive Gestalt annehmen konnte. Die Studie

---

82   Max Horkheimer, Erich Fromm, Herbert Marcuse u. a., Studien über Autorität und Familie, Paris 1936; darin: Max Horkheimer, Vorwort, S. VII f. Weitere Autoren waren vor allem Wittfogel, Pollock und Löwenthal sowie Andries Sternheim.

ist ähnlich einer Ausgabe der ZfS aufgebaut und beginnt mit drei «theoretischen Entwürfen», umfassenden Texten zu zentralen Aspekten des Themas. Horkheimer steuerte einen Einleitungsaufsatz bei, Fromm einen sozialpsychologischen, Marcuse einen ideengeschichtlichen. Der von Pollock verfasste ökonomische Beitrag wurde nicht rechtzeitig fertig. In einem zweiten Teil folgen Berichte und Auswertungen von fünf empirischen Teilstudien. Im dritten Teil sind Aufsätze von Mitarbeitenden, Freundinnen und Freunden des Instituts sowie Rezensionen zum Thema versammelt. Die Studien sind glücklicherweise als Reprint wieder zugänglich, sodass jeder durch eigene Lektüre sehr einfach nachvollziehen kann, welche Produktivität Horkheimers Konzept einer philosophiegeleiteten Empirie bzw. einer empirisch unterstützten Philosophie entfalten konnte. Der vorläufige Befund Horkheimers in seinem Beitrag lautet, dass sich die Rolle der Familie in dem Maße wandele, wie in der ökonomischen Krise die wirtschaftliche Eigenständigkeit des Familienernährers schwinde. Aufgrund seiner prekären Situation nicht mehr fähig, als glaubwürdige Autorität aufzutreten, verliere der patriarchale Vater mehr und mehr von seiner Macht. Aus dieser Schwäche entspringe aber kein Mehr an Freiheit oder Selbstbestimmung, sondern autoritäre Ideologien und Organisationen – wir schreiben 1936 – träten an die freigewordene Stelle. Was das für das Individuum wie für die Verfasstheit der Gesellschaft bedeuten mag, lässt Horkheimer an dieser Stelle noch offen. Optimistisch klang es jedenfalls schon damals nicht.

3.5 Die Studien zum autoritären Charakter

Eine weitere Arbeit, in der am deutlichsten sichtbar wird, welchen Erkenntnisgewinn die Kritische Theorie aus der Integration der Psychoanalyse ziehen konnte, trägt den deutschen Titel «Studien zum autoritären Charakter». Sie wird hier vorgestellt, obwohl sie uns in der Darstellung zeitlich und räumlich vom Europa der frühen 30er-Jahre entfernt. Diese deutsche Publikation ist ein Auszug aus einer größeren Studie, die Mitarbeitende des emigrierten IfS, unter ihnen auch Adorno, gemeinsam mit amerikanischen Kolleginnen und Kollegen 1943/44 in den USA durchführten. Diese umfangreicheren «Studies in Prejudice» sind nach wie vor nicht auf Deutsch erschienen. Grundlegende Idee der Untersuchung war, die Arbeiter- und Angestelltenstudie von 1929/30 unter umgekehrten gesellschaftlichen Vorzeichen zu wiederholen: Seinerzeit war es unter demokratischen Bedingungen ja gelungen, diejenigen zu identifizieren, die sich der Herrschaft eines autoritären Regimes vermutlich willfährig anpassen würden. Nun sollte es doch auch möglich sein, angesichts der zwar noch nicht unmittelbar bevorstehenden, aber doch gewissen Niederlage Deutschlands und seiner Verbündeten ein wissenschaftliches Instrumentarium zu entwickeln, mit dem sich herausfinden ließe, wer unter den besiegten Deutschen insgeheim weiterhin dem Nationalsozialismus die Treue hielte und wer eher ein verlässlicher Demokrat sei oder wenigstens werden könne. Zumindest die Geldgeber der Studie beim American Jewish Committee hofften, ihre Ergebnisse direkt in die geplanten Entnazifizierungsprogramme einbringen zu können.

Adorno, der die Studie im Auftrag Horkheimers federführend betreute, und seine Kolleginnen und Kollegen der Columbia-Universität, mit der das IfS bei diesem Projekt zusammenarbeitete, machten sich also daran, in den USA einen Test für die Messung antidemokratischer Charakterstrukturen zu entwickeln, der im Nachkriegsdeutschland Verwendung finden könnte. Ihre wichtigste Prämisse stellen die Autoren an den Beginn ihres Arbeitsberichts:

«Die Untersuchungen, über die hier berichtet wird, waren an der Hypothese orientiert, daß die politischen, wirtschaftlichen und gesellschaftlichen Überzeugungen eines Individuums häufig ein umfassendes und kohärentes, gleichsam durch eine ‹Mentalität› oder einen ‹Geist› zusammengehaltenes Denkmuster bilden, und daß dieses Denkmuster Ausdruck verborgener Züge der individuellen Charakterstruktur ist.»[83]

Im Wechselspiel von theoretischer Konstruktion möglicher Merkmale des gesuchten autoritären Charakters und ihrer empirischen Kontrolle durch eine Kombination von Fragebogenauswertung und psychoanalytisch ausgerichteten Tiefeninterviews entstand letztlich die *Faschismus-* oder *F-Skala*, die in ihrer endgültigen Fassung einen Meilenstein in der Vorurteilsforschung darstellte. Sie enthielt Elemente dreier früherer Ska-

83   T. W. Adorno, Studien zum autoritären Charakter, S. 1.

len zur Messung von Antisemitismus, von Ethnozentrismus und von reaktionären, meist sozialdarwinistischen ökonomischen Ansichten. Die Fragen der F-Skala bestanden dabei aus scheinbar unverfänglichen Aussagen, die weder parteipolitische, noch politisch-programmatische Themen zur Bewertung durch die Versuchspersonen enthielten. Insbesondere wurde möglichst auf die direkte Erwähnung der in den USA durch verbreitete Vorurteile diskriminierten Minderheiten – Schwarze und Juden – verzichtet. Stattdessen wurden Sätze verwandt, deren statistische Korrelation mit den gesuchten Vorurteilsstrukturen theoretisch prognostiziert und dann in den Vorstudien und Tiefeninterviews bewiesen worden war. Wolfgang Pohrt fasst den Sinn dieses Unterfangens in einer von ihm 1990 durchgeführten und an Adorno angelehnten Studie so zusammen:

«*Vorausgesetzt nun, die Antisemiten … wären einander zusätzlich durch gemeinsame Ansichten über … Liebe, Krieg, Familie, Moral, Erziehung verbunden: Dann wäre erstens der Beweis erbracht, daß zum Antisemitismus ein bestimmter Charakter gehört, und dann bestünde ferner die Möglichkeit, den Antisemitismus mittels einer Skala zu messen, die mit keinem Wort Juden … erwähnt.*»[84]

Dieses Konzept war bahnbrechend. Kaum eine der bis heute in der Bundesrepublik durchgeführten Studien zum Rechtsextremismus kann ihre Abkommenschaft von der hier vorgestellten Arbeit verleugnen. Mitunter werden sogar, sprachlich angepasst, fast noch die gleichen Fragesätze verwandt. Aus den ca. 40 Fragesätzen der F-Skala wurden neun Themenkomplexe gebildet, die in ihrer Gesamtheit die psychodynamische Struktur des autoritären Charakters abzubilden beanspruchten:

- *Konventionalismus.* Die Anfälligkeit für faschistische Ideologien ist typisch für das Kleinbürgertum als dem wichtigsten Träger der in der bürgerlich-kapitalistischen Gesellschaft geltenden Normen und Moralvorstellungen. Die äußerlich am besten an diese Normen Angepassten hegen aufgrund der dazu notwendigen Triebunterdrückung oft innerlich die stärksten Aggressionen gegen Unangepasste und Normverletzer.
- *Autoritäre Unterwürfigkeit.* Dies ist ein Mechanismus, der die Steuerung ambivalenter Gefühle gegenüber der Auto-

84   Wolfgang Pohrt, Der Weg zur inneren Einheit, Hamburg 1991, S. 22.

rität ermöglicht. Eigene feindselige oder rebellische Impulse werden durch Angst im Zaum gehalten und nicht zugelassen und führen in der Reaktionsbildung zu einem Übermaß an Demut, Ehrfurcht etc.

- *Autoritäre Aggression.* Hier äußern sich die sadistischen Persönlichkeitsanteile in dem Wunsch, die reale oder vermeintliche Missachtung konventioneller Ideale und Normen durch Dritte hart zu bestrafen und die eigenen Aggressionen an von der Autorität nicht geschützten Gruppen abzureagieren.

- *Anti-Intrazeption.* Bei autoritären Charakteren wird aufgrund ihrer Ich-Schwäche eine große Angst vor Kontrollverlust angenommen, die zu einer prinzipiellen Entwertung des Menschlichen, Gefühlvollen, Emotionalen und einem daraus resultierenden Mangel an Empathie und Einfühlungsvermögen führt.

- *Machtdenken und Robustheit.* Die Bewunderung von Macht und Stärke als Kehrseite der eigenen psychologischen und gesellschaftlichen Schwäche und des Unvermögens, ohne ständige Außenbestätigung zu existieren, führen zur Idealisierung von Macht und physischer Kraft schlechthin und zur demonstrativen Zurschaustellung bzw. Bewunderung solcher Eigenschaften.

- *Aberglaube und Stereotypie.* Da aufgrund der rigiden Moralvorstellungen vielerlei Themen mit einem Tabu belegt sind und deshalb unbedingt vermieden werden müssen, entsteht die Disposition, in starren Kategorien zu denken und möglicherweise Unerfreuliches zu ignorieren. Der dadurch bedingte Realitätsverlust («weil nicht sein kann, was nicht sein darf») führt zur kompensierenden Übernahme mythisch-irrationaler Weltsichten, egal ob diese nun in Form von Horoskopen oder von Verschwörungstheorien auftreten.

- *Destruktivität und Zynismus.* Undifferenzierte Aggression entsteht als letzter Ausweg für den Abbau der durch die Rigidität des Über-Ichs aufgestauten Triebenergie. Dies kann sich in der Akzeptanz allgemein aggressiver, destruktiver Ideologien («Der Mensch ist des Menschen Wolf») ebenso ausdrücken wie in genereller, nicht nur gruppenbezogener Menschenfeindlichkeit.

- *Projektivität.* Die extrem stark ausgeprägte Abwehr unerwünschter eigener Triebimpulse führt zur Abspaltung dieser Anteile aus der eigenen Persönlichkeit. Sie werden im Zuge der Projektion Dritten zugeschrieben, an diesen verurteilt und verfolgt. So kommt es zur Konstruktion von verfemten Fremdgruppen.
- *Sexualität.* Übersteigerte oder irreale Sexualideen, vom Ich nicht akzeptiert und verarbeitet, führen zu Angst vor Kontrollverlust. Daraus resultiert die starke und charakteristische Strafsucht gegen Übertretungen der konventionellen Sexualmoral.

Das typische autoritäre Individuum hat nach Adorno demnach vor allem ein sehr schwaches Ich, leidet unter einer mangelnden Integration des Über-Ichs, hat beständige Angst vor eigenen, als unkontrollierbar empfundenen Triebregungen und greift daher zu unreifen und unzuträglichen Abwehrmechanismen. Hierfür bietet vor allem, aber nicht ausschließlich die faschistische Ideologie gesellschaftlich akzeptierte Deutungs- und Verhaltensmuster an, die den emotionalen Bedürfnissen des autoritären Charakters entgegenkommt, ihm die Realität erklärt und Verhaltensweisen nahelegt, die sein labiles psychisches Gleichgewicht vor allem auf Kosten schwacher gesellschaftlicher Gruppen entlasten und stabilisieren. Diese Charakterisierung ist bis heute weitgehend akzeptiert (wenn auch Uneinigkeit über die Wichtigkeit psychologischer Faktoren für die Faschismustheorie insgesamt herrscht), und sie findet sich seit Jahrzehnten in immens vielen kulturellen Darstellungen wieder: Dietrich Heßling in Heinrich Manns «Untertan», der homophobe Nachbar von Kevin Spacey in «American Beauty», das «Arschloch» im gleichnamigen Song der «Ärzte», die Rassismusparabel im Hollywood-Streifen «Pleasantville»: Hier wird jeweils fast idealtypisch der autoritäre Charakter illustriert, wie ihn die Studie beschreibt.

Das psychische Schema des autoritären Charakters ist dabei kein individuell-zufälliges, sondern Produkt der zunehmenden Vergesellschaftung und Entindividualisierung des Einzelnen durch direkte ökonomische Zwänge und seine zunehmende Abhängigkeit von Märkten, staatlichen Verwaltungsapparaten und den Einflüssen der Kulturindustrie. Die Schwierigkeit der Individuen, die Bedeutung der sie beeinflussenden, höchst komplexen sozialen Prozesse einzuschätzen und für das eigene Leben handhabbar zu machen, führt nach Adorno bei autoritären Charakteren zum Phänomen des *Ticket-Denkens*. Um die eigene labile psychische Konstruktion zu stützen, subsumieren sie ihr Wissen und ihre Erfahrungen unter passenden, von der Kulturindustrie angebotenen Stereotypen, in denen die Verantwortung für alle möglichen Probleme und beängstigenden Entwicklungen schwachen Minderheiten zugewiesen wird. Ticket-Denken bedeutet: Man löst eine (geistige) Fahrkarte für ein von anderen bereitgestelltes Erklärungsmuster und springt sozusagen als Passagier auf einen fahrenden Zug auf. Adorno:

«Wenn unser kulturelles Klima unter dem Druck der sozialen Kontrolle und technologischen Konzentration in einem bisher unbekannten Ausmaß standardisiert worden ist, müssen wir annehmen, daß die Denkgewohnheiten der Individuen neben ihrer eigenen Dynamik auch diese Standardisierung widerspiegeln. Deren Produkt mögen die Charakterstrukturen in weit höherem Maß sein, als der naive Beobachter glauben könnte.»[85]

Im Gegenzug dazu dient dann der psychische Mechanismus der Personalisierung dazu, hochgradig abstrakte Prozesse durch die Identifikation mit bestimmten Individuen zu konkretisieren: Wer nicht versteht, wie der Wertpapierhandel an der Börse funktioniert und wie er mit der gesamtgesellschaftlichen Struktur verwoben ist, macht dann – historisch überlieferte oder kulturindustriell vorgefertigte Klischees übernehmend – die angeblich raffgierige Persönlichkeit vermeintlicher jüdischer Spekulanten (oder amerikanischer Heuschrecken) für Fehlentwicklungen verantwortlich. Beide Techniken führen immer weiter in die Sackgasse autoritären Denkens, da sie den korrigierenden Einfluss von Widersprüchen, die mit Angst besetzt sind, nicht zulassen und so tendenziell jede Entwicklung be- oder sogar verhindern. Ob und wieweit sich die potenziellen Autoritären auch praktisch einer politischen Bewegung anschließen, die versucht, sich eine mit ihren psychischen Neigungen übereinstimmende Welt auch tatsächlich – und das heißt immer: gewaltsam – zu schaffen, hängt allerdings den Autorinnen und Autoren zufolge mehr von gesellschaftlichen Bedingungen ab, die außerhalb der Individuen liegen und kein Objekt der Sozialpsychologie sind:

---

85   T. W. Adorno, Studien zum autoritären Charakter, S. 176.

«Man scheint sich heute wohl bewußt, daß es in erster Linie von der Situation der mächtigen ökonomischen Interessengemeinschaften abhängt, ob antidemokratische Propaganda hierzulande eine beherrschende Rolle spielen wird ...»[86]

3.6 Nationalsozialismus und Emigration

«Eine fremde Behausung betretend, sah Herr Keuner, bevor er sich zur Ruhe begab, nach den Ausgängen des Hauses und sonst nichts. Auf eine Frage antwortete er verlegen: ‹Das ist eine alte leidige Gewohnheit. Ich bin für die Gerechtigkeit; da ist es gut, wenn meine Wohnung mehr als einen Ausgang hat.›»
Bertolt Brecht, Geschichten vom Herrn Keuner[87]

Was früher schon Heinrich Heine, Karl Marx und vielen anderen widerfahren war, traf ab 1933 neben Zehntausenden weiterer kritischer Geister auch die Frankfurter Theoretiker: Vertreibung und Exil. Heine machte sich ein Jahrhundert zuvor in seinem Gedicht «Die Nacht auf dem Drachenfels» über die Bücherverbrennung der reaktionären Burschenschaftler und Turner auf der Wartburg 1817[88] noch leichtfüßig lustig. Kurz darauf, schon im Pariser Exil, kritisierte er bitterer den deutschen Nationalismus:

«Man befahl uns Patriotismus, und wir wurden Patrioten; denn wir tun alles, was uns unsere Fürsten befehlen. Man muß sich aber unter diesem Patriotismus nicht dasselbe Gefühl denken, das hier in Frankreich diesen Namen trägt. Der Patriotismus des Franzosen besteht darin, daß sein Herz ... sich erweitert, daß es nicht bloß die nächsten Angehörigen, sondern ... das ganze Land der Zivilisation mit seiner Liebe umfaßt. Der Patriotismus der Deutschen hingegen besteht darin, daß sein Herz enger

---

86 A.a.O., S.5 und S.10.
87 Bertolt Brecht, Geschichten vom Herrn Keuner, Zürcher Fassung, Frankfurt am Main 2004, S.22.
88 Deutschnationale Studenten feierten dort den Sieg über Napoleon und verbrannten «undeutsche Schriften» meist jüdischer und pro-napoleonischer Autoren, was bis heute in allen deutschen Schulbüchern als Beginn der deutschen National- und Demokratiebewegung gefeiert wird. Das Erste stimmt, inklusive aller sich daraus ergebender Konsequenzen. Das Zweite ist daher zumindest diskussionswürdig.

wird, ... daß er das Fremdländische haßt, daß er nicht mehr Weltbürger, ... sondern nur noch Deutscher sein will.»[89]

Marx, der ebenfalls ob politischer Verfolgung sein halbes Leben im Ausland verbrachte, wusste noch schärfer über seine Landsleute zu urteilen:

«*Ja, die deutsche Geschichte schmeichelt sich einer Bewegung, welche ihr kein Volk am historischen Himmel weder vorgemacht hat noch nachmachen wird. Wir haben nämlich die Restaurationen der modernen Völker geteilt, ohne ihre Revolutionen zu teilen. Wir wurden restauriert, erstens, weil andere Völker eine Revolution wagten, und zweitens, weil andere Völker eine Konterrevolution litten, das eine Mal, weil unsere Herren Furcht hatten, und das andere Mal, weil unsere Herren keine Furcht hatten. ... Krieg den deutschen Zuständen!*»[90]

Als die Nazis dann mit ihren Bücherverbrennungen am 10.5.1933 ganz bewusst an das Spektakel der Wartburgfeier anschlossen, landeten mit allem, was Rang und Namen in der schönen Literatur und Wissenschaft hatte und ihnen irgendwie jüdisch oder bolschewistisch erschien, auch Werke von Heine, Marx, Einstein und Freud im Feuer. Letzterer, eben noch mit Müh und Not ins britische Exil geflohen, stellte lakonisch fest, entgegen seinen Erwartungen gäbe es wohl doch einen historischen Fortschritt in der Entwicklung der Menschheit: Im Mittelalter hätte man noch die Autoren verbrannt, heute begnüge man sich mit ihren Werken. Er ahnte nicht, was noch kommen würde. Deutschland ist vermutlich das einzige europäische Land, in dem die Literaturwissenschaft sich gezwungen sah, einen speziellen Terminus zu finden und einen eigenen Forschungszweig für diejenigen Intellektuellen und ihre Werke zu begründen, die aus politischen Gründen immer wieder aus dem Land gejagt worden sind: «Exilliteratur». Wer in Deutschland als Jude, Kommunist oder Kritiker galt, konnte eigentlich immer nur mit einer zweiten Staatsbürgerschaft in der Tasche, mit der von Brecht empfohlenen Wohnung mit zwei Ausgängen und nach höchst sorgfältiger Lektüre der Tagespresse ruhig schlafen.

---

89   Heinrich Heine, Die romantische Schule und andere Schriften über Deutschland, Köln 1995, S. 30.
90   Karl Marx, Kritik der Hegelschen Rechtsphilosophie. Einleitung, MEW 1, S. 379 f

Die Frankfurter Theoretiker waren allesamt so schlau gewesen: 1977 wurde Herbert Marcuse gefragt, was ihn an der Theoretikergemeinschaft, zu der er 1933 stieß, am meisten beeinflusst und beeindruckt habe. In seiner Antwort nennt er drei Aspekte. Neben der philosophischen Erneuerung des Marxismus und der Psychoanalyse ist dies «... *die ausgezeichnete Analyse der politischen Situation. Niemand am Institut hat z. B. daran gezweifelt, daß Hitler an die Macht kommen würde und daß er, wenn er einmal an der Macht wäre, unvorhersehbar lange Zeit auch an der Macht bleiben würde.*»[91] Es ist interessant, sich diese intellektuelle Leistung einmal zu vergegenwärtigen und sie mit der bis heute immer und immer wieder gebetsmühlenartig wiederholten Behauptung zu kontrastieren, man habe seinerzeit den Sieg und die Gefährlichkeit des Nationalsozialismus nicht kommen sehen, und es sei auch vollkommen unmöglich gewesen, eine solche Voraussage schon 1933 zu treffen. Die Weitsichtigkeit des IfS beweist schlicht das Gegenteil: Wer sich interessierte, aufmerksam beobachtete und über das richtige gesellschaftskritische Instrumentarium verfügte, konnte offenbar zumindest einiges prognostizieren.

Horkheimer hatte bereits bei seiner Antrittsvorlesung von einer Genfer Zweigstelle gesprochen. Nach dem Wahlerfolg der NSDAP vom 14.9.1930 und mit den Zwischenergebnissen der Arbeiter-und-Angestellten-Studie in der Tasche wurde eilig mit der Umsetzung dieses Plans begonnen. Unter dem Deckmantel internationaler Forschungsvorhaben wurden Dependancen des IfS in Nachbarländern geplant, das Institutsvermögen wurde vorsorglich ins Ausland transferiert, unbewegliches Eigentum wurde ausländischen Besitzern überschrieben und viele weitere Vorbereitungen für ein Exil des Instituts und seiner Mitarbeitenden wurden getroffen. Horkheimer beispielsweise mietete eine Wohnung in Genf an und zog zudem schon einige Zeit vor der Machtübergabe an die Nationalsozialisten aus seiner Privatwohnung in ein Hotel um. Man saß auf gepackten Koffern und rechnete mit dem Schlimmsten, ohne aber untätig zu bleiben. Das Institut eröffnete kurz aufeinander Büros in Genf, Paris und London. In Paris wurde man freundlich aufgenommen, ein Verlag übernahm bereitwillig die Publikation der ZfS, aber Frankreich

---

91   Jürgen Habermas, Silvia Bovenschen u. a., Gespräche mit Herbert Marcuse, Frankfurt am Main 1978, S. 13

war als erklärter Erbfeind des Deutschen Reiches unmittelbar kriegsbedroht. Das Exil in der Schweiz galt als begrenzt: Einerseits agierten die Ausländerbehörden dort schon damals extrem restriktiv, andererseits traute man der Schweiz noch weniger als Frankreich zu, sich im Ernstfall Deutschland widersetzen zu wollen bzw. zu können. In England wiederum wurden die Aussichten auf ein wissenschaftliches Auskommen für das IfS als zu schlecht eingeschätzt. Während an allen drei Standorten unter mehr oder weniger ungünstigen Bedingungen weitergearbeitet wurde und sich die Wissenschaftlerinnen und Wissenschaftler des Instituts mit ihrer eigenen Situation als Exilierte auseinandersetzen mussten – die ökonomische und rechtliche Lage war für alle äußerst prekär –, bereitete Horkheimer bereits den nächsten Schritt vor: Die Emigration in die USA.

3.7 *Der Weg in die USA*

*E*uropa erschien Horkheimer nicht sicher genug für die kommende ungewisse Zeit. Unglaublicherweise führten gleich die ersten Gespräche, die er in den USA führte, zum Erfolg. Die University of Columbia in New York lud das IfS ein, in die USA zu kommen, stellte ihm großzügig ein Gebäude zur Verfügung und sorgte durch eine formelle Anbindung an die renommierte Universität für Reputation, Zugang zu wissenschaftlichen Kreisen und dauerhafte legale Aufenthaltstitel. Die wichtigsten Institutsmitglieder beantragten und erhielten zügig die US-amerikanische Staatsbürgerschaft. Bei dieser Gelegenheit legte Adorno die Wiesengrund-Hälfte seines Nachnamens ab, von der nur ein W. übrig blieb. Ab Mitte 1934 begann sich das IfS in New York zu etablieren. Die Niederlassungen in Europa erhielten so in Umkehrung des ursprünglichen Ablaufs den Charakter von vorgeschobenen Beobachtungsposten. In ihnen wurde weiterhin geforscht und der Kontakt zu den in Europa verbliebenen Freundinnen und Freunden gehalten, von denen man viele mit Stipendien aus Institutsmitteln bedachte oder versuchte, sie bei der Ausreise in sicherere Regionen zu unterstützen, was oft, aber nicht immer gelang. Noch im gleichen Jahr versammelte sich ein Kern des IfS in New York: Horkheimer und Pollock, Löwenthal, Marcuse und Wittfogel. Fromm arbeitete bereits auf eigenes Betreiben als Analytiker dort. Andere blieben noch einige Jahre in Europa, Neumann kam 1936 in die USA, Kirchheimer 1937, Adorno und Grossmann 1938. Der Beginn des Krieges in Europa mit den Blitzkrieg-Siegen der Wehrmacht über Polen 1939, über Norwegen, Dänemark, die Beneluxstaaten und Frankreich 1940 sowie über Jugoslawien und Griechenland 1941 war an sich keine Überraschung für die in Amerika lebenden Theoretiker mehr, versperrte ihnen aber auf absehbare Zeit, möglicherweise für immer, jede europäische Perspektive. Man musste sich also irgendwie in den USA einrichten.

Trotz dieser im Vergleich zu vielen anderen europäischen Emigrantinnen und Emigranten glücklichen Lage setzte sich die Arbeit des Instituts nicht so fort, wie Horkheimer dies in seiner Antrittsrede projektiert hatte. Die ökonomische Lage des IfS war nur noch mittelmäßig. Julian Gumperz, der bereits an der Marxistischen Arbeitswoche teilgenommen hatte, war inzwischen wieder zum Institut gestoßen und spekulierte mal mehr, mal weniger erfolgreich mit dem Institutsvermögen an der New Yorker Börse. Horkheimer beanspruchte finanzielle Priorität für sich und Pollock; alle Anderen wurden auf Distanz gehalten und mit Versprechungen vertröstet. Höchst undurchsichtig wurde gegenüber den Mitarbeitenden mit der finanziellen Situation des Instituts und den oft nur mündlichen Arbeitsverträgen verfahren. Die Idee der planmäßigen «Diktatur des Direktors» rächte sich hier nun eindeutig, zumindest aus der Perspektive derjenigen, die ökonomisch vom IfS abhingen. Die Lage der linken und jüdischen Intellektuellen war oft so desolat und verzweifelt, dass sich unter ihnen hässliche Konflikte um die Nähe zu Horkheimer und damit um die Mitarbeit am Institut, d. h. konkret: um die wenigen verfügbaren Stellen, entsponnen. So eskalierte etwa der schon länger bestehende, bisher eher theoretisch-inhaltliche Konflikt zwischen Horkheimer und Fromm, als das Institut dessen eigentlich unbefristete Anstellung als Leiter der sozialpsychologischen Abteilung kündigte. Fromm hatte zwar ein eigenes Auskommen als Analytiker, war aber trotzdem empört und kehrte dem IfS den Rücken. Neben ihm erhielten zwischen 1939 und 1941 auch Benjamin, Neumann, Marcuse, Gumperz und andere mehr oder weniger verbrämte Kündigungen ausgesprochen, die zwar teils zurückgenommen, relativiert und aufgeschoben wurden, aber dennoch dazu führten, dass das Institut kaum mehr als eine Hülle zu PR-Zwecken war, während die meisten Arbeiten von den Mitgliedern einzeln und sozusagen freiberuflich durchgeführt wurden. Der kollektive Arbeitszusammenhang hatte dem äußeren Druck nicht standgehalten und war zerbrochen. Das Institut verkleinerte sich auf den Kreis direkt um Horkheimer – alle anderen mussten sich nach Alternativen umsehen. Löwenthal ging zum *Office of War Information*, einer Nachrichtenbehörde, wo er als Kenner Deutschlands Gutachten über das Land schrieb und Vorschläge für die Nachkriegsordnung entwickelte, Neumann und Marcuse arbeiteten mit ähnlichen Aufgaben beim *Office for Strategic Services*, einer Vorläuferorganisation der späteren CIA.

Aber auch geistig schien die Situation eher blockiert. Eine akademische Tätigkeit in den USA warf viele Probleme auf und konnte zudem kaum den Zielen dienlich sein, die Horkheimer für die Kritische Theorie einmal formuliert hatte. Die Zusammenarbeit mit der New Yorker Universität krankte daran, dass man es politisch nicht wagte, die eigene Gesellschaftskritik im Gastland, das ohne Zweifel als das kapitalistisch fortgeschrittenste der Welt gelten musste, so einzubringen, wie es den eigenen Positionen entsprochen hätte. Höflichkeit und Angst hielten die Frankfurter hier gleichermaßen zurück. Die persönliche Dankbarkeit gegenüber den USA als dem Land, das ihr Leben rettete, weil es ihnen Asyl gewährte, hielt bei Horkheimer und Adorno ein Leben lang an. Sie trug später sogar stark zur Entfremdung von ihren antiimperialistisch und oft antiamerikanisch argumentierenden deutschen Studierenden bei. Aber aus dieser Dankbarkeit nun wider besseres Wissen eine Hymne auf die Gesellschaftsstruktur der USA als des gelobten Landes der Freiheit zu singen, wäre den Theoretikern des IfS 1940 dennoch nicht eingefallen. Zu allem Überfluss stellte sich bald heraus, dass man auch nicht wirklich willens oder in der Lage war, sich an kommerziellen Forschungsprojekten zu beteiligen, die in den USA, ganz im Gegensatz zu Deutschland, damals bereits direkt von Firmen oder Interessengruppen finanziert wurden. Auch Horkheimer versuchte, so an Gelder – heute würde man sagen: Drittmittel – zu gelangen. Die Versuche in dieser Richtung waren aber offenbar für alle Beteiligten eher eine Qual als eine Erfolg versprechende Strategie. Der daran beteiligte Adorno war gegenüber der Einschränkung seiner Unabhängigkeit bei der wissenschaftlichen Arbeit höchst widerwillig und sperrig. Die Tatsache, dass er nicht in der deutschen Tradition universitärer Selbstverwaltung forschen konnte, wie und was ihm sachlich geboten erschien, sondern sich in Zielstellung, Ausdrucksweise und Arbeitsrhythmus nach den Anforderungen eines unmittelbar am Ergebnis interessierten Finanziers richten sollte, erschien ihm inakzeptabel. Sein Text über «Wissenschaftliche Erfahrungen in Amerika» schildert sein Befremden in dieser akademischen Welt: *«Doch begriff ich soviel, als daß es sich um das Ansammeln von Daten handelte, die planenden Stellen im Bereich der Massenmedien … zukommen sollten. Zum ersten Mal sah ich administrative research vor mir: ich weiß heute nicht mehr, ob Lazarsfeld diesen Begriff prägte oder ich in meinem Staunen über einen mir so gänzlich ungewohnten, unmittelbar praktisch orientierten Typus von Wissenschaft.»*[92] Nach einem Marktforschungsprojekt über Radiohörer und den späteren Studien zur autoritären Persönlichkeit wurde dieser Weg nicht weiter verfolgt. Hier schien langfristig für das IfS nichts zu gewinnen zu sein.

So ging die theoretische Arbeit einige Zeit in dem kleineren Kreis um Horkheimer, der eigentlich kein Institut mehr war, weiter. Die Herausgabe der europäischen sozialpsychologischen Studien und die Weiterführung der ZfS geschahen auf Deutsch und waren damit nicht geeignet, akademische Reputation aufzubauen oder gar Einnahmen zu erzielen. Seit dem Ende der Auswertung der «Studien zu Autorität und Familie» gab es auch keine Entscheidung mehr für ein neues interdisziplinäres Projekt. Schon seit seinem Amtsantritt am IfS hatte Horkheimer aber geplant, ein Buch über dialektische Logik zu schreiben. Dieser bisher nicht konkret weiterverfolgte Plan, an dem die Mitarbeit seit Jahren mal diesem, mal jenem Institutsmitglied in Aussicht gestellt worden war, trat nun angesichts des Scheiterns einer strategischen Neuausrichtung der Institutsarbeit wieder in den Vordergrund. Horkheimer übersiedelte 1940/41 mit seiner Frau Maidon nach Kalifornien, um dort abseits der Verpflichtungen eines Institutsleiters an seiner Monografie zu arbeiten.

---

92 T. W. Adorno, Wissenschaftliche Erfahrungen in Amerika, GS 10.2, S. 707.

4   Der Paradigmenwechsel zur Zivilisationskritik

«Das Staunen darüber, daß die Dinge, die wir erleben, im zwanzigsten Jahrhundert ‹noch› möglich sind, ist kein philosophisches. Es steht nicht am Anfang einer Erkenntnis, es sei denn der, daß die Vorstellung von Geschichte, aus der es stammt, nicht zu halten ist.»
Walter Benjamin, Über den Begriff der Geschichte

Während der späten 30er-Jahre kam es zu wenigen strukturellen Veränderungen innerhalb der Kritischen Theorie. Unter dem Eindruck der sich brutalisierenden nationalsozialistischen Herrschaft in Deutschland radikalisierte sich aber die politische Haltung einiger Mitglieder des Instituts. So finden sich in Horkheimers Schriften dieser Zeit recht kämpferische Passagen, mit denen ihn – sehr zu seinem Unbehagen – in den späten 60er-Jahren seine rebellischen Studierenden konfrontierten, darunter der berühmte Ausspruch aus «Die Juden und Europa», wer vom Kapitalismus nicht reden wolle, solle doch bitte auch über den Faschismus schweigen. Auch hielt das IfS während der gesamten Zeit der NS-Herrschaft an einem informellen Beschluss fest, keine Untersuchungen über die Sowjetunion zu publizieren, die dieser politisch abträglich sein könnten. Wenn schon nicht die Verwirklichung des Sozialismus, so erhoffte man sich von dort doch den entscheidenden Beitrag zur Beendigung des Nationalsozialismus.[93] Die Untersuchung der Bedingungen des Ausbleibens der Revolution in den hochentwickelten kapitalistischen Staaten und der gleichzeitigen Konjunktur faschistischer Bewegungen stand im Zentrum der Institutsarbeit dieser Zeit.

Tiefgreifende Konsequenzen für die Theorie ergaben sich erst im Verlauf des Weltkrieges, als die Nachrichten über den

---

93   Vgl. Rolf Wiggershaus, Die Frankfurter Schule, S. 183 ff., S. 299, sowie Peter von Haselberg, Wiesengrund-Adorno, in: Heinz Ludwig Arnold (Herausgeber), Text und Kritik Sonderband Adorno, München 1977, S. 14 f.

Genozid an den europäischen Juden, dem niemand Einhalt gebot, zur Gewissheit wurden. Dieser Ausbruch einer präzedenzlosen Barbarei inmitten des sich selbst seit Jahrhunderten als Maßstab der menschlichen Zivilisation preisenden Europas ließ die Kritische Theorie den geschichtsphilosophischen Boden, der ohnehin bereits schwankend geworden war, völlig unter den Füßen verlieren. Und auch im Stalinismus und in den demokratisch verfassten Gesellschaften Europas und der Vereinigten Staaten sahen Horkheimer und seine Mitarbeitenden Erscheinungsformen totaler Vergesellschaftung heraufziehen, welche die Individuen vollständig entmächtigt und zur bloßen Funktion gesellschaftlicher Prozesse degradiert. Weder die freie Selbstbestimmung des Einzelnen im bürgerlichen Sinne noch ein politisches Kollektivsubjekt in marxistischer Denktradition schien irgendwo noch eine Zukunft zu haben. Ob die marxsche Gesellschaftskritik noch einmal als Revolutionstheorie reformulierbar sein würde, erschien angesichts dieser Beobachtungen mehr als zweifelhaft. In dieser Situation, so fasst Rolf Wiggershaus zusammen, «... *verschob sich Horkheimers Interesse endgültig von der Theorie der ausgebliebenen Revolution auf die Theorie der ausgebliebenen Zivilisation.*»[94]

4.1 Horkheimer und Adorno: Auschwitz und die Dialektik der Aufklärung

«*Wo aber Rettendes ist,*
wächst die Gefahr auch»
    Hennig Burk[95]

Durch diesen Paradigmenwechsel veränderte sich die Aufgabe der Kritischen Theorie beträchtlich. Das durch Emigration und Krieg ohnehin verzögerte Projekt einer Durcharbeitung und Selbstkritik des Marxismus wuchs zu einer Kritik der gesamten Zivilisationsgeschichte an. 1941 begann Horkheimer in

---

94 Rolf Wiggershaus, Die Frankfurter Schule, S. 347; vgl. auch Martin Jay, Dialektische Phantasie, S. 325.

95 Ein von Adorno geschätztes Hölderlin-Zitat lautet: «Wo aber Gefahr ist, wächst das Rettende auch». Für den Titel seines Films über die Dialektik der Aufklärung, der am 9.9.1989 im Hessischen Rundfunk erstmals ausgestrahlt wurde, hat Henning Burk diesen Satz umgekehrt.

Los Angeles mit der Arbeit an seiner schon lange geplanten Monografie über Dialektik und Vernunft. Anfangs sollte ihm noch Marcuse zuarbeiten, letztlich aber schrieb er das Buch zusammen mit Adorno, der ihn gemeinsam mit seiner Frau Gretel an die Pazifikküste begleitete. Zielsetzung des Projekts war es, den Nationalsozialismus nicht allein aus der Entwicklung des Kapitalismus oder einer besonderen Phase desselben zu erklären, wie dies die marxistische Orthodoxie tat. Deren vor allem mit dem Namen Georgi Dimitrow verbundene Definition lautete in der popularisierten Kurzfassung: «*Der Faschismus ist die offene, terroristische Diktatur der reaktionärsten, chauvinistischsten, am meisten imperialistischen Elemente des Finanzkapitals.*» Horkheimer und Adorno schürften tiefer und versuchten, den Faschismus aus der Geschichte eines offensichtlich grundlegenden Misslingens der menschlichen Zivilisation zu erklären: «*Was wir uns vorgesetzt hatten, war tatsächlich nicht weniger als die Erkenntnis, warum die Menschheit, anstatt in einen wahrhaft menschlichen Zustand einzutreten, in eine neue Art von Barbarei versinkt.*»[96]

Dieses Buch, von Adorno und Horkheimer in enger gemeinsamer Diskussion und mit Unterstützung von Leo Löwenthal und Gretel Adorno erarbeitet, trägt den Titel «Dialektik der Aufklärung» und ist vielleicht das bekannteste Werk der Kritischen Theorie. Aus einer Art «*weltgeschichtlicher Vogelperspektive*»[97] betrachten die Autoren die Geschichte der Zivilisation und entwickeln an Beispielen aus verschiedenen Epochen, wie die Entstehung und Entwicklung der Vernunft den Menschen zwar ermöglicht, sich vom Naturzwang zu emanzipieren, sie aber zugleich immer tiefer in die Verstrickung mit Herrschaft über Ihresgleichen hineinführt. Der Dreh- und Angelpunkt der «Dialektik der Aufklärung» ist zweifellos das Entsetzen der Autoren über die Vernichtung der europäischen Juden: der Holocaust, die Shoah als Zivilisationsbruch. «*Sozialismus oder Barbarei*» hatte Friedrich Engels ein Jahrhundert zuvor über den Ausgang des Klassenkampfes orakelt; mit Auschwitz ist diese Frage entschieden worden, wie Adorno später wiederholt feststellen sollte: «*Man spricht vom drohenden Rückfall in die Bar-*

---

96   T. W. Adorno und Max Horkheimer, Dialektik der Aufklärung, S. 11.
97   Gerhard Türcke und Christoph Bolte, Einführung in die Kritische Theorie, S. 64.

barei. *Aber er droht nicht, sondern Auschwitz war er; Barbarei besteht fort, solange die Bedingungen, die diesen Rückfall zeitigten, wesentlich fortdauern.*»[98] Dabei ist die Rede vom Rückfall eigentlich ungenau: Nicht um einen Rückfall in eine vormoderne Zeit geht es – gegen Auschwitz verblassen die Grauen der barbarischen Zeitalter – sondern um die Geburt einer gänzlich neuen Barbarei aus dem Zentrum der Moderne heraus. Adorno und Horkheimer gehen zum Beginn der Menschheitsgeschichte zurück, um den Blick auf die destruktive, negative Seite des gegenwärtigen Zivilisationsprozesses zu richten: «*Seit je hat Aufklärung im umfassenden Sinn fortschreitenden Denkens das Ziel verfolgt, von den Menschen die Furcht zu nehmen und sie als Herren einzusetzen. Aber die vollends aufgeklärte Erde strahlt im Zeichen triumphalen Unheils.*»[99] Die Zivilisationskritik wird zu einer negativ gewendeten Geschichtsphilosophie.

Wo die Menschen in der Vorgeschichte aus dem Tierreich und damit aus dem immergleichen Naturzyklus[100] heraustreten, tun sie dies durch Tätigkeit des Verstandes, auch wo dieser noch nicht von Vernunft geleitet ist. Dessen erste Aufgabe ist notwendigerweise die Sicherung des Überlebens in einer übermächtigen und als feindlich erfahrenen äußeren Natur, die es zu begreifen und mit der es sich zu arrangieren gilt. Im Stadium des Präanimismus geschieht dies durch Mimesis. Dieser aus dem Griechischen stammende Begriff bedeutet Nachahmung und hat eine lange philosophische Tradition, wird aber auch in der Zoologie gebraucht: Dort bezeichnet er das Phänomen, dass Tierarten im Laufe der Evolution in ihrem Aussehen Pflan-

---

98   T. W. Adorno, Erziehung nach Auschwitz, GS 10.2, S. 674.

99   T. W. Adorno und Max Horkheimer, Dialektik der Aufklärung, S. 19.

100 Beschrieben wird dieser trübe Naturzustand allerdings erst gegen Ende des Werkes. Dem lässt sich aber dann leicht entnehmen, dass es sich bei der hier entwickelten Geschichtsphilosophie nicht um einen romantisierenden Rückblick, um eine säkularisierte Form der Vertreibung aus dem Paradies handelt, wie es den Autoren mitunter vorgeworfen wurde: «*Die Welt des Tieres ist begriffslos. Es ist kein Wort da, um im Fluß des Erscheinenden das Identische festzuhalten, im Wechsel der Exemplare dieselbe Gattung, in den veränderten Situationen dasselbe Ding ... das Tier, das dem Verhängnis nicht durch Erkennen Einhalt gebieten kann ... entbehrt des klaren Übergangs von Spiel zu Ernst; des glücklichen Erwachens aus dem Alpdruck zur Wirklichkeit*» (a. a. O., S. 284 f.).

zen oder Gestein ähnlich wurden, um mit ihrer Umgebung zu verschmelzen und so Gefahren zu vermeiden. In der präanimistischen Phase menschlicher Zivilisation gilt diese chamäleonhafte Angleichung an die als überirdisch erlebten Naturkräfte durch unmittelbare Nachahmung als erster Schritt der Menschen zum Begreifen der Welt. Im darauf folgenden mythologischen Zeitalter werden diese Mächte – Regen und Dürre, Flüsse, Winde, Gezeiten, Mond und Sonne u. a. – dann in einer Vielzahl von Dämonen oder Geistern personifiziert. Anbetung, Ritual und Opfer sollen diese Wesenheiten den Interessen der Menschen gewogen machen, ihre Allmacht einschränken oder sie den Gläubigen dienstbar machen. Der spätere Polytheismus der griechischen und römischen Zivilisation etwa trägt noch Züge davon: Einzelnen personalen Göttern sind bestimmt Zuständigkeitsbereiche zugewiesen und die Herkunft von älteren animistischen Naturgottheiten ist ihnen noch deutlich anzusehen. Erst im Monotheismus – zuerst im Judentum, weit später in Christentum und Islam – entsteht dann die Idee einer einzigen, ebenso abstrakten wie universalen Gottheit, der sich die Menschen unmittelbar gegenübersehen.[101] Jede dieser Bewusstseinsformen entsteht aus der Aufhebung der vorherigen und markiert einen weiteren Schritt im nun gattungsgeschichtlich gedachten und nicht länger nur auf die Säkularisierung des modernen Europa bezogenen Prozess der Aufklärung. Diese fortschreitende Aufklärung vollendet sich nach Animismus, Mythologie und den verschiedenen Gestalten der Religion, deren letzte eben der Monotheismus ist, in der radikalen Gestalt der *Vernunft*. Deren gesellschaftlich wirksamste Organisationsform ist schließlich die moderne Naturwissenschaft, die systematisch alle ihre Vorgänger in der Erklärung, Deutung und Aneignung der Welt entthront.

Doch diese scheinbar so klare Entwicklung unterliegt für Adorno und Horkheimer einer eigentümlichen Dialektik: «*Aber die Mythen, die der Aufklärung zum Opfer fallen, waren selbst schon deren eigenes Produkt ... Der Mythos wollte berichten, nennen, den Ursprung sagen: damit aber darstellen, festhalten, erklären.*»[102] Wenn aber schon der erste Mythos ein Stück

---

101 Zum emanzipatorischen Gehalt der Religion: Erich Fromm, Ihr werdet sein wie Gott, Reinbek bei Hamburg 1980.
102 T. W. Adorno und Max Horkheimer, Dialektik der Aufklärung, S. 23.

Aufklärung war, dann hat ein qualitativer Bruch in der Erkenntnisgeschichte der Menschheit möglicherweise noch gar nicht stattgefunden. Und auch der gegenwärtigen Aufklärung, selbst wo sie sich wissenschaftlich dünkt, wohnt dann noch ein mythologisches Element inne. Die These Horkheimers und Adornos lautet: In dem Maße, wie die Menschen immer umfassendere soziale und technische Bollwerke errichten, um sich mit deren Hilfe dem Naturzwang zu entwinden, reproduzieren sie aufgrund der in diese Aufklärung noch eingeschriebenen Gewaltsamkeit und Blindheit ihre eigene Entmächtigung. Die Macht des Naturzwangs über das Individuum geht so auf die gesellschaftlichen Organisationsformen über, die ursprünglich angestrengt wurden, die äußere Natur zu unterwerfen und die sich nun gegen die Menschen selbst richtet: «*Jeder Versuch, den Naturzwang zu brechen, indem Natur gebrochen wird, führt nur tiefer in den Naturzwang hinein.*»[103]

In den Bildern der List und des Opfers entschlüsseln Adorno und Horkheimer in einem Kapitel über das homerische Epos der Odyssee den Preis, der für diesen Zivilisationsprozess entrichtet wurde und noch immer wird. Die Odyssee, die Geschichte der entbehrungsreichen zehnjährigen Reise des Odysseus von der Belagerung Trojas heim nach Ithaka, ist ein Schlüsseltext der europäischen Zivilisation. Mit Odysseus beginnt für die Autoren der «Dialektik der Aufklärung» die Geschichte des autonomen Individuums. Odysseus muss sich Lust und Genuss versagen, seine Gefährten opfern und sich selbst verleugnen, um den Gefahren und Verlockungen während seiner Reise zu entgehen und den Göttern und Naturgewalten zu trotzen. Mit Verschlagenheit, List und vielen Opfern, die nicht nur er erbringt, kommt Odysseus schließlich ans Ziel, aber zu einem hohen Preis: Seine Gefährten sind allesamt tot, die Heimat ist besetzt und seine Frau Penelope erkennt ihn nicht wieder, sodass er ihr seine (vielleicht tatsächlich verloren gegangene) Identität erst beweisen muss. Denn die gefahrvollen Naturkräfte – in der Odyssee symbolisiert durch Götter- und Mythengestalten – lassen sich nur bezwingen durch die Entfesselung von noch effektiverer Herrschaft von Menschen über Menschen und die Herrschaft des zielgerichteten, kalkulierenden Ichs über die nach Lust und Genuss strebenden Kräfte des psychischen Apparates. Dies be-

---

103 A. a. O., S. 29.

zeichnen die Autoren als *instrumentelle Vernunft*. Aus dem so vermehrten Wissen entspringt also nicht, wie die Aufklärung versprach, Glück für die Individuen, sondern Macht der Einen über die Anderen: «*Die Distanz des Subjekts zum Objekt, Voraussetzung der Abstraktion, gründet in der Distanz zur Sache, die der Herr durch den Beherrschten gewinnt.*»[104] Und weiter: «*Technik ist das Wesen dieses Wissens. Es zielt nicht auf Begriffe und Bilder, nicht auf das Glück der Einsicht, sondern auf Methode, Ausnutzung der Arbeit anderer, Kapital.*»[105] In der Moderne schließlich bedienen sich die Menschen zum Zwecke der Naturbeherrschung und der gesellschaftlichen Reproduktion des abstrakten, identifizierenden, wissenschaftlichen Denkens. Horkheimer nennt dies an anderer Stelle die *traditionelle Theorie*.

Die Entwicklung dieser Seite der Dialektik der Aufklärung, die immer wieder Herrschaft reproduziert, verfolgen Adorno und Horkheimer nun durch die menschliche Zivilisation und entfalten ihre Argumentation an Beispielen verschiedenster Epochen. Das Kapitel über Kulturindustrie – der Begriff der Kritischen Theorie für die Welt der Massenmedien, der Werbung und der organisierten Meinungsbildung – führt aus, wie die totale Vergesellschaftung in der Moderne durch den Kommunikationsprozess mittels Radio, Film und Kino beschleunigt wird. Kultur*industrie* deshalb, weil es sich dem Etikett nach um Kunst handelt, aber dieser Anspruch nicht eingelöst wird: Bestenfalls «*traumlose Kunst*» ohne ein transzendierendes Moment findet man hier, die beim Rezipienten den unbewussten Dämmerzustand einer «*Fusion von Traum und Wachen*» bewirkt. Diese Kulturindustrie drückt den Menschen, fast schon als ein Apriori[106], einen gesellschaftlichen Stempel auf, fließt schon in ihre Konstituierung als Individuen mit ein. Nach den Worten Leo Löwenthals funktioniert Kulturindustrie in der Gestalt der Werbung, die ihr strukturgebendes Moment ist, als eine «*umgekehrte Psychoanalyse*»[107]. Die psychoanalytische Behandlung hat nach Freud das Leitmotiv «*Wo Es war, soll Ich sein*», also das Ziel, Unbewusstes bewusst werden zu lassen und es da-

---

104 A.a.O., S.29.
105 A.a.O., S.20.
106 Von lateinisch «a priori», wörtlich: «vorab oder vom Früheren», meint hier: «vor jeder Erfahrung».
107 Leo Löwenthal, Untergang der Dämonologien, S.278.

durch aussprechbar und vielleicht auch heilbar zu machen. Der Patient reflektiert über sich und wird erwachsener, weil größere Bereiche seines Selbst dem bewussten Ich zugänglich werden. Ähnliche Potenziale zur Selbstaufklärung der Menschen sieht die Kritische Theorie immer wieder in der Sphäre der Kunst. Demgegenüber zielen sowohl Unterhaltungs- als auch Werbemedien nicht auf Aufklärung, Bewusstwerdung und Reflexion, sondern in genau gegenteiliger Absicht darauf, unter möglichst völliger Umgehung des bewussten Ichs unmittelbar Affekte anzusprechen und so zu regressiven, nicht reflektierten Handlungen zu motivieren. Wirksamstes Werkzeug dabei ist die Bindung libidinöser, erotischer Impulse an zur Triebbefriedigung völlig untaugliche Objekte, nämlich Waren. Die Menschen werden mit ihren medial vermittelten Bedürfnissen so zu nachgeordneten Organen des gesellschaftlichen Produktionsapparates – zu Konsumenten. Das Urmodell des Konsumenten im Kapitalismus ist für die Kritische Theorie die Gestalt des Tantalos, der von der Tafel der Götter stahl und daraufhin verflucht wurde, in einem See zu stehen, dessen Wasser zurückweicht, sobald er sich zum Trinken bückt, und dem sich die von nahrhaften Früchten schweren Äste eines Baumes immer dann entziehen, wenn er vor Hunger nach ihnen greift. Zu allem Überfluss droht auch noch ein Felsblock ständig auf sein Haupt niederzufallen. Verlockung und Bedrohung sind also omnipräsent, aber wirkliche Befriedigung ist nicht zu haben. Genauso funktionieren neben der Werbung auch alle Formen politischer Propaganda nicht durch Reflexion, sondern durch die Mobilisierung aggressiver Affekte gegen einen politischen Gegner oder Sündenbock. Die «Elemente des Antisemitismus», ein Kapitel, an dem auch Leo Löwenthal mitgearbeitet hat, zeigen darauf aufbauend, wie derlei Kollektivierungstendenzen die Ideale der Individualität und Autonomie aus der untergehenden liberalen bürgerlichen Epoche ablösen. Der drastischste Ausdruck dieser Entwicklung ist für die Autoren der moderne Antisemitismus, gleichsam der Prototyp aller kollektiven Wahnvorstellungen.

In der «Dialektik der Aufklärung» wird dieses Thema zunächst mit einem Kapitel über die «dunklen Autoren» des Bürgertums vorbereitet. So bezeichnen Adorno[108] und Horkheimer

---

108 Vgl. T. W. Adorno, Reflexionen zur Klassentheorie, GS 8, S. 386 ff.; ders., Die revidierte Psychoanalyse, GS 8, S. 36.

Denker wie Friedrich Nietzsche, Arthur Schopenhauer oder Niccolò Machiavelli, die in ihren Schriften durch eine mitunter zynisch anmutende Ablehnung der humanistischen Ideale der bürgerlichen Gesellschaft eben diese Gesellschaft bis zur Kenntlichkeit entstellen und trotz ihrer Misanthropie somit in ihrer Moralkritik mehr Wahrheiten aussprechen als die harmonisierenden und verklärenden Schriften humanistisch gesonnener, aber unkritischer Menschenfreunde. «*Nicht die letzte der Aufgaben, vor welche Denken sich gestellt sieht, ist es, alle reaktionären Elemente gegen die abendländische Kultur in den Dienst der fortschreitenden Aufklärung zu stellen.*»[109] Für Horkheimer und Adorno heißt dies, durch die Werke dieser Autoren die blinden Flecken der Aufklärung zu beleuchten. Denn für sie entspringen zum Beispiel Immanuel Kants so sehr vernünftiger und humaner kategorischer Imperativ und die instrumentelle Vernunft, die die Welt mit ihrem kalkulierenden Denken zurichtet, ein und derselben Quelle. So sind die Menschen in der bürgerlichen Gesellschaft in ein andauerndes Dilemma geworfen: Moral, Ethik, und Vernunftphilosophie predigen das Wahre, Schöne und Gute, während die politische und ökonomische Realität, die sich auf der alltagspraktischen Anwendung derselben Aufklärungsgedanken erhebt, das Gegenteil fordert und fördert: Auf die Gemeinheit ist eine Prämie gesetzt, wie Horkheimer schreibt.[110] Kants optimistisches Vertrauen auf Vernunft und Moral («*Zwei Dinge erfüllen das Gemüt mit immer neuer und zunehmender Bewunderung und Ehrfurcht, je öfter und anhaltender sich das Nachdenken damit beschäftigt: der bestirnte Himmel über mir und das moralische Gesetz in mir.*»[111]) ist angesichts der Dialektik der Aufklärung vergebens.

Das Personal aus den Romanen des Marquis de Sade dient Horkheimer und Adorno als Antithese zu Kants Ethik. De Sades Figur Juliette lebt die moralisch verpönten, aber beim gesellschaftlichen Aufstieg so nützlichen Untugenden ungehemmt aus. Mit einem schlechten Gewissen will sie sich dabei nicht plagen und verkehrt daher die oberflächlichen moralischen Gebote ihrer Zeit bewusst und radikal ins Negative, wodurch sie

109 Vgl. T. W. Adorno, Minima Moralia, GS 4, S. 169, S. 218.
110 Max Horkheimer, Dämmerung, Zürich 1934, S. 46.
111 Immanuel Kant, Kritik der praktischen Vernunft, Hamburg 2003, S. 205.

eine düstere Identität und Befriedigung gewinnt: «*Sie erkennt die Naivität des Sakrilegs, zieht aber schließlich doch Genuß aus ihm.*»[112] Als Antithese zur bürgerlichen Moral sind de Sades Personen nur sich selbst, ihrem Genuss und Fortkommen verpflichtet. Für sie gilt: «*Erst an der ausweglosen Verzweiflung des Opfers wird Herrschaft zum Spaß.*»[113] Und analog dazu heißt es in den «Elementen des Antisemitismus» auch mit deutlichen Anklängen an die sozialpsychologischen Ausführungen der Kritischen Theorie: «*Gegen das Argument mangelnder Rentabilität hat der Antisemitismus sich immun gezeigt. Für das Volk ist er ein Luxus.*»[114] Lady Clairwil, Juliettes Widerpart, repräsentiert bei de Sade hingegen bereits den nachbürgerlichen, *manipulativen Typus*, den Horkheimer und Adorno an anderer Stelle als die vielleicht entscheidende Charakterstruktur des 20. Jahrhunderts beschreiben. Dieser Typus steht jenseits des Zwiespalts der zerrissenen bürgerlichen Psyche, ihm bedeuten weder die moralischen Lippenbekenntnisse noch die Umwertung dieser Werte etwas: «*Sobald wir nicht an Gott glauben ... sind die Entweihungen ... nichts als ganz unnütze Kindereien.*»[115] Die umstands- und affektlose Hingabe an den gegebenen Lauf der Dinge gilt ihm als die einzige bindende Verpflichtung.

In den zeitgleich entstandenen «Studien zum autoritären Charakter» wird dieser Gedanke in psychoanalytischen Begriffen ausgeführt. Der anal geprägte, sadomasochistische Zwangscharakter des «Untertanen» bildet den für die bürgerliche Ära spezifischen Konflikt zwischen Gesellschaft und Individuum noch in einer konflikthaften psychischen Binnenstruktur ab. Die libidinöse Besetzung der Unterordnung unter gesellschaftliche Zwänge hält diesen Charaktertypus in einem prekären Gleichgewicht.[116] Dieser klassische autoritäre Charakter, den die Studie angesichts der absehbaren Niederlage des Nationalsozialismus beschrieben hatte, wird unter den Bedingungen totaler Vergesellschaftung aber durch eine modernere Form misslungener Individuation abgelöst: eben jenen manipulativen Typus. Dessen psychische Struktur ist weitgehend konflikt- und affekt-

---

112 T. W. Adorno und Max Horkheimer, Dialektik der Aufklärung, S. 125.
113 A. a. O., S. 133.
114 A. a. O., S. 194.
115 A. a. O., S. 123.
116 Vgl. T. W. Adorno, Studien zum autoritären Charakter, S. 322 f.

frei, seine Anpassung an gesellschaftliche Vorgaben so weit optimiert, dass er kaum mehr in Konflikt mit Außenerwartungen treten kann. Die nahezu vollständige Identifikation mit der Eigengruppe oder gar dem Zeitgeist tritt an die Stelle irgendeiner selbstständigen Zielsetzung. Hannah Arendt hat in ihrer berühmten Studie über den Nazischreibtischtäter Adolf Eichmann ein unübertroffenes Profil dieses Typus gezeichnet.[117] Adorno beschreibt ihn so: «*Da sie alles mit den Augen des Organisators sehen, sind sie prädestiniert für totalitäre Lösungen. Ihr Ziel ist eher die Konstruktion von Gaskammern als das Pogrom.*»[118] In der «Dialektik der Aufklärung» ziehen Adorno und Horkheimer daher das Fazit: «*Selbst noch Unrecht, Haß, Zerstörung werden zum Betrieb … Herrschaft überlebt als Selbstzweck in Form ökonomischer Gewalt.*»[119] Geschichte wird hier also wie in der Philosophie von Hegel und Marx als ein zusammenhängender, folgerichtiger Vorgang betrachtet, in dessen jeweiligen Stufen eine zu weiterer Entwicklung treibende Spannung angelegt ist. Aber nicht mehr Erlösung, Versöhnung oder ein sonst wie glückseliger Zustand stehen am Ende dieses dialektischen Prozesses, sondern das absolute Grauen.

Die «Dialektik der Aufklärung» trägt den Untertitel «Philosophische Fragmente». Neben den Kapiteln über den Begriff der Aufklärung selbst, über die Odyssee, über de Sade, über Kulturindustrie und über Antisemitismus enthält sie eine Anzahl von Aphorismen und Einzelbeobachtungen, die mit dem zentralen Thema in Verbindung stehen, aber nicht in den Haupttext integriert worden sind. Zunächst wurde die Schrift nur institutsintern herausgegeben, 1947 dann in Amsterdam verlegt. Erst 1969, nachdem sie unter Studierenden ein Geheimtipp geworden und als Raubdruck verbreitet worden war, erschien sie auch in der Bundesrepublik. Ihre Wirkungsgeschichte beginnt also spät, ist aber für die intellektuelle Entwicklung zumindest in Westdeutschland seit den 60er-Jahren kaum zu überschätzen. Es ist rückwirkend immer schwierig, die Wirkung

---

117 Hannah Arendt, Eichmann in Jerusalem, München 1976. Ergänzend sei bemerkt, dass auch Harry Mulisch den Prozess gegen Eichmann beobachtet und ein lesenswertes Buch darüber geschrieben hat: Harry Mulisch, Strafsache 40/61, Berlin 1996.
118 T. W. Adorno, Studien zum autoritären Charakter, S. 335.
119 T. W. Adorno und Max Horkheimer, Dialektik der Aufklärung, S. 124.

eines seinerzeit neuen Gedankens nachzuvollziehen, wenn dessen Grundideen oder Argumentationsmuster – wie verwässert auch immer – so starken Eingang in den Gegenwartsdiskurs gefunden haben; am Beispiel Freuds wurde diese Problematik bereits diskutiert. Bei der «Dialektik der Aufklärung» kann man aber durchaus davon ausgehen, dass aus dieser Quelle auf irgendeine Art und Weise alle politischen Strömungen seither geschöpft haben, die den optimistischen Zukunftsversprechen kapitalistischer wie traditionssozialistischer Machart von Wirtschaftswachtum und technologischem Fortschritt als sicheren Leitplanken auf einer graden Straße in eine goldene Zukunft misstrauten, aber an den humanistischen Anspruch der Aufklärung trotzdem anknüpfen wollten. Gerade deshalb ist es eine Bedingung der kritischen Aneignung auch dieses Textes, sich bei der Lektüre nicht vorschnell damit zufriedenzugeben, einen Gedanken als scheinbar bekannt und also nicht weiter bedenkenswert abzuhaken.

4.2 Adorno: Das Verschwinden des Individuums

Das Kernthema der Kritischen Theorie von Horkheimer und Adorno ist spätestens nach der «Dialektik der Aufklärung» nicht mehr die Errichtung einer besseren Gesellschaftsordnung anstelle einer historisch überholt geglaubten, sondern das Schicksal des einzelnen Menschen angesichts der zum Totalitären tendierenden gesellschaftlichen Systeme. Alle wesentlichen politischen und gesellschaftstheoretischen Äußerungen beider Autoren in ihrer zweiten Wirkungsperiode in Deutschland nach dem Krieg sind Ausdruck dieser Einschätzung und variieren sie jeweils nur geringfügig.

Nicht mehr um Klassen als kollektive Subjekte gesellschaftlicher Umwälzung also geht es Adorno und Horkheimer nun. Vielmehr fragen sie nach der Zukunft des Individuums angesichts einer Gesellschaft, die es nicht nur ideell, sondern in letzter Konsequenz ganz real zum Verschwinden bringt. Auschwitz hat dies in schrecklicher Weise demonstriert: Dort wurde der einzelne Mensch in der industriellen Vernichtung auf das nummerierbare Exemplar seiner Gattung reduziert, bar jeder Individualität noch im Tode. Die Existenz der Atombombe perpetuiert solchen Schrecken.[120] Bleibt aber keine Chance mehr für das Individuum, so bleibt auch keine Perspektive mehr für eine freie Gesellschaft, die, streng nach Marx, nur als freie Assoziation von Individuen gedacht werden kann: «*Es ist darauf hinzuarbeiten, daß so etwas wie Pluralität, eine Assoziation einzelner, freier Menschen doch einmal möglich wird.*»[121] Im Folgenden wird vorwiegend auf Adornos Schriften Bezug genommen, um einen kontinuierlichen Vergleich mit der ganz anders gelagerten Argumentation Marcuses zu ermöglichen.

Die modernen Gesellschaften tendieren gegenüber den Individuen dadurch zum Totalitären, dass sie dazu neigen, jeden früher familiär oder individuell bestimmten Lebensbereich zu erfassen und zu durchdringen. Das ökonomische, politische und kulturelle System sind mehr oder minder einheitlich, nahezu umfassend und nach ihren eigenen Parametern höchst funktionstüchtig. Die omnipräsente Kulturindustrie, gelenkte Massenorganisationen, umfassende staatliche Verwaltungsapparate (fürsorgende ebenso wie kontrollierende), eine Einbindung durch Vollbeschäftigung und Massenkonsum: Dies sind nur einige der Elemente, die das Individuum entmächtigen. Dabei ist die spätkapitalistische Variante die gegenüber Stalinismus und Nationalsozialismus modernere, da sie auf unmittelbare, der klassischen Aufklärung noch zugängliche Gewalt- und Herrschaftsformen verzichtet. In ihr wirkt das in alle Poren des materiellen und geistigen Lebens eingesickerte Tausch- und Warenprinzip als unsichtbare Hand. Dieser Gesellschaft gegenüber verhalten sich die erfolgreich Zivilisierten so wie der Primitive gegenüber der Natur: durch unmittelbare Mimesis, nicht mehr mittels einer durch ein tätiges Ich aktiv und konflikthaft vollzogenen Anpassung. Damit verschwindet tendenziell die Möglichkeit, dass autonome Individuen sich überhaupt noch ausbilden. Der Unterschied zwischen Allgemeinem, der Gesellschaft, und Besonderem, dem Individuum, wird zuungunsten des Letzteren aufgelöst: «*Der Begriff des Individuums, historisch entsprungen, erreicht seine historische Grenze.*»[122] Die Auswirkung dieses Prozesses am Individuum beschreibt Adorno mit

---

120 T. W. Adorno, Negative Dialektik, GS 6, S. 355; vgl. auch Erziehung nach Auschwitz, GS 10.2, S. 675 f.

121 T. W. Adorno, Diskussionsbeitrag, GS 8, S. 586.

122 T. W. Adorno, Individuum und Organisation, GS 8, S. 450.

dem Terminus von der *wachsenden organischen Zusammensetzung* des Menschen. So wie bei Marx im ökonomischen Produktionsprozess der Anteil der *lebendigen Arbeit*, die unmittelbar von Menschen erledigt wird, gegenüber der in Maschinerie und Technik sedimentierten *toten Arbeit* im Verlauf der kapitalistischen Entwicklung immer weiter fällt, so verfällt bei Adorno die Individualität, repräsentiert vom seiner selbst bewussten Ich, im Verhältnis zu den anderen Instanzen der Psyche. Dieses Bild muss nicht nur als eine bloß sprachliche Analogie gesehen werden, sondern man kann durchaus auch einen zugrunde liegenden kausalen Zusammenhang annehmen.[123] Wie in einer modernen, kapitalintensiven Fabrik nur noch wenige Arbeiter den automatischen Gleichlauf der Maschinen kontrollieren, so finden sich im modernen Massenmenschen nur noch rudimentäre Ich-Funktionen, die kaum noch mit dem Begriff der Persönlichkeit belegt werden können: «*Bei vielen Menschen ist es bereits eine Unverschämtheit, wenn sie Ich sagen.*»[124] Gilt für Ideologie bei Marx noch der Satz, dass das gesellschaftliche Sein das Bewusstsein bestimmt, so könnte man dies für Adorno erweitern: Das gesellschaftliche Sein hat bereits unmittelbar all jene Faktoren kassiert, auf deren Basis sich ein Ich überhaupt erst konstituieren könnte.

Adorno spricht daher von der Verdinglichung des Bewusstseins. Diese theoretische Kategorie wurde von Georg Lukács aus dem Fetischbegriff von Marx entwickelt und nimmt eine andere Schwerpunktsetzung vor als der eher romantisch geprägte Begriff der Entfremdung, der eine einmal existente Einheit zumindest sprachlich suggeriert[125]. Verdinglichung bedeutet zunächst, dass im Kapitalismus, der alles in Waren verwandelt, auch soziale Verhältnisse nur als sachliche oder gegenständliche wahrgenommen werden, da sie dem Alltagsverstand nur auf dieser Ebene begegnen. Banalstes Beispiel: Der Preis einer Ware erscheint dem naiven Betrachter als eine ihr innewohnende Eigenschaft, wie die Farbe oder das Gewicht, und nicht

---

123 Vgl. Stefan Breuer, Adornos Anthropologie, in: ders., Aspekte totaler Vergesellschaftung, Freiburg 1985, S. 35 ff.

124 T. W. Adorno, Minima Moralia, S. 55.

125 Vgl. Friedemann Grenz, Adornos Philosophie in Grundbegriffen, S. 35 ff.; Martin Jay, Marxism and Totality, Oxford und New York 1984, S. 109 ff.

als Ausdruck der komplexen gesellschaftlichen Verhältnisse, die zu ihrer Produktion führten. Verdinglichung, so Martin Jay, bedeutet in Adornos Analyse «more than a property of false consciousness; it is a social category»[126]. Die Geschlossenheit des Verblendungszusammenhanges bedeutet einen qualitativen Umschlag. Kritik konnte bisher dialektisch als Ideologiekritik die Differenz von Begriff und Wirklichkeit entfalten, die Realität der Gesellschaft wie jedes einzelne ihrer Elemente am je eigenen Anspruch und Potenzial messen und so auch eine kritische politische Praxis begründen. Diese Möglichkeit droht zu schwinden: «Der Fetischcharakter, gesellschaftlich notwendiger Schein, ist geschichtlich zum Prius dessen geworden, wovon er seinem Begriff nach das Posterius wäre.»[127] Der Spätkapitalismus produziert keine Ideologie mehr, die von seiner Wirklichkeit zu unterscheiden wäre, er ist die Ideologie seiner selbst. «Die Totalität des Vermittlungsprozesses, in Wahrheit des Tauschprinzips … produziert eine zweite trügerische Unmittelbarkeit. Der Schein wäre auf die Formel zu bringen, daß alles gesellschaftlich Daseiende heute so vollständig in sich vermittelt ist, daß eben das Moment der Vermittlung durch seine Vermittlung verstellt wird.»[128] Willkommen in der Matrix!

Dies ist die späte Antwort Adornos auf die von ihm und Horkheimer in den 30er-Jahren gestellte Frage, warum die Arbeiterklasse in den hochentwickelten Ländern nicht wie erwartet die sozialistische Revolution begonnen hat. Wo Marx noch auf das erwachende Bewusstsein der Arbeiterklasse setzte und Marcuse eine sich auf Freud berufende Anthropologie entwickeln wird, sieht Adorno die Menschen als Individuen überhaupt verschwinden. Die gesellschaftliche Prägung ist so weit und tief fortgeschritten, dass von einem Menschen, den Anthropologie definieren könnte, nicht mehr viel übrig ist. Beschäftigt sich die Anthropologie dann zusätzlich mit der «zweiten Natur», der Gesellschaft, so muss sie erkennen, dass diese zweite Na-

---

126 Martin Jay, Marxism and Totality, S. 269; «[Verdinglichung meint; MS] … mehr als den Besitz falschen Bewußtseins; es ist eine soziale Kategorie.»; vgl. Stefan Breuer, Die Gesellschaft des Verschwindens, Hamburg 1992, S. 84 ff.

127 T. W. Adorno, Zu Subjekt und Objekt, GS 10.2, S. 745.

128 T. W. Adorno, Spätkapitalismus oder Industriegesellschaft, GS 8, S. 369.

tur den Menschen mittlerweile fast bruchlos zu seiner eigenen geworden ist. Eigentlich ist nur noch Soziologie nötig, um die Menschen zu verstehen, weil diese vollständig in ihrer sozialen Umwelt aufgehen: «*Anthropologie ist nur noch möglich, indem sie dialektisch wird; indem sie aber dialektisch wird, wird sie zugleich paradox: zur Anthropologie ohne Anthropos.*»[129] Um eine plastische Vorstellung davon zu vermitteln, was damit gemeint sein könnte, sei darauf hingewiesen, dass Adorno die wissenschaftlich durchorganisierte negative Utopie in Aldous Huxleys «Schöner Neuer Welt» seinen eigenen Befürchtungen näher fand als George Orwells Illustration einer vergleichsweise traditionellen Gewaltherrschaft in «1984». Damit führt die negative Geschichtsphilosophie Kritischer Theorie, die mit der «Dialektik der Aufklärung» begann, in eine ebenso negative Vorstellung von Totalität. Georg Lukács hatte in «Geschichte und Klassenbewußtsein» noch mit Hegel, nach dem nur das Ganze das Wahre sein könne, einen positiven Begriff von gesellschaftlicher Totalität entfaltet, der er wie Marx hoffnungsvoll das Proletariat als Repräsentanz der gesamten zukünftigen Gesellschaft unterschob. Adorno vollzieht nun die Kehrtwendung ins Negative. In den zeitgleich zur «Dialektik der Aufklärung» verfassten «Minima Moralia» hieß es bereits kurz und bündig: «*Das Ganze ist das Unwahre*»[130]. Martin Jay resümiert diese Entwicklungsphase Kritischer Theorie so: «Paradoxerweise sah sich das Institut um so weniger in der Lage, eine Verbindung zur radikalen Praxis herzustellen, je radikaler seine Theorie wurde.»[131]

4.3 Herbert Marcuses Kritische Theorie: Der eindimensionale Mensch

«*Der Begriff des Fortschritts ist in der Katastrophe zu fundieren. Daß es ‹so weiter› geht, ist die Katastrophe. Sie ist nicht das jeweils Bevorstehende, sondern das jeweils gegebene. Strindbergs Gedanke: die Hölle ist nichts, was uns bevorstünde, sondern dieses Leben hier.*»

Walter Benjamin, Zentralpark[132]

---

129 Stefan Breuer, Adornos Anthropologie, S. 50.
130 T. W. Adorno, Minima Moralia, S. 55.
131 Martin Jay, Dialektische Phantasie, S. 300.
132 Walter Benjamin, Zentralpark, GS 1.2, S. 683

Wir verlassen Horkheimers und Adornos Kritik der spätkapitalistischen Gesellschaft, die mit der «Dialektik der Aufklärung» ihre Grundform gefunden hat, und wenden uns Herbert Marcuse zu. In seinem noch vor der Emigration vorbereiteten, aber erst 1941 in den USA publizierten Buch «Vernunft und Revolution» verwendet er noch einen eher klassischen marxistischen Revolutions- und Gesellschaftsbegriff.[133] Die Rolle der Vernunftphilosophie, deren Wichtigkeit für einen erneuerten politischen Prozess Marcuse schon früher betont hatte,[134] war mit dem Erscheinen der «Dialektik der Aufklärung» zutiefst in Frage gestellt. Eine Debatte darüber kam zwischen den versprengten Mitgliedern des IfS im amerikanischen Exil aber nicht zustande.

Die Grundkonzeption seiner Fassung Kritischer Theorie führt Marcuse in der Nachkriegszeit in den USA in drei großen Monografien aus. 1955 erschien das philosophisch-metapsychologische Essay «Eros and Civilization», 1958 die Studie «Sowjetischer Marxismus» und schließlich 1964 das soziologisch-politische Hauptwerk «Der eindimensionale Mensch». Während das erste und dritte Werk vornehmlich die moderne Industriegesellschaft westlichen Typs im Blick haben, wirft «Sowjetischer Marxismus» den Blick auf die andere Seite des «Eisernen Vorhangs». Marcuse verfolgt darin die Entwicklung des Sozialismus von der Theorie zum Staatssystem – den Faden einer immanenten Kritik der Arbeiterbewegung wieder aufnehmend, den das IfS in den späten 20er-Jahren gesponnen hatte. Es handelt sich um eine Studie über die Defekte des staatssozialistischen Systems aus der selbstkritischen Perspektive eines am Marxismus geschulten Denkers ohne politische Bindung an eine dissidente Strömung wie den Trotzkismus oder den Maoismus, aber auch ohne Zugeständnisse an den prinzipiell antikommunistischen Zeitgeist des Kalten Krieges. Systematisch wird das theoretische Selbstverständnis des Sowjetmarxismus mit seiner autoritären und technokratischen Praxis konfrontiert. Darüber hinaus parallelisiert Marcuse die Entwicklung in kapitalistischer und sozialistischer Welt und sucht nach Gemeinsamkeiten und

---

133 Vgl. Stefan Breuer, Die Krise der Revolutionstheorie, Frankfurt am Main 1977, S. 148 f.

134 Vgl. Herbert Marcuse, Philosophie und Kritische Theorie, in: ZfS, Band 6, S. 625 ff.; Hauke Brunkhorst und Gertrud Koch, Herbert Marcuse zur Einführung, Hamburg 1990, S. 38.

Wechselwirkungen. Dementsprechend war das Buch zur späteren Freude des Autors sowohl im Westen als auch im Osten bei staatstragenden Autoritäten unbeliebt, aber gerade deswegen als wichtige Bestandaufnahme der Nachkriegsgesellschaften so wertvoll.

Doch auch in seinen beiden Werken zur Analyse der Gesellschaften der westlichen Hemisphäre übte Marcuse profunde Kritik. In Umkehrung der Chronologie wird hier zunächst seine Beschreibung der eindimensionalen Gesellschaft skizziert. Diese kommt der Sicht von Adorno und Horkheimer auf den «freien Westen» (die den Ostblock nicht schätzten, ihm aber auch keine umfangreichen kritischen Studien widmeten) recht nahe; allein in der Einschätzung der Chancen zur Überwindung dieses Zustandes bestehen wesentliche Unterschiede. Marcuse schließt zunächst an die Erkenntnisse der «Dialektik der Aufklärung» an, ohne Dissens anzumelden. Nicht selten zitiert er Adorno zur Bekräftigung eigener Thesen. Dennoch gibt es einen anderen Schwerpunkt: Was Adorno wie Horkheimer in philosophischem Vokabular als *instrumentelle Vernunft* beschrieben haben, tritt in Marcuses Schriften als Manifestation eines technisch-wissenschaftlichen Herrschaftsgefüges auf. Was der Soziologe Max Weber, mit dessen Werk er sich intensiv auseinandergesetzt hatte,[135] als «stählernes Gehäuse der Hörigkeit» heraufziehen sah, die Existenz einer ausschließlich zweckrationalen, verwissenschaftlichten und technologisch durchorganisierten Gesellschaft, das sieht Marcuse in den spätkapitalistischen Staaten nun verwirklicht. Er beschreibt die Rationalität im Kapitalismus aber als eine formale, eingeschränkte, denn sie betreffe nur Ablauf und Form der gesellschaftlichen Reproduktion, nicht aber die Bestimmung des Ziels dieses Prozesses. Dieses bleibe weiterhin irrationalen Zwecken unterworfen: der Mehrwertproduktion, der Selbstverwertung des Werts. Die partikulare Rationalität der Ökonomie und der Verwaltungsapparate gehe dabei auf Kosten der Rationalität des Ganzen, die hinter den ins gesellschaftliche Gefüge tief eingeprägten Profit- und Herrschaftsinteressen zurückstehen müsse:

---

135 Herbert Marcuse, Industrialismus und Kapitalismus im Werk Max Webers, Schriften (S), Springe 2004, Band 8, S. 79 ff.; Hauke Brunkhorst und Gertrud Koch, Herbert Marcuse zur Einführung, S. 83.

«Im Brennpunkt der Analyse steht die fortgeschrittene Indus-triegesellschaft, in der der technische Produktions- und Ver-teilungsapparat ... nicht als eine Gesamtsumme bloßer Instru-mente funktioniert, sondern als ein System, von dem das Pro-dukt des Apparats ... ‹a priori› bestimmt [wird; MS].»[136]

Technologische Rationalität und *Eindimensionalität* sind Marcuses Schlüsselbegriffe. Zunehmende Rationalisierung und Verwissenschaftlichung erlauben eine sprunghafte Stei-gerung der Produktivität. Die ungeheuren Produktionskapa-zitäten werden zum Teil durch Massenproduktion und -kon-sum ausgeschöpft, wobei auch die Privatsphäre der Individuen verstärkt von der Tausch- und Warenlogik durchdrungen und so zunehmend ausgehöhlt wird: Aus Bürgern werden Konsu-menten, angesichts der Blockkonfrontation sozialstaatlich ver-wöhnt und abgesichert. Daneben fließt die Produktivität aber auch in die konsumtiven Ausgaben des Staatsapparates, ins-besondere des militärischen Bereichs, nämlich in die nukleare Overkill-Rüstung des kalten oder, wie in Korea und Vietnam, heißen Krieges gegen Sozialismus jeglicher Couleur. *«Welfare and Warfare»*[137] lautet Marcuses Begriff für diese Doppelauf-gabe des Staates. Später tritt noch die neokoloniale Ausbeu-tung der Dritten Welt als ein weiterer wichtiger Faktor zu die-ser Analyse hinzu.

Aufseiten der Bourgeoisie treten unter der universalen Zweckrationalität und den Konzentrationsprozessen Verfü-gende und Besitzende von Kapital und Produktionsmitteln auseinander. Im Zuge der Zusammenballung immer größerer wirtschaftlicher Einheiten verschwindet das Besitzbürgertum als eine soziologisch fassbare herrschende Klasse, die freie Kon-kurrenz einzelner Wirtschaftsakteure verschwindet. Ersetzt wird sie durch technokratisches Konzernmanagement und staatliche Großbürokratien, die zunehmend miteinander (und gegebe-nenfalls auch mit den ebenso integrierten Gewerkschaftsorga-nisationen) verflochten sind. Die staatlichen Verwaltungen fal-len mit den Lenkungsapparaten der multinationalen Konzerne zusammen und exekutieren gemeinsame Globalstrategien: *«Auf der jüngsten Stufe der ökonomischen und politischen Konzentration werden die einzelnen kapitalistischen Unter-*

---

136 Herbert Marcuse, Der eindimensionale Mensch, S 7, S. 17
137 Herbert Marcuse, Der eindimensionale Mensch, S 7, S. 68.

nehmen in allen Wirtschaftsbereichen den Erfordernissen des Gesamtkapitals untergeordnet.»[138] In den 1970er- und 1980er-Jahren wurde vor diesem Hintergrund in der Linken gewöhnlich vom «militärisch-industriellen Komplex» als dem Schwerezentrum der Gesellschaften des «staatsmonopolistischen Kapitalismus» gesprochen.

Das Proletariat wiederum ist unter den Bedingungen eines ständig steigenden Lebensstandards der Mehrheit, einer veränderten Arbeitsorganisation und -teilung und einer nicht mehr parteiisch erscheinenden staatlichen Ordnung als politischer Faktor verschwunden. Ursache sind nicht bloße ideologische Manipulation, Korruption oder ähnliche äußerliche Bedingungen, die durch organisierte Aufklärung aufhebbar wären, sondern die objektive Rolle und materielle Lage der Arbeiterklasse selbst. Unter den Begriff des *Gesamtarbeiters*[139] lassen sich zwar größte Teile der Bevölkerung subsumieren, die inzwischen fast ausschließlich aus Lohnabhängigen besteht, am Verschwinden einer bewussten *Klasse für sich* aber ändert dies nichts. Marcuse sieht sich sogar genötigt, mehrfach darauf hinzuweisen, dass die Arbeiterklasse unter diesen Bedingungen oft besonders reaktionär geworden sei.[140] Alle Gruppen der Bevölkerung tendieren jedoch dazu, die Befriedigungen zu akzeptieren, die durch eine entfremdete, ziellose und andere Weltgegenden verwüstende Produktivität möglich geworden sind. Bis in ihre Triebstruktur hinein sedimentiert sich so die Anpassung, die früher konflikthafte Gesellschaft wird zum eindimensionalen System ohne Opposition, nichts weist mehr über die bestehende Welt hinaus.

---

138 Herbert Marcuse, Konterrevolution und Revolte, S 9, S. 18.
139 Vgl. Herbert Marcuse, Konterrevolution und Revolte, S. 19 f.; Jürgen Habermas, Silvia Bovenschen u. a., Gespräche mit Herbert Marcuse, S. 56.
140 Vgl. Herbert Marcuse, Organisationsfrage und revolutionäres Subjekt, S 9, S. 181; ders.: Konterrevolution und Revolte, S 9, S. 46.

4.4 Eros und Zivilisation: Der widerspenstige Lebenstrieb

«*Flectere si nequeo superos, acheronta movebo*»
Sigmund Freud, Die Traumdeutung[141]

Schließt Marcuse also solcherart an Adornos und Horkheimers These von der totalitären Tendenz aller modernen Gesellschaften an, so will er sich mit der Endgültigkeit dieser Diagnose doch nicht abfinden. «Eros and Civilization» ist sein zentraler Versuch, Kräfte aufseiten der Individuen zu lokalisieren, die dieser Tendenz widerstehen und sie vielleicht sogar in Frage stellen könnten. Dieser Weg führt Marcuse über die Psychoanalyse zur Triebstruktur und damit zum Schnittpunkt von Körper und Geist, was ihm eine ganz besondere Akzentuierung seiner Variante der Kritischen Theorie ermöglicht.[142] Wo Adorno die Dialektik der Zivilisationsgeschichte schildert, versucht Marcuse eine Dialektik der menschlichen Triebstruktur im Anschluss an Freud zu entfalten, um einen Ausweg aus dem düsteren Ende der Vernunftkritik der «Dialektik der Aufklärung» zu finden. Das Werkzeug hierfür findet er in einer Neudeutung von Freuds Metapsychologie: Marcuses Buch trägt den Untertitel «Ein philosophischer Beitrag zu Sigmund Freud». Im Bezug auf die kulturtheoretisch-spekulativen statt auf die therapeutisch-medizinischen Elemente der Psychoanalyse liegt eine starke Ähnlichkeit zu Adorno. Dessen Ausspruch «*An der Psychoanalyse ist nichts wahr als ihre Übertreibungen*»[143] ist nichts weniger als eine Verteidigung der grundlegenden Gedanken Freuds gegenüber einer oberflächlichen Kritik, die nur auf die historische Erscheinungsform seiner Theorie zielt.

Der Materialismus der Psychoanalyse, den die Kritische Theorie ja als einen Hauptgrund für deren Integration in die Gesell-

---

141 Sigmund Freud, Die Traumdeutung, Studienausgabe (ST), Band 2, Frankfurt am Main 1972, S. 11. Dieses lateinische Motto (übersetzt: «Kann ich die höheren Mächte nicht zwingen, so bewege ich doch die Unterwelt») stellte Freud dem Buch voran. Fast noch besser passt es auf Marcuses Mobilisierung der Psychoanalyse anstelle der gescheiterten, ökonomisch fundierten Revolutionstheorie.

142 Freuds Annahmen über menschliche Natur ordnet Marcuse dem ontologischen Bereich zu; Herbert Marcuse, Triebstruktur und Gesellschaft, Frankfurt am Main 1995, S. 95 f.

143 T. W. Adorno, Minima Moralia, GS 4, S. 54.

schaftstheorie anführte, besteht in der Anerkennung einer Priorität des physischen vor dem psychischen Apparat des Menschen: Letzterer gilt als eine abgeleitete Funktion. Die Triebe werden aus der Physis gespeist, ihre Auswirkungen sind aber grundsätzlich nur an den durch ihre Umwelt geprägten psychischen Prozessen der Individuen, also *in vergesellschafteter Form*, zu beobachten. In der Frühzeit der psychoanalytischen Theorie gilt noch der anschauliche Dualismus von Überlebens- und Sexualtrieb, später tritt der Widerspruch von *Lebenstrieb (Eros)* und *Todestrieb (Thanatos)* an diese Stelle. Im Anschluss an Freud legt Marcuse nun den historischen Zusammenhang von Individuation und Vergesellschaftung dar: Unter den Bedingungen der Lebensnot, der Ananke, schließen sich Menschen zu hierarchischen Kollektiven zusammen, die ihnen im Interesse der gemeinsamen Existenzsicherung individuellen Triebaufschub und -verzicht abverlangen. Aus der so erfolgreich umgeleiteten, *sublimierten* Triebenergie speisen sich dann die menschlichen Kulturleistungen. In deren Errichtung hat das äußeren Notwendigkeiten folgende Realitätsprinzip (im Individuum vertreten vom Ich) über das inwendige Lustprinzip (vertreten vom Es) gesiegt. Mit diesem ständigen Konflikt deutet Freud das andauernde «Unbehagen in der Kultur» und erklärt, seine psychoanalytische Kur könne den an diesem Konflikt zerbrochenen Neurotiker auch im günstigsten Fall nur zurück ins «ganz normale Unglücklichsein» des alltäglichen Lebenskampfes entlassen. Mit dem pessimistischen Tenor etwa der «Dialektik der Aufklärung» wäre Freud, hätte er das Buch noch lesen können, vermutlich recht einverstanden gewesen.

Marcuse vollzieht nun in dieser freudschen Konstruktion eine dialektische Wende. Dabei hat er *«das naturphilosophische Erbe der Pariser ‹Manuskripte› des frühen Marx»*[144] im Hinterkopf, so Hauke Brunkhorst und Gertrud Koch. Freuds späte spekulative und Marx' frühe philosophische Schriften fügen sich für Marcuse zu einer Anthropologie zusammen, die Hoffnung auf die Aufhebung der Entfremdungsprozesse begründen könnte.[145]

«Es gibt keine Triebstruktur ‹außerhalb› der historischen Struktur. Das enthebt uns aber nicht der Notwendigkeit, die Unterscheidung zu machen ... a) die phylogenetisch-biologische

144 Vgl. Hauke Brunkhorst und Gertrud Koch, Herbert Marcuse zur Einführung, S. 72.
145 Vgl. ebd.; Martin Jay, Marxism and Totality, S. 229.

Schicht, die Entwicklung des menschlichen Tieres im Kampf mit der Natur und b) die soziologische Schicht, die Entwicklung der zivilisierten Individuen und Gruppen im Kampf untereinander und mit ihrer Umgebung.»[146]

Aus der negativ-pessimistischen Theorie Freuds schöpft Marcuse durch die Ausführung dieser inneren Widersprüche ein hoffnungsvolles, positives Modell. Er spaltet die freudschen Kategorien in einen physisch-anthropologischen und einen soziologisch-historischen Anteil auf.[147] Damit ist zweierlei für die Theoriebildung gewonnen:

Erstens kann der biologisch-physische Anteil als der Vergesellschaftung gegenüber relativ resistent gedacht werden. An jedem Individuum muss die Errichtung des Leistungsprinzips der herrschenden Gesellschaft ja erneut vollzogen werden, und nie gelingt sie vollständig und gänzlich ohne Narben. Die kindliche Amnesie – das allgemeine Vergessen konsistenter Erinnerungen an die ersten Lebensjahre, das notwendig zum Erwachsenwerden gehört – verdeckt nicht nur nachträglich die in der Hilflosigkeit des Kleinkinddaseins erlittenen Traumata, sondern, und dies betont Marcuse im Gegensatz zu Freud, auch Momente glücklicher, harmonischer Existenz. Zumindest als ewige Wiederkehr des Verdrängten oder auch des nur Erhofften bleibt der Wunsch nach unvermitteltem Glück somit also präsent: «In einer seiner großartigsten Formulierungen definierte Freud einmal Glück als die nachträgliche Erfüllung eines prähistorischen Wunsches. Das sei der Grund, warum Reichtum so wenig Glück beschere – Geld war kein Kindheitswunsch.»[148]

Daraus folgt für Marcuse ein Bezug auf die Erinnerung nicht nur zur Bewältigung individueller psychischer Traumata, sondern auch als Kraftquelle für die Auseinandersetzung mit der Eindimensionalität: «Die Befreiung der Vergangenheit endet nicht in der Versöhnung mit der Gegenwart. Entgegen der selbstauferlegten Gehemmtheit des Entdeckers [d. i. Freud; MS] strebt die Orientierung an der Vergangenheit nach einer Orientierung an

---

146 Herbert Marcuse, Triebstruktur und Gesellschaft, S. 117 f.
147 Herbert Marcuse, Trieblehre und Freiheit, in: Herbert Marcuse, Psychoanalyse und Politik, Frankfurt am Main 1968, S. 5.
148 Herbert Marcuse, Triebstruktur und Gesellschaft, S. 175. Wer diesen Gedanken einmal in höchster Vollendung künstlerisch dargestellt sehen möchte, mag sich Orson Wells' Film «Citizen Kane» ansehen.

der Zukunft. Die ‹Recherche du temps perdu› wird zum Vehikel künftiger Befreiung.»[149]

Zweitens könnte, so Marcuse, der gesellschaftlich geformte Teil der Triebstruktur durch radikale gesellschaftliche Veränderungen seinerseits radikal modifiziert werden – eine Perspektive, der Freud mindestens vorsichtig gegenübergestanden hätte. Nur aus dem Einfluss eines soziologisch bedingten Anteils an der Triebunterdrückung erklärt sich nach Marcuse nämlich die Existenz der spekulativsten Kategorie Freuds, des Todestriebs. Einige Äußerungen Freuds und Widersprüche in der Unterscheidung der Triebziele von Eros und Thanatos veranlassen ihn zu dieser These. Eros wie Thanatos streben für Marcuse letztlich nicht direkt nach Befriedigung, sondern – denn nur dazu dient Befriedigung laut Freud – zur Aufhebung von unlustvoller (Körper-)Spannung. Diese Aufhebung kann nun zeitweise durch Bedürfnisbefriedigung eintreten oder dauerhaft durch den Tod. Dass Thanatos zum Tode drängt, speist sich bei Marcuse, anders als bei Freud, der dies als Conditio humana sieht, aus den andauernden Hemmnissen, die die herrschaftsförmige Gesellschaftsordnung dem freien Spiel des Eros, in dem sich ursprünglich die gesamte Triebenergie ausdrückte, entgegenstellt. Durch diese Hemmung entsteht und wächst nun das triebökonomische Fundament der Herrschaft von Menschen über Menschen, in dem der Todestrieb die Individuen libidinös an ihre eigene Unterwerfung bindet. Nach einem sehr plastischen Satz von Fromm, mit dem Marcuse ansonsten heftig über die soziologische Bedeutung der Psychoanalyse stritt, ist *«Der Zerstörungstrieb ... die Folge des ungelebten Lebens»*[150]. Damit aber ist er ein soziales und also beeinflussbares Problem und keine Grundkonstante der menschlichen Gattung, mit der man sich eben zu arrangieren hätte.

Was bei Freud noch als das universelle *Realitätsprinzip* erscheint, dem sich jedes Individuum in jedweder Gesellschaft durch Einhegung des seinen Triebansprüchen innewohnenden,

149 Herbert Marcuse, Triebstruktur und Gesellschaft, S. 26. Martin Jay erwähnt eine ähnliche Rolle der Erinnerung in Heideggers «Sein und Zeit», in Georg Lukács «Theorie des Romans» und schließlich in der «Dialektik der Aufklärung». Vgl. Martin Jay, Marxism and Totality, S. 225 ff.
150 Erich Fromm, Die Furcht vor der Freiheit, Frankfurt am Main 1966, S. 181.

maßlosen *Lustprinzips* unterwerfen muss, ist nach Marcuse zu verstehen als das *Leistungsprinzip* der herrschaftsförmigen Gesellschaft. Wie diese ist es historischen Modifikationen zugänglich. Nicht jede Unterdrückung des Lustprinzips durch das Realitätsprinzip ist also für Marcuse unabwendbarer Bestandteil der Menschwerdung und des Erwachsenwerdens. Von grundlegenden Einschränkungen des Lustprinzips durch das Erlernen der Kontrolle über die Körperfunktionen oder die Annahme des Inzesttabus seien solche zugunsten der gesellschaftlichen Herrschaft zu unterscheiden. «Surplus repression» lautet der anschauliche Ausdruck Marcuses hierfür im Originaltext, ist eine offensichtliche Analogie zu dem bei Marx zentralen Begriff «Surplus value», also Mehrwert, was leider in der deutschen Übersetzung verloren gegangen ist.

Freud hatte behauptet, alle Kulturleistungen seien der Sublimierung, also der Umlenkung von dem Sexualtrieb entzogener Energie auf gesellschaftlich nützliche Ziele zu verdanken; und die jeweils gesellschaftliche Herrschaft bestimme, was nützlich sei. Walter Benjamin warf daher gegen die bürgerliche Schwärmerei für die Kulturleistungen vergangener Epochen ein: «*Es ist niemals ein Dokument der Kultur, ohne auch zugleich ein solches der Barbarei zu sein.*»[151] Doch der mit Kulturleistungen verbundene Verzicht auf individuelle Triebbefriedigung ist notwendig. Ohne Sublimierung gäbe es keine Triebbasis für Gesellschaft, sondern bestenfalls das primitive, dem Lustprinzip unmittelbar folgende Leben einer Horde Bonobo-Schimpansen. Der anarchistische Filmklassiker «Themroc» versuchte sich 1973 an der Schilderung eines solchen existenziell-radikalen Ausbruchs aus allen zivilisatorischen Fesseln der modernen Gesellschaft, der die verschütteten und verdrängten Triebe entfesselt und die entgrenzten, dem reinen Lustprinzip folgenden Individuen zur Rebellion gegen die herrschende Ordnung führt, deren Repräsentanten schlussendlich verspeist werden. Was in «Themroc» genussvoll illustriert wird, ist aber wesentlich Regression im Sinne von Freuds pessimistischer Fantasie.

Die Idee, dass eine weitgehende Befreiung des Eros ohne regressives Element praktisch möglich sei, macht den spezifischen Reiz von Marcuses Theorie aus und unterscheidet sie

---

151 Walter Benjamin, Eduard Fuchs, der Sammler und Historiker, GS 2.2, Frankfurt am Main 1977, S.477.

deutlich etwa von Adornos Sichtweise. Nach Marcuse können Kulturerhalt und individuelles Lustprinzip prinzipiell miteinander versöhnt werden: Der hohe Stand der Produktivkräfte kann die Ananke zum Verschwinden bringen und den Triebverzicht durch notwendige Arbeit auf ein unerhebliches Maß reduzieren, somit Eros stärken und Thanatos schwächen. Diese Möglichkeit wird mit dem Begriff der *nichtrepressiven Sublimierung* beschrieben. Eine Gesellschaft ohne «surplus repression» könnte für Marcuse ihre materielle Reproduktion durchaus im Einklang mit den Triebbedürfnissen organisieren, statt im Kampf gegen sie, also weit stärker dem Lustprinzip folgen, ohne in Kulturlosigkeit zurückzufallen. Verwandelte Arbeit und befreite Sexualität könnten koexistieren: «*Die veränderten sozialen Beziehungen würden … eine Triebgrundlage für die Umwandlung der Arbeit in Spiel liefern.*»[152] Die Auflösung des herrschaftlichen Realitätsprinzips, das sowohl die von Adorno festgestellte Dialektik der Aufklärung als auch die Dialektik von Eros und Thanatos hervorgebracht haben soll, ist somit für Marcuse im Gegensatz zu Freud und Adorno möglich und mit der Vorstellung einer freien Gesellschaft vereinbar geworden. Nach Marcuses Anspruch liegt auch seiner Version der Kritischen Theorie eine dialektische Figur zugrunde. Aus der Geschichte, dem Triebschicksal des Einzelnen, entnimmt er den in der Gesellschaft eliminierten, für eine bestimmte Negation des Bestehenden aber notwendigen Widerspruch zum Bestehenden. Was von Adorno als im Verschwinden begriffen charakterisiert wurde, die prekären Reste autonomer Individualität, scheint für Marcuse gerade eine mögliche Quelle von Resistenz:

«*Und selbst wenn wir noch keine Änderung sehen, müssen wir weitermachen; müssen wir widerstehen, wenn wir noch als Menschen leben, arbeiten und glücklich sein wollen. Im Bündnis mit dem System können wir das nicht mehr.*»[153]

Damit bietet Marcuse innerhalb der Kritischen Theorie ein Modell an, mit dem sich eine glückliche Wendung der bisher fehlgeschlagenen Zivilisationsgeschichte zumindest wieder denken lässt und das sich darin von dem in Deutschland durch Adorno und Horkheimer vertretenen doch klar unterscheidet.

---

152 Herbert Marcuse, Triebstruktur und Gesellschaft, S. 184.
153 Herbert Marcuse, Das Problem der Gewalt in der Opposition, in: ders., Psychoanalyse und Politik, S. 68.

5 Adorno und Marcuse: Kritische Theorie des Spätkapitalismus

«*Ein Sozialist ist heutzutage in der gleichen Lage wie ein Arzt, der einen hoffnungslosen Fall behandelt. Als Arzt ist es seine Pflicht, den Patienten am Leben zu erhalten und davon auszugehen, daß er mindestens eine Aussicht auf Genesung hat. Als Wissenschaftler ist es seine Pflicht, sich mit den Tatsachen abzufinden und daher zuzugeben, daß der Patient wahrscheinlich sterben wird.*»
George Orwell[154]

Die großen Skizzen der spätkapitalistischen Gesellschaft, die Adorno und Horkheimer wie auch Marcuse zeichnen, ähneln sich also in vielem. Einig sind sich die Autoren in der Diagnose, dass die dynamische Entwicklung des Kapitalismus und die Herrschaft autoritärer Staatssysteme zu einer bisher nicht dagewesenen Veränderung aller Lebensbereiche geführt hat. Spricht Marcuse von der *Eindimensionalität* der gesellschaftlichen Realität, die den Charakter eines *Systems* annimmt, so spricht Adorno mit ähnlicher Intention vom *Verblendungszusammenhang*. Der nachliberale Kapitalismus des 20. Jahrhunderts ist für beide die konsequente Weiterentwicklung der bürgerlichen Gesellschaft und kein Stadium des Niedergangs oder Verfalls, wie es etwa Lenins Imperialismustheorie mit dem Begriff der «Fäulnis» des Kapitalismus nahegelegt hatte.[155] Die Produktivkräfte sprengen nicht mehr die Produktionsverhältnisse; im Gegenteil dehnen sich jene universal aus. Sowohl räumlich über die ganze Welt als auch in die Tiefe in gesellschaftliche Bereiche, die zuvor noch nicht unter dem Tauschprinzip organisiert waren. Auf das Verschwinden einer antagonistischen Klasse folgt das Verschwinden des autonomen Individuums. Letzteres hat ebenso große, wenn nicht gar noch weiter reichende Konsequenzen für die Gesellschaftstheorie. Nicht nur ist eine revo-

---

154 Fritz Senn (Hrsg.), Das George Orwell Lesebuch, Zürich 1988, S. 178.
155 W.I.Lenin, Der Imperialismus als höchstes Stadium des Kapitalismus, Berlin 1979, S. 113 ff.

lutionäre Umgestaltung mangels eines historisch qualifizierten Subjekts verschoben – auch die liberal-bürgerliche Gesellschaft verschwindet zugunsten einer sachlichen Verselbstständigung, die Adorno und Horkheimer so beschreiben: «*Weiter wird Herrschaft über Menschen ausgeübt durch den ökonomischen Prozeß hindurch. Dessen Objekte sind längst nicht mehr nur die Massen, sondern auch die Verfügenden und ihr Anhang ... Die Verselbständigung des Systems gegenüber allen, auch den Verfügenden, hat einen Grenzwert erreicht.*»[156] Denselben Sachverhalt formuliert Marcuse ähnlich: «*Und diese wechselseitige Abhängigkeit ist nicht mehr das dialektische Verhältnis von Herr und Knecht ... sondern eher ein ‹circulus vitiosus›, der beide einschließt, den Herrn und den Knecht.*»[157]

Bei Adorno findet sich diese Konzeption radikal zu Ende gedacht: Der Gedanke vom totalitären Charakter der modernen Gesellschaftssysteme bedingt denjenigen von der Nichtigkeit des Individuums. Georg Lukács verspottete die Haltung der Kritischen Theorie, die die Gesellschaft in ihrer Totalität zwar erfasst habe, aber dann an ihrer eigenen Analyse resigniert und verzweifelt sei, als den bequemen, aber morbiden Blick aus einem «Grand Hotel Abgrund».[158] Der Radikalität der theoretischen Konstruktion steht jedoch mitunter ein gemäßigter empirischer Befund gegenüber: Diese Tendenz, so Adorno in den optimistischeren Momenten seiner Schriften, habe sich noch nicht gänzlich durchgesetzt oder ihr Voranschreiten verlangsamt.[159] Marcuse beschreibt die eindimensionale Gesellschaft zunächst ähnlich: Technik, Verwaltung und Herrschaft schießen in scheinbaren Sachzwängen zusammen, die jedes Bewusstsein von möglichen Alternativen zunächst verdrängen.

Nur die Erkenntnis antagonistischer Widersprüche innerhalb der Gesellschaft hatte Marx nach eigenem Verständnis einst dazu befähigt, den Sozialismus von der bloßen Utopie zur

---

156 T. W. Adorno, Spätkapitalismus oder Industriegesellschaft?, GS 8, S. 360, S. 369.

157 Herbert Marcuse, Der eindimensionale Mensch, S 7,S. 53.

158 Vgl. Richard Gebauer, Fragwürdige Umgangsformen, in: Rolf Eickelpasch (Hrsg.), Unübersichtliche Moderne?, Opladen 1991, S. 20.

159 Vgl. Adornos Vorwort zur Neuausgabe der Dialektik der Aufklärung, GS Adorno 3, S. 10; den Text Spätkapitalismus oder Industriegesellschaft?, GS 8, S. 368 und das Radiogespräch mit Ernst Bloch über Utopie (T. W. Adorno, Gespräche. Sechs Kassetten, Heidelberg 1999).

Wissenschaft weiterzuentwickeln. Erst nachdem er die Bewegungsgesetze der bürgerlichen Gesellschaft beschrieben hatte, konnten wissenschaftliche Prognosen an die Stelle idealistischer Fantasien über eine zukünftige Gesellschaft treten. Marcuses und Adornos Beschreibungen des Spätkapitalismus sind sich insoweit ähnlich, als beide das Verschwinden der über die gegenwärtige Gesellschaft hinausweisenden Antagonismen konstatieren. Thesen über eine weiterhin bestehende revolutionäre Rolle des Proletariats bezeichnete Adorno als «Scherzfrage»[160], Marcuse als «Mythos»[161]. Die Diagnose, dass eine Gesellschaftsform ihre inneren Widersprüche auf absehbare Zeit integrieren kann, bringt jedenfalls große Schwierigkeiten für die «Große Methode» – Brechts Ehrenname für die Dialektik – mit sich.

Adorno und Marcuse müssen angesichts ihrer eigenen Analyse nun wohl die Struktur ihrer Theorie grundlegend überprüfen, wenn sie beanspruchen wollen, die bestehende Gesellschaft theoretisch noch transzendieren zu können. Adorno und Horkheimer hatten in der «Dialektik der Aufklärung» noch erklärt, diese diene auch der Vorbereitung eines positiven Begriffs von Aufklärung, und hatten dessen Ausarbeitung in Aussicht gestellt.[162] Dazu allerdings kam es nie: Adorno bezeichnete seine späteren Arbeiten mitunter als «bloße Ausführungen»[163] zu diesem Buch – eine positive Wendung aber enthält keine. Marcuse hingegen hatte bereits in «Eros and Civilization» über eine Grundlage spekuliert, von der aus sich die Individuen der totalen Vergesellschaftung noch entgegenstemmen könnten; nur so konnte er in «Der eindimensionale Mensch» zu seinem ambivalenteren Ergebnis kommen. Hier besteht nun eine Differenz zwischen Adorno und Marcuse. Wo der erste eine immanente Dialektik am Werk sieht, in der die positiven, unterlegenen Tendenzen immer mit den negativen, letztlich siegreichen amalgamiert sind, bleibt bei Marcuse die Chance auf eine Trennung dieser Elemente voneinander mitgedacht – und damit die Chance auf Freiheit. Ist für Adorno die Verdinglichung

160 T. W. Adorno, Minima Moralia, S. 221.
161 Herbert Marcuse, Der eindimensionale Mensch, S. 203.
162 Vgl. T. W. Adorno und Max Horkheimer, Dialektik der Aufklärung, S. 16 f.; Rolf Wiggershaus, Die Frankfurter Schule, S. 365.
163 Vgl. Gerhard Schweppenhäuser, Adorno zur Einführung, Hamburg 1996, S. 45.

ein unausweichliches Phänomen und in der materiellen Struktur der Gesellschaft begründet, so ist für Marcuse das Ziel der Aufhebung der Entfremdung auch innerhalb der gegebenen Gesellschaft praktisch anzupacken. Zielt Adorno auf die fatalen Perspektiven, die sich bei der universalen Anwendung der von Marx beschriebenen Gesetze der kapitalistischen Entwicklung eröffnen, so führt Marcuse die humanistischen Impulse desselben Autors dagegen ins Feld. Sieht Adorno eine Auflösung der widerständigen Kräfte, sieht Marcuse nur deren wesentliche Schwächung. In den folgenden Abschnitten steht die Frage im Mittelpunkt, welche die Gegenwart noch transzendierenden Theorieelemente die beiden Autoren entwickeln und welchen Stellenwert die Idee einer zukünftigen freien Gesellschaft darin noch hat.

5.1 Adornos Utopie: Differenz und Versöhnung

«*Schlaraffia und Kanaan,*
Ardistan, Kommunistan,
wo ist das gelobte Land?
Das man so en passant, ganz leicht,
und notfalls auch zu Fuß erreicht?
Das gelobte Land!
Nicht in der Herde, die ein Tischler treibt,
und die dann nachher doch im Grießbrei steckenbleibt,
vor dem gelobten Land ...»
  Franz Josef Degenhardt, Gelobtes Land[164]

Kritische Gesellschaftstheorie kann auch für Adorno nicht auf Motive verzichten, die die Gegenwart transzendieren, wenn sie nicht ihren Anspruch aufgeben und in Affirmation umschlagen will: «*Das Bestehende kann einzig der begreifen, dem es um ein Mögliches und Besseres zu tun ist.*»[165] Welches Ziel kann kritisches Denken noch benennen und welche Form kann es unter

---

164 Franz Josef Degenhardt, Das gelobte Land, auf: Spiel nicht mit den Schmuddelkindern, LP 1965.
165 T. W. Adorno, Eine Stätte der Forschung, GS 20.2, S. 601.

den Voraussetzungen totaler Vergesellschaftung noch annehmen? Adorno stellt einen eher religiös klingenden Begriff, den der Erlösung, in den Mittelpunkt:

«*Philosophie, wie sie im Angesicht der Verzweiflung noch zu verantworten ist, wäre der Versuch, alle Dinge so zu betrachten, wie sie vom Standpunkt der Erlösung aus sich darstellen. Erkenntnis hat kein Licht, als das von der Erlösung auf die Welt scheint.*»[166]

Dabei geht es Adorno aber keineswegs um die Einführung theologischer Elemente in die Gesellschaftstheorie. Vielmehr möchte er die in Motiven wie Erlösung oder Versöhnung bewahrten humanen Impulse in seiner Theorie entfalten. Adorno rehabilitiert Denkfiguren des Idealismus[167], der Metaphysik[168] und eben auch der Religion zur Korrektur eines Materialismus, der sich in positivistischer Manier zur bloßen Verdopplung der bestehenden Verhältnisse gewandelt und an die Stelle der kritischen Suche nach den Widersprüchen in der Gesellschaftsentwicklung automatische Geschichtsprozesse gesetzt hat.

In Adornos Schriften findet sich durchgehend eine ausdrückliche Abneigung gegen auch nur ansatzweise konkrete Aussagen über den Charakter einer befreiten Gesellschaft. Ein solches Spekulieren, bei dem auch Marx schon äußerste Vorsicht walten ließ, ist für Adorno völlig hinfällig geworden. Jeder Versuch, dies dennoch zu betreiben, verfällt dem Diktum: «*Die ... ausgepinselte Utopie ist dem Ansatz nach ein Rückfall in den ... Idealismus.*»[169] Die gegenwärtige Fantasie, die sich eine solche Utopie ausmalen würde, ist viel zu sehr von Verdinglichung und Mangel geprägt, als dass sie diesem Zusammenhang entkommen könnte. Selbst als sein positives Gegenbild bliebe sie dem negativen Zustand verhaftet und könnte nicht wirklich über ihn hinausgehen. Augenfällig wird dies am Beispiel der Utopie des Schlaraffenlandes: Die Unmengen des dort frei verfügbaren Essens entstammen unzweifelhaft der Fantasie eines Hungerleidenden. Wenig bleibt Adorno angesichts dieser Einschrän-

166 T. W. Adorno, Minima Moralia, S. 283.
167 Vgl. Friedemann Grenz, Adornos Philosophie in Grundbegriffen, S. 157 f.
168 Vgl. T. W. Adorno, Negative Dialektik, S. 400.
169 T. W. Adorno, Aldous Huxley und die Utopie, GS 10.1, S. 120.

kungen über den möglichen Inhalt einer freien Gesellschaft zu sagen:

«Zart wäre einzig das Gröbste: daß keiner mehr hungern soll. Alles andere setzt für einen Zustand, der nach menschlichen Bedürfnissen zu bestimmen wäre, ein menschliches Verhalten an, das am Zweck der Produktion als Selbstzweck gebildet ist … In das Wunschbild … ist der Fetischismus der Ware eingesickert …»[170]

Wie menschliche Bedürfnisse aussehen, die nicht mehr von Tauschprinzip und Kulturindustrie in Regie genommen sind, ist für Adorno weitgehend unbestimmbar. So sicher ist er sich in der Ablehnung der anthropologischen Konstruktion irgendeines wahren Menschen mit wahren Bedürfnissen, dass er in einem Gespräch mit dem Philosophen Arnold Gehlen erklärt:

«Ich meine, daß, zu sagen, was der Mensch sei, absolut unmöglich ist. Wenn die Biologen damit Recht haben, daß es für den Menschen gerade das Charakteristische ist, daß er selber offen und nicht … definiert ist, liegt in dieser Offenheit auch, daß, was aus dem Menschen werden wird, wir überhaupt nicht absehen können.»[171]

Damit logisch verbunden ist Adornos Ablehnung, ein über die Sicherung der Existenz und den Schutz vor unmittelbarem Leid hinausgehendes Ziel positiv zu bestimmen. Das Setzen und Verfolgen allgemeiner Ziele sei tendenziell instrumenteller Vernunft ähnlich[172] und somit Sabotage an der Utopie, weil sie deren freie Entfaltung einschränke. Um diese Selbstbeschränkung zu illustrieren, nimmt Adorno abermals Bezug auf ein religiöses Motiv: Das alttestamentarische Verbot, Gottes Namen zu nen-

---

170 T. W. Adorno, Minima Moralia, S. 178.

171 T. W. Adorno und Arnold Gehlen, Ist die Soziologie eine Wissenschaft vom Menschen?, in: Friedemann Grenz, Adornos Philosophie in Grundbegriffen, S. 228. Eine analoge Argumentation findet sich in Adornos Thesen über Bedürfnis, GS 8, S. 394.

172 In den «Minima Moralia» spekuliert Adorno, ob die Abkehr von der Verfolgung äußerer Ziele, von Tätigkeit überhaupt, nicht einen wesentlichen Aspekt einer befreiten Existenz ausmache. Als erkennbares Negativbild zur instrumentellen Vernunft fällt allerdings auch dies unter den Vorbehalt gegen Utopien: GS 3, S. 179. Vgl. auch Gerhard Schweppenhäuser, Adorno zur Einführung, Hamburg 1996, S. 96.

nen oder sich ein Bild von ihm zu machen, soll auch für die säkulare Utopie gelten.[173]

Einiges lässt sich aber doch über die Qualitäten sagen, die Adorno als notwendig für eine freie Gesellschaft ansieht. Der Begriff der *Versöhnung* ist dabei zentral. Dialektik bedeutet Denken in Widersprüchen und es liegt nahe, eine Auflösung dieser Widersprüche und ein Ende der durch sie angetriebenen, rastlosen Dynamik in der jeweiligen Utopie auszumalen. Im Judentum ist es das mit dem Messias kommende irdische Himmelsreich, für Hegel der preußische Staat, welcher der zerrissenen bürgerlichen Gesellschaft als Regulativ gegenübertritt und ihre Widersprüche integriert. Marx wiederum erwartete einen solchen Zustand von den fortschreitenden Revolutionen, deren letzte mit den Klassenverhältnissen auch den treibenden Grundkonflikt beenden sollte. Bei Adorno ist kein derartiges gesellschaftstheoretisches Konzept und keine konkrete Vorstellung von der Auflösung der Widersprüche mehr zu finden. In der philosophischen Chiffre von der Versöhnung allerdings bleibt der Anspruch auf die Aufhebung antagonistischer Spannungen im dialektischen Sinne aufgehoben. Adorno stellt sich diese aber nicht als Erneuerung einer ursprünglichen Ungeschiedenheit vor. Die Trennung von Subjekt und Objekt ist notwendig, kein Einspruch gegen sie ist stichhaltig, denn aus Ungeschiedenheit kann Versöhnung gar nicht erwachsen. Kein Sündenfall und keine Vertreibung aus dem Paradies standen am Beginn der Geschichte. Diese ist vielmehr in dem Sinne bis heute *Vorgeschichte* geblieben, dass eine Befreiung der Menschen aus den sie umklammernden Zwängen trotz aller scheinbar fortschreitenden Zivilisation bislang noch gar nicht stattgefunden hat.[174] Von Geschichte kann erst gesprochen werden, wenn die Menschen ihre Gesellschaft und ihre Lebensbedingungen bewusst gestalten können. Dies zu befördern, den unversöhnten Zustand zu einem Durchgangsstadium zu machen und ihn abzuschließen: Das wäre die – freilich nicht auf der Tagesordnung stehende – Aufgabe. Eine von Adornos wenigen Umschreibungen dieses Zustandes lautet so:

---

173 Vgl. Martin Jay, Dialektische Phantasie, S. 307.
174 Vgl. Gerhard Bolte und Christoph Türcke, Einführung in die Kritische Theorie, S. 63.

«Wäre Spekulation über den Stand der Versöhnung erlaubt, so ließe in ihm sich weder die ununterschiedene Einheit von Subjekt und Objekt, noch ihre feindselige Antithetik sich vorstellen; eher die Kommunikation des Unterschiedenen ... Friede ist der Stand eines Unterschiedenen ohne Herrschaft, in dem das Unterschiedene teilhat aneinander.»[175]

Adornos Vorstellung von Versöhnung kreist also um die Bewahrung des Einzelnen, Besonderen, Individuellen vor dem Zugriff egalisierender gesellschaftlicher Kräfte, seien dies das Tauschprinzip, kollektivistische Ideologien oder staatliche Machtapparate. Was im obigen Zitat Adornos als «das Unterschiedene» bezeichnet wird, ist dasjenige am jeweils besonderen Einzelnen, das sich von der begrifflichen Erkenntnis, instrumentell wie sie in der traditionellen Theorie ist, nicht erfassen lässt oder von ihr im Prozess der Erfassung und Kategorisierung unterdrückt und weggeschnitten wird. Dialektisches Denken, das der Versöhnung verpflichtet ist, soll hingegen «... *sagen, wovon man nicht sprechen kann; dem Nichtidentischen zum Ausdruck zu helfen, während der Ausdruck es immer doch identifiziert*»[176]. Dabei handelt es sich um die Qualitäten der Dinge selbst, die nicht in ihrer Klassifikation und Einordnung aufgehen, sondern nur im Eingedenken an ihre Eigenbestimmung: «*Sie [die Dialektik; MS] will sagen, was etwas sei, während das Identitätsdenken sagt, worunter etwas fällt, wovon es Exemplar ist oder Repräsentant, was es also nicht selbst ist.*»[177] Diese Qualität wird von Adorno auch mit dem spekulativen Begriff des *Nichtidentischen* bezeichnet.

5.2 Adornos Selbstkritik der Philosophie: Negative Dialektik

Wie könnte nun ein Denken aussehen, das den Dingen und den Menschen diese Eigenbestimmung lässt und sie weder der Verfügungsgewalt instrumenteller Vernunft noch einer gewalttätigen dialektischen Geschichtslogik unterwirft? Eine gänzliche Abkehr vom Erbe der Dialektik kommt für Adorno bei der ihm notwendig scheinenden Erneuerung der Grundlagen von

---

175 T. W. Adorno, Zu Subjekt und Objekt, GS 10.2, S. 743.
176 T. W. Adorno, Drei Studien zu Hegel, GS 5, S. 336.
177 T. W. Adorno, Negative Dialektik, S. 152.

Kritik und Erkenntnistheorie nicht in Frage. Aber seine Auffassung dieser Denkform unterscheidet sich doch stark von derjenigen von Hegel oder Marx.[178] In seinem gleichnamigen Spätwerk entwickelt er diese «Negative Dialektik». Einige der dort umfangreich ausgeführten Gedankengänge sollen hier skizzenhaft nachvollzogen werden.

Dialektische Operationen verlaufen klassischerweise im Dreischritt These–Antithese–Synthese oder, wie bei Hegel, als Position–Negation–Negation der Negation. Der letzte dieser Zustände ist derjenige, in dem die zuvor eröffneten Widersprüche aufgehoben und potenziell miteinander versöhnt sind; praktisch ist er aber zugleich Ausgangspunkt neuer Widersprüche. Da in der totalitär gewordenen Welt eine Auflösung von Widersprüchen nur zum Schlechten erfolgen kann, muss auch in der Philosophie von der konkreten Hoffnung auf Versöhnung Abstand genommen werden. Die Auflösung von Widersprüchen darf also auch in der Praxis nicht mehr unter Verweis auf den vorwärtsdrängenden dialektischen Prozess und sein hehres historisches Ziel erzwungen werden. Die bestehenden Widersprüche müssen vielmehr herausgearbeitet und festgehalten, ja verteidigt werden, um das Nichtidentische zu bewahren. Die Ströme der Moldau aus Brechts Ode symbolisieren als die unwiderstehlichen Kräfte der Geschichte nun nicht mehr eine Bewegung, die das Große klein und das Kleine – endlich! – groß macht, sondern die blinden Gewalten einer in die Katastrophe drängenden Welt, die noch die letzten Reste von Individualität und Erkenntnis zu zermahlen drohen. Zu diesem Weltlauf möchte Adorno mit seiner Philosophie nichts beisteuern. Seine negative Dialektik verpflichtet das kritische Denken daher, bei der bestimmten Negation zu verweilen, ohne den Gedanken über diese hinauszutreiben und eine neue Position zu setzen. Carlos Petazzi beschreibt dies so: «*Die Dialektik Adornos ist … diadischen Charakters; sie strebt jedoch danach, sich in der Trias aufzulösen.*»[179] Der Widerspruch wird eröffnet, aber nicht

---

178 Die Kritik von traditionell marxistischer Seite hält genau diese Operation Adornos für illegitim, häretisch, misslungen und dergleichen. Exemplarisch unverschämt hierfür Leszek Kolakowski, Die Hauptströmungen des Marxismus, Band 3, München 1978, S. 389 ff.

179 Carlos Petazzi, Studien zu Leben und Werk Adornos bis 1938, in: Heinz Ludwig Arnold (Hrsg.), Text und Kritik Sonderband Adorno, S. 35.

befriedet, er erscheint somit oft in der Form eines Paradoxons: «*Das Paradoxon wird zum ‹paradoxen› Versuch, die Versöhnung zu antizipieren, und zwar gerade durch die Betonung, daß sie in der Gegenwart noch nicht vollzogen ist.*»[180] Und weiter: «*Das dialektische Verfahren Adornos zerbricht die Dialektik in einen ausdrückenden (physiognomischen) und einen bestimmten (negierenden) Teil, ohne dabei seine materialistische Begründung zu widerrufen.*»[181] Den Widerspruch produktiv zu entfalten, um ihn dann in seiner dialektischen Spannung auszuhalten, das ist für Adorno das Modell von Denken, das er dem Streben nach einer Position vorzieht. Aus dem Hineinnehmen der nicht auflösbaren Widersprüche in die Reflexion ergibt sich dann erst die Möglichkeit, Wahrheit negativ zu bestimmen: «*das Falsche, einmal bestimmt erkannt und präzisiert, [ist] bereits Index des Richtigen, Besseren*»[182]. Hans-Hartmut Kappner schreibt zusammenfassend über die negative Dialektik:

«*Für sie wird im theoretischen Bewußtsein die Nichtidentität der falschen Identität aufbewahrt und damit jenes Differenzpotential erinnert, das … als vollends historisch eingestrichen erschien: nur so ist es reaktualisierbar.*»[183]

Adorno erinnert an die Geschichte der Dialektik und ihre Verknüpfung mit instrumenteller Vernunft, eine Verbindung, die er nicht reproduzieren will: «*Die Dialektik ist in der Sophistik entsprungen, ein Verfahren der Diskussion, um dogmatische Behauptungen zu erschüttern … Aber sie war als Mittel, Recht zu behalten, von Anbeginn auch eines zur Herrschaft, formale Technik der Apologie, unbekümmert um den Inhalt*»[184]. Diese Form der apologetischen Dialektik vertritt wie die instrumentelle Vernunft das Primat (den Vorrang) des Erkennenden gegenüber dem Objekt der Erkenntnis: Wer den Gang der Geschichte antizipieren kann, muss sich um die Realität auf dem Weg dahin nicht mehr scheren; etwaige Opfer sind historisch unver-

180 Ebd.

181 Friedemann Grenz, Adornos Philosophie in Grundbegriffen, S. 14.

182 T. W. Adorno, Kritik, GW 10.2, S. 793; vgl. ders., Fragen an die Emigration, GS 20.1, S. 355.

183 Hans-Hartmut Kappner, Adornos Reflexionen über den Zerfall des bürgerlichen Individuums, in: Heinz Ludwig Arnold (Hrsg.), Text und Kritik Sonderband Adorno, S. 51.

184 T. W. Adorno, Minima Moralia, S. 280.

meidliche Kollateralschäden. Demgegenüber vertritt Adorno den Vorrang des Objekts. Er begründet dies durch die Notwendigkeit, die Objekte der Erkenntnis vor dem Identitätszwang zu schützen, der dem begrifflichen, instrumentellen Denken innewohnt. Das Besondere am Objekt soll erhalten werden, ohne den allgemeinen Erkenntniskategorien des Subjekts unterworfen zu werden, was in der herrschaftsförmigen Gesellschaft nämlich regelmäßig seine ganz reale Unterwerfung unter die Verfügungsgewalt des Erkennenden nach sich zieht. Die bestimmte Negation, die aus dem Gegenstand heraus seine Eigengesetzlichkeit erfasst, verträgt sich nicht mit der Willfährigkeit gegenüber den Absichten des Erkennenden. Natürlich ist kein Mensch absichtslos, und Adorno beansprucht auch nicht die auf magische Art neutrale Position eines unbeteiligten Beobachters. Er verlangt im Gegenteil die bewusste Auseinandersetzung mit der eigenen Verstrickung: «*Der Vorrang von Objekt ... [ist] das Korrektiv der subjektiven Reduktion, nicht die Verleugnung subjektiven Anteils.*»[185] Die von Adorno Positivismus genannte Denkschule verkennt dies, da sie dem Erkennenden eine Reflexion, die die gesellschaftlichen Vorbedingungen in Frage stellt, als angeblich subjektive Verzerrung des formalisierten Erkenntnisprozesses nicht gestatten will. Dagegen hat negative Dialektik die Aufgabe, durch das selbstreflexive Denken des Subjekts den Vorrang des Objekts zu gewährleisten.

Diese Anstrengung, wie es an gleicher Stelle heißt, benennt Adorno mit dem Begriff der *Konstellation*. Diese kann vielleicht beschrieben werden als ein tastendes Umkreisen von dem, was nicht direkt bezeichnet werden soll. Wie bei einem Vexierbild führt der Blick am eigentlichen Objekt vorbei, ruht auf seinem Hintergrund und seiner Umgebung, bis plötzlich etwas vorher Unsichtbares, Neues auftaucht: Eine Form wird so erst sichtbar in Beziehung zur anderen.

«Das einigende Moment überlebt, ohne Negation der Negation, doch auch ohne Abstraktion als oberstem Prinzip sich zu überantworten, dadurch, daß nicht von den Begriffen im Stufengang zum Allgemeineren ... fortgeschritten wird, sondern sie in Konstellation treten ... Konstellationen allein repräsen-

---

185 T. W. Adorno, Zu Subjekt und Objekt, GS 10.2, S. 747; vgl. Jóhann Páll Árnason, Zwischen Natur und Gesellschaft, Frankfurt am Main und Köln 1976, S. 19 f.

tieren, von außen, was der Begriff im Innern weggeschnitten hat … Indem die Begriffe um die zu erkennende Sache sich versammeln, bestimmen sie deren Inneres, erreichen denkend, was Denken notwendig sich ausmerzte.»[186]

Mit der Konstellation ist bei Adorno das Äußerste benannt, zu dem dialektisches Denken fähig ist.

Hierin liegt vermutlich auch ein weiterer Grund für die Affinität von Psychoanalyse und Adornos Kritischer Theorie: Auch die psychoanalytische Erkenntnismethode hat es wesentlich mit nichtbegrifflichen Problemen zu tun, z. B. in der Traumdeutung. Deutung ist auch dort das Verfahren, um an den Inhalt heranzukommen, der der Verdrängung, Verdichtung und Verschiebung zum Opfer gefallen ist und den das Unbewusste nur in verschlüsselter, bildhafter, eigentlich sogar: künstlerisch bearbeiteter Form preisgibt. Ganz ähnlich zielt Adornos philosophisches Denken mehr auf den Namen als den Begriff. In der Leerstelle begrifflicher Erkenntnis bleiben das Bild oder der Name zurück, denen gemeinsam ist, dass sie jeweils ein Einzelnes meinen und keine subsumptiven Kategorien bilden. Für Adornos *Negative Dialektik* soll der Begriff nur Werkzeug, aber nicht Ergebnis der Erkenntnis sein. In der Kunst findet Adorno diese Erkenntnisweise ebenfalls aufgehoben: Durch die Suspendierung der Nützlichkeit bleibt der künstlerische Ausdruck von den Deformationen der instrumentellen Vernunft weitgehend verschont, denn der «*Verzicht auf Einwirkung*»[187] ist für Kunst konstitutiv. Gerhard Schweppenhäuser schreibt über die ästhetische Form nichtbegrifflicher Erkenntnis, dass diese in Adornos Sicht andere Qualitäten hergebe als begriffsbildende Wissenschaft, und nicht etwa weniger:

«Sie gewähren Einsicht ohne Urteil, üben wortlos Kritik, klagen an ohne Sentenz. Erkenntnis vermitteln Werke nicht in der Sprache des Begriffs, sondern in der … Sprache der Schrift, der Zeichen, der physiognomischen Züge … in ihnen muß gelesen, entziffert, sie müssen gedeutet werden.»[188]

---

186 T. W. Adorno, Negative Dialektik, S. 164 f.
187 T. W. Adorno und Max Horkheimer, Dialektik der Aufklärung, S. 35.
188 Unreglementierte Erfahrung oder Konsenszwang? Interview mit Gerhard Schweppenhäuser, in: Zeitschrift für kritische Theorie (ZfkT), Lüneburg, Band 6, S. 108.

Davon spricht Adorno, wenn er sagt, dass Denken «*unwissenschaftlich*»[189] sei und Dialektik «*jedes Bild als Schrift*»[190] offenbare. Diese physiognomischen Bilder muss kritisches, dialektisches Denken lesen lernen und gegebenenfalls begrifflich rückübersetzen. Interpretation und Deutung sind Aufgaben solchen Denkens, nicht Klassifikation und Schematisierung. Der gesamte umfangreiche Komplex der gesellschaftstheoretisch inspirierten Interpretation von Kunst, insbesondere von musikalischen Werken, der mehr als die Hälfte von Adornos Opus ausmacht, findet hier seine Begründung. So kann für Adorno die Dialektik ablegen, was sie mit instrumentellem Denken gemein hatte. Wenn in der Dialektik die Figur der Aufhebung Vernichten, Höherheben und Bewahren gleichermaßen einschließt, so legt Adorno das Schwergewicht seiner Dialektik nun gegen die ersten beiden auf die letzte Bedeutung. Nur in der bewussten Hineinnahme der Antinomien[191] des Erkenntnisprozesses in diesen selbst kann Kritik weiterhin geübt werden. Denken, das sich dieser Aufgabe stellt, ist stark genug, «*gegen sich selbst zu denken, ohne sich preiszugeben*»[192].

Allerdings lässt sich die Differenz zum Status quo dann nicht mehr als eine systematische, umfassende Gesellschaftstheorie formulieren: «*Wer heute philosophische Arbeit als Beruf wählt, muß von Anbeginn auf die Illusion verzichten, ... daß es möglich sei, Kraft des Denkens die Totalität des Wirklichen zu ergreifen.*»[193] So begann Adorno bereits im Mai 1931 seine Antrittsvorlesung. Nach der «Negativen Dialektik» von 1966 – er bezeichnet sie auch als *Antisystem* – hätte er vermutlich hinzugefügt: Der Versuch zum System ist nicht nur zum Scheitern verurteilt, sondern als Akt imperialer Geistesgewalt zudem illegitim, weil er eine Erfassung der Totalität von einem äußeren, klaren Standpunkt suggeriert, den es nicht geben kann.

Die angemessenen Formen für theoretische Arbeit, so Adornos methodische Konsequenz, sind daher der Aphorismus und

---

189 T. W. Adorno, Minima Moralia, S. 140; vgl. auch: ders., Theorie der Halbbildung, GS 8, S. 101.

190 T. W. Adorno und Max Horkheimer, Dialektik der Aufklärung, S. 40.

191 Aus dem Altgriechischen: unauflösbare, gesetzmäßig notwendige Widersprüche

192 T. W. Adorno, Negative Dialektik, S. 144.

193 T. W. Adorno, Zur Aktualität der Philosophie, GS 1, S. 325.

der Essay. Beide Textgattungen ermitteln im mikrologischen Blick auf das Einzelne dessen Zurichtung durch das Ganze, das keine eigenständige Existenz hat, sondern im universellen Vermittlungsprozess versteckt liegt:[194] «*Überall, wo Aktuelles behandelt wird, geht es gegen das gleiche Unwesen, von dem alles Einzelne abhängt und das doch nur im Einzelnen erscheint.*»[195] Die oft kritisierte, für viele nicht leicht zu erschließende Sprache Adornos findet ebenfalls hier ihre Begründung. Sie ist auch eine prophylaktische Absetzbewegung gegen den universalen Zeitgeist: «*Schlecht am Gedanken ist all das, was ungebrochen solche Position wiederholt; was so redet wie jene, die vorweg mit dem Autor gleicher Meinung sind.*»[196] Und darum möchte ich nicht, dass ihr meine Lieder singt …

5.3 Marcuses Befreiungsschlag: Der Entwurf als Einbruch von Freiheit

Während Adorno in der Selbstkritik der Dialektik die einzige Möglichkeit sah, der Philosophie noch einen Beitrag zur Rettung der Vernunft und damit mittelbar vielleicht auch der Gesellschaft abzutrotzen, dachte Marcuse in eine andere Richtung. Er stellte seine Version der Kritik der modernen Gesellschaft unter den Titel der Eindimensionalität. Diese Gesellschaft schien sich gegen immanente Kritik so weit immunisiert zu haben, dass Dissidenz für Marcuse nur noch von einem gänzlich äußeren Standpunkt aus formuliert werden konnte. Andererseits erschien ihm diese Gesellschaft aber mitunter auch brüchig und überwindbar, sodass er einen Einbruch von Freiheit für durchaus möglich hielt:

«*Der ‹Eindimensionale Mensch› wird durchgängig zwischen zwei einander widersprechenden Hypothesen schwanken: 1. daß die fortgeschrittene Industriegesellschaft imstande ist,*

---

194 Vgl. T. W. Adorno, Der Essay als Form, GS 11, S. 9 ff. An anderer Stelle mutmaßt Adorno: «Denkbar, daß die gegenwärtige Gesellschaft einer in sich kohärenten Theorie sich entwindet.» (Spätkapitalismus oder Industriegesellschaft?, GS 8, S. 359)

195 T. W. Adorno, Eingriffe, Vorwort, GS 10.2, S. 457; vgl. auch: ders., Diskussionsbeitrag zu Spätkapitalismus oder Industriegesellschaft?, GS 8, S. 587.

196 T. W. Adorno, Meinung Wahn Gesellschaft, GS 10.2, S. 594.

eine qualitative Änderung für die absehbare Zukunft zu unter-
binden; 2. daß Kräfte und Tendenzen vorhanden sind, die die-
se Eindämmung durchbrechen und die Gesellschaft sprengen
können.»[197]

Die Suche Marcuses nach solchen Kräften und Tendenzen ist
sein Ausweg aus der Krise der Theorie. Stefan Breuer beschreibt
diese Denkbewegung so: «*Nicht mehr auf der Linie seiner ei-*
genen Entwicklung soll der Kapitalismus angegriffen werden,
sondern durch Rückzug auf einen ‹archimedischen Punkt au-
ßerhalb des Bestehenden›.»[198]

Damit zieht sich auch Marcuse in der Sicht vieler Kritiker von
der materialistischen Gesellschaftstheorie auf eine idealistische
Position zurück. Marcuse verkennt aber den idealistischen Charakter utopischer Entwürfe nicht, sondern rechtfertigt sie, gerade weil nur sie der gänzlich falschen Realität eben auch gänzlich
entkommen könnten.[199] Er geht so weit, die Diskussion über
Utopie nicht wie Adorno als gefährlich zu verwerfen, sondern
für überholt zu erklären. Der Marxismus ist dem Verständnis
von Marx und Engels nach wissenschaftlich geworden, als er die
über die bürgerliche Gesellschaft hinausweisenden Momente
innerhalb dieser Gesellschaft nachzuweisen wusste, statt mit
großer Vorstellungskraft Luftschlösser und Traumreiche auszumalen. Marcuse stellt nun die Frage, ob Marx' Verurteilung des
Utopischen, z. B. anhand der Frühsozialisten, nicht «*einer heute*
überholten Stufe der Produktivkraftentwicklung angehört»[200].
Angesichts der Produktivkräfte, die dem Spätkapitalismus zur
Verfügung stehen, bedürfte es nach Marcuse schon enormer
Fantasie, um sich noch eine Gesellschaft auszudenken, die auch
beim besten Willen *nicht* zu realisieren wäre und somit noch zu-
recht als Utopie gelten könne: «*Ich glaube, daß wir nur noch in*
diesem … Sinne von Utopie sprechen können, nämlich, wenn
ein Projekt … wirklichen Naturgesetzen widerspricht.»[201] Insofern ist aus Marcuses Perspektive nunmehr die Wissenschaftlichkeit des Kommunismus dessen Kinderkrankheit (Lenin hatte

---

197 Herbert Marcuse, Der eindimensionale Mensch, S. 17.
198 Stefan Breuer, Die Krise der Revolutionstheorie, S. 213; vgl. Herbert
     Marcuse, Konterrevolution und Revolte, S 9, S. 16.
199 Vgl. Herbert Marcuse, Versuch über die Befreiung, S 8, S. 244 f.
200 Herbert Marcuse, Das Ende der Utopie, Frankfurt 1980, S. 10.
201 A. a. O., S. 11.

einst den linken Radikalismus so beschimpft), die zu einem wesentlichen Teil zu seiner Erstarrung im sowjetischen Marxismus geführt hat. Er schlägt eine Umkehr vor: «*In einer provokativen Formulierung würde ich sagen, wir müssen … die Möglichkeit eines Weges des Sozialismus von der Wissenschaft zur Utopie … ins Auge fassen.*»[202] Das utopische Denken in der Gesellschaftstheorie ist für Marcuse damit rehabilitiert. Er hatte bereits 1937 in seinem programmatischen Aufsatz über «Philosophie und Kritische Theorie» in der ZfS allgemeine Leitprinzipien der Utopie benannt:

«*Dass der Mensch ein vernünftiges Wesen ist, dass dieses Wesen Freiheit erfordert, dass Glückseligkeit sein höchstes Gut ist: all das sind Allgemeinheiten, die eben durch ihre Allgemeinheit eine vorwärtstreibende Kraft sind. Die Allgemeinheit gibt ihnen einen beinahe umstürzlerischen Anspruch: Nicht nur dieser oder jener, sondern alle sollen vernünftig, frei, glückselig sein. In einer Gesellschaft, deren Wirklichkeit alle diese Allgemeinheiten Lügen straft, kann die Philosophie sie nicht konkretisieren.*»[203]

Später führte Marcuse in «Der eindimensionale Mensch»[204] und im Gespräch mit Jürgen Habermas[205] aus, dass diese Allgemeinheit eine die Gegenwart transzendierende, utopische Qualität begründe: «*Die unaufhebbare Differenz zwischen dem Allgemeinen und seinen partikularen Momenten scheint in der primären Erfahrung der unüberwindlichen Differenz zwischen Potentialität und Aktualität verwurzelt – zwischen zwei Dimensionen der einen erfahrenen Welt.*»[206] Und: «*Solche Allgemeinheiten erscheinen daher als begriffliche Instrumente zum Verständnis der besonderen Beschaffenheit der Dinge im Lichte ihrer Potentialität. Sie sind geschichtlich und übergeschichtlich; sie bringen den Stoff, aus dem die … Welt besteht, auf den Begriff.*»[207] Dieser Gedanke verweist auf Marcuses spezifische

---

202 A. a. O., S. 10.
203 Herbert Marcuse, Philosophie und Kritische Theorie, ZfS, Jahrgang 6, S. 643 f.
204 Herbert Marcuse, Der eindimensionale Mensch, S. 12 f.
205 Jürgen Habermas, Silvia Bovenschen u. a., Gespräche mit Herbert Marcuse, S. 32.
206 Herbert Marcuse, Der eindimensionale Mensch, S. 221.
207 A. a. O., S. 226.

Lesart der klassischen deutschen Philosophie, wie sie Breuer herausgearbeitet hat:

«*Stellvertretend für die gesamte Menschheit hatten die gebildeten Klassen ... die Prinzipien einer gesellschaftlichen Organisationsform entwickelt, die ... einzig von Vernunft beherrscht werden sollte ... Die Sünde des Idealismus ... war mithin ... sein Verzicht auf die Verwirklichung des Ideals.*»[208]

Weder behält die Philosophie nach Marcuse vom Mangel der ausgebliebenen Verwirklichung einen Schaden zurück noch ist sie in dem Maße in die Pathologien der Moderne verstrickt, wie Adorno und Horkheimer dies darstellen. Fehlentwicklungen liegen in der Abweichung der Realität vom Ideal begründet:

«*Doch nicht anders als für Hegel oder Bruno Bauer ist auch für Marcuse die empirische Wirklichkeit nicht etwas Eigenständiges ... wie die materialistische Theorie annahm, sondern lediglich die gegenständliche Form eines ... rein prozessualen Inhalts, der nun allerdings nicht ‹Geist› genannt wird, sondern ‹Gesellschaft›.*»[209]

Was wirklich ist, das ist deshalb noch lange nicht wahr! Diese Sichtweise verwirft die innere Struktur der bürgerlichen wie der folgenden marxistischen Philosophie nicht, sondern erhält sie – als Auforderung, die Realität praktisch auf den Begriff zu bringen. An die bisher ausgebliebene Verwirklichung dieser Allgemeinheiten bindet Marcuse nun sein Konzept von (Nicht-)Utopie. Dabei stützt er sich auf die frühen Schriften von Marx, in denen sich Passagen finden, welche die angestrebte Revolution als Verwirklichung des menschlichen Wesens charakterisierten.[210] In diesem Sinne versteht Marcuse seine Utopie als nachholende Entwicklung geschichtlich versäumter Möglichkeiten. Die Beziehung von *Wesen* und *Erscheinung* bekommt so eine eigentümliche theoretische Drehung, in der das Wesen nun eher mit seiner utopischen *Möglichkeit* korrespondiert als mit seiner gegenwärtigen *Erscheinung*. Da das Reich der Möglichkeit aber prinzipiell unendlich groß und unbestimmt ist, bedarf es noch einer Definition dessen, was die Kategorie der Möglichkeit für die Gesellschaftstheorie leisten soll und kann.

---

208 Stefan Breuer, Die Krise der Revolutionstheorie, S. 131.
209 A. a. O., S. 138.
210 Jürgen Habermas, Silvia Bovenschen u. a., Gespräche mit Herbert Marcuse, S. 22 f.; Herbert Marcuse, Versuch über die Befreiung, S. 254.

Um diese Spannung zwischen philosophisch begründetem Ideal oder Wesen und der Realität zu überbrücken, fehlt für Marcuse nur ein handelndes Subjekt. Ein solches ist zwar bis in die 50er-Jahre kaum sichtbar, aber mit dem Begriff des *Entwurfs* kann Marcuse dessen Aufgabe in der Veränderung des Bestehenden bereits umreißen. Der Entwurf ist seine zentrale Kategorie zur Überwindung der eindimensionalen Gesellschaft, die sich so weit vom Vernunftideal entfernt hat. Damit betont er die Wichtigkeit des subjektiven Faktors für die Entfaltung politischer Praxis unter den Bedingungen des Spätkapitalismus. Allerdings war dem laut Marcuse schon immer so: «*Keine der gegebenen Alternativen ist ‹von sich aus› bestimmte Negation, wofern und solange sie nicht bewußt ergriffen wird.*»[211] Was bisher als bestimmte Negation, als begriffene Selbstbewegung der Sache auftrat, verwandelt Marcuse in die Kategorie der «*bestimmten Wahl*», was die Rolle der Subjekte betont: «*Ich schlage den Ausdruck ‹bestimmte Wahl› vor, um den Einbruch der Freiheit in die historische Notwendigkeit hervorzuheben.*»[212] Einen solchen Prozess hätte es nach traditionell marxistischer Vorstellung nur in der Konstitution eines Kollektivsubjektes, einer Klasse für sich, gegeben. Mit dem politischen Erfolg dieses Subjekts in einer Umwälzung der bestehenden Ordnung wäre die menschliche Vorgeschichte beendet gewesen. Marcuse verlegt diesen Prozess nun in die eindimensionale Welt vor: Er wird zu einem Akt der gewagten individuellen Freiheit auch unter dem Fortdauern dieses gesellschaftlichen Zustandes.[213]

Hiermit meldet sich deutlich vernehmbar die neben der deutschen klassisch-idealistischen Philosophie zweite Inspirationsquelle von Marcuses Denken, das sich in der Auseinandersetzung mit existenzialistischen Motiven Heideggers und Jean-Paul Sartres formte. In Marcuses Betonung der Kategorie der Möglichkeit klingt Heideggers Satz «*Höher als die Wirklichkeit steht die Möglichkeit*»[214] nach. Die Fundamentalontologie Heideggers, dessen «*Sorge*» um die «*Wirkliche Existenz*» in meta-

---

211 Herbert Marcuse, Der eindimensionale Mensch, S. 235.
212 A. a. O., S. 233.
213 Vgl. Jóhann Páll Árnason, Von Marcuse zu Marx, Neuwied und Berlin 1971, S. 235 f.
214 Vgl. Hauke Brunkhorst und Gertrud Koch, Herbert Marcuse zur Einführung, S. 26.

physischem Raunen befangen blieb, hatte bei Marcuse starken Eindruck hinterlassen, selbst nachdem er mit seinem Eintritt ins IfS und Heideggers «*Verrat*»[215] den Versuch einer direkten Synthese von Existenzialismus und Marxismus aufgegeben hatte.[216] Sartre, der sich ebenfalls als existenzialistischer Philosoph dem Marxismus zugewandt hatte[217], wurde zunächst von Marcuse kritisiert, der nur dessen Betonung der Physis und Sexualität gelungen fand, die mit seinen eigenen psychoanalytischen Gedankengängen korrelierte. Später schwand die Differenz im Zusammenhang mit dem parallelen Engagement zugunsten der Protestbewegung.[218] Auch wenn Marcuse als Marxist ontologische Motive explizit immer ablehnte, so scheinen doch einige solche Elemente in seiner Theorie durch, wie Stefan Breuer und Helmut König betonen: «*Marcuses Version der Kritischen Theorie ist nie ganz frei von der Suche nach Fundamenten und Allgemeinheiten, die nicht selber Geschichte sind, sondern Geschichte zu allererst begründen.*»[219]

---

215 Vgl. Peter-Erwin Jansen (Hrsg.), Befreiung Denken – ein politischer Imperativ, Offenbach 1990, S. 123 ff. Dort wird Marcuses Auseinandersetzung mit Heidegger anlässlich dessen Bekenntnisses zum Nationalsozialismus behandelt, ebenso der ergebnislose Briefwechsel mit dem ehemaligen Lehrer nach dem Krieg.

216 Vgl. Alfred Schmidt und Herbert Marcuse, Existentialistische Marx-Interpretation, Frankfurt am Main 1973.

217 Vgl. z. B. Jean-Paul Sartre, Der Existentialismus ist ein Humanismus und andere philosophische Essays 1943–1948, Frankfurt am Main, Berlin und Wien, 1985.

218 Vgl. Jürgen Habermas, Silvia Bovenschen u. a., Gespräche mit Herbert Marcuse, S. 21 f.; Martin Jay, Dialektische Phantasie, S. 320, S. 400; Hauke Brunkhorst und Gertrud Koch, Herbert Marcuse zur Einführung, S. 70 ff.

219 Helmut König und Stefan Breuer, Realismus und Revolte, in: Text und Kritik, Band 98 – Herbert Marcuse, Herausgegeben von Heinz-Ludwig Arnold, München 1988, S. 26.

5.4 Marcuses Utopie: Versöhnung und Einheit

«Und es wird ein Dekret erlassen, daß, wer sich Schwielen in die Hände schafft, / unter Kuratel gestellt wird; daß, wer sich krank arbeitet, kriminalistisch strafbar ist; / daß jeder, der sich rühmt, sein Brot im Schweiße seines Angesichts zu essen, / für verrückt und der menschlichen Gesellschaft gefährlich erklärt wird; / und dann legen wir uns in den Schatten und bitten Gott um Makkaroni, Melonen und Feigen, / um musikalische Kehlen, klassische Leiber und eine commode Religion!»
Georg Büchner, Leonce und Lena[220]

*I*n seinen früheren Schriften hat Marcuse die Grundlagen der zukünftigen Gesellschaft in der Vernunftphilosophie gefunden. Seit «Eros and Civilization» tritt an ihre Seite nun die Psychoanalyse, die ihren Blick traditionell rückwärts, in die Vergangenheit richtet.[221] Doch auch die befreienden Potenzen, die dem Eros innewohnen, sind verschüttet geblieben und keine geschichtliche Realität geworden – wie «Der eindimensionale Mensch» und die «Dialektik der Aufklärung» festgestellt haben. Wie kann Marcuse nun an die physische Quelle der Versöhnung, Freuds Eros, und an Hegels Vernunft als dem Werkzeug der Selbstverwirklichung der Gattung anknüpfen? Dies erscheint ihm möglich durch die ontogenetisch (individualgeschichtlich) und phylogenetisch (stammesgeschichtlich) ursprüngliche Identität von Eros und Vernunft, die sich nur unter repressiven Bedingungen und unter Schmerzen trennen ließen – ein Prozess, der an jedem Individuum in jeder herrschaftsförmigen Gesellschaft erneut vollzogen werden muss und der Spuren hinterlässt. Erinnerung und Fantasie sind dazu Marcuses Schlüsselwörter:
«Erinnerung ist … nicht die an die goldene Vergangenheit (die es nie gab), an kindliche Unschuld, an den ‹ursprünglichen Menschen› und dergleichen. Erinnerung … ist vielmehr Synthese; sie vereinigt die Stücke und Fragmente einer verzerrten Menschheit und Natur … Man könnte diese Ideen treffend ‹eingeborene Ideen› nennen; denn sie können in der unmittelbaren Erfahrung, wie sie in den repressiven Gesellschaften herrscht, nicht gegeben sein. Sie sind vielmehr als ein Horizont

---

220 Georg Büchner, Leonce und Lena, Stuttgart 1952, S. 61.
221 Vgl. Herbert Marcuse, Triebstruktur und Gesellschaft, S. 110.

der Erfahrung gegeben, vor dem die unmittelbar gegebenen Formen der Dinge als ‹negativ› erscheinen.»[222]

Als ideeller Statthalter einer Einheit von Eros und Vernunft im Hier und Jetzt gilt Marcuse die Fantasie oder Imaginationskraft, wie sie sich in Kunst, Mythos und Utopie ausdrückt und dort, von gesellschaftlicher Wirksamkeit abgeschlossen, bewahrt hat. Vor allem in der Ästhetik hofft Marcuse Spuren eines Vernunftbegriffs zu finden, der nicht instrumentell im Sinne von Horkheimer und Adorno ist und der nicht auf Leistung zielt, sondern auf Glück. So wird er bei Friedrich Schiller fündig sowie bei Immanuel Kant («*Für Kant ist die ästhetische Dimension die Mitte, wo Intellekt und Sinne sich begegnen*») und ein Widerhall davon schwingt auch in Nietzsches Lied Zarathustras, das da endet: «*Doch alle Lust will Ewigkeit, will tiefe, tiefe Ewigkeit*». Ewigkeit und nicht, wie es sich Nietzsches «*letzte Menschen*» (fast erscheinen sie eindimensional) gönnen, «*ein kleines Lüstchen für den Tag und ein kleines Lüstchen für die Nacht, aber man ehrt die Gesundheit*».[223] Die Sphäre der Kunst, so Marcuse, ist in der bürgerlichen Gesellschaft ein abgeschiedener und exklusiver Bereich, für den das herrschende Realitätsprinzip, also das Leistungsprinzip, ein wenig suspendiert ist. In ihr ist das Lustprinzip zwar nicht ungebrochen wirksam, denn Kunst ist *auch* Beruf und Ware, aber die Erinnerung an dessen Herrschaft ist in ihr aufgehoben im dialektischen Sinne, während es aus der eindimensionalen Gesellschaft ansonsten fast völlig verdrängt ist. Hier sei die Grundlage schon zu ahnen, auf der sich eine freie Gesellschaft konstituieren könnte, die Keimzelle für eine sinnliche, nicht instrumentelle Vernunft.

Diese könnte zu einer Produktivkraft der Veränderung werden: «... *anstatt von der Rationalität der Herrschaft geprägt und durchdrungen, wäre die Sinnlichkeit von der Imagination gelenkt, die zwischen den rationalen Vermögen und den sinnlichen Bedürfnissen vermittelt.*»[224] Die über Erinnerung und Fantasie erneuerbare Einheit von Eros und Vernunft bezeich-

---

222 Herbert Marcuse, Konterrevolution und Revolte, S 9, S. 73. Allerdings ist Marcuse hierbei schwankend: Zum Beispiel auf S. 99 spricht er ausdrücklich von *Wieder*erinnerung und *vor*begrifflicher Erfahrung.

223 Herbert Marcuse, Triebstruktur und Gesellschaft, S. 178; Friedrich Nietzsche, Also sprach Zarathustra, München o. J., S. 16, S. 249.

224 Herbert Marcuse, Versuch über die Befreiung, S8, S. 267.

net Marcuse als «*sinnliche Vernunft*». Im Gegensatz zu Adornos spekulativem Begriff des *Nichtidentischen*, das sich der Darlegung in allgemeinen Begrifflichkeiten entzieht, ist der Inhalt sinnlicher Vernunft schon heute relativ plastisch darstellbar:

«*Ich glaube, daß eine der neuen Möglichkeiten, die die qualitative Differenz der freien Gesellschaft von der unfreien anzeigt, genau darin besteht, das Reich der Freiheit im Reich der Notwendigkeit erscheinen zu lassen … und nicht nur jenseits [dessen; MS].*»[225]

So wie die innere, zweite Natur des Menschen versöhnt werden soll, indem Geist (d. h. Vernunft) und Körper (d. h. Triebe) in der Figur der *sinnlichen Vernunft* kongruieren, so soll auch die Entfremdung des Menschen von der äußeren Natur geheilt werden. Nicht unter dem zweckorientierten Primat der Naturbeherrschung sollen Mensch und Umwelt zusammentreffen, sondern ihre Begegnung soll unter ästhetischen Bedingungen stattfinden. Einer nicht als Rohstoff oder Produktivkraft angesehenen Natur könnte eine befreite Gesellschaft gänzlich anders gegenübertreten als die eindimensionale: in Anerkennung ihrer eigenen Qualitäten und ihrer «*Zweckmäßigkeit ohne Zweck*»[226], als «*Subjekt-Objekt*»[227].

Versöhnung betrachtet Marcuse damit nicht wie Adorno als friedvolle Koexistenz des Differenten, sondern doch eher als ein vereinigendes Aufgehen des Besonderen im Allgemeinen. Seinen Höhepunkt findet dieses Konzept von Versöhnung im Rekurs auf das aus der Psychoanalyse bekannte «*ozeanische Gefühl*»[228] einer vom Individuum empfundenen Allverbundenheit. Konnte Freud mit diesem in der Therapie häufig auftauchenden Bild nur die regressive Ungeschiedenheit von Ich und Außenwelt assoziieren und damit die Quelle aller religiösen Gefühle[229], so sieht Marcuse in ihm auch den versöhnten Zustand aufscheinen: die befriedete Existenz des Individuums inmitten einer Welt, welche

225 Herbert Marcuse, Das Ende der Utopie, in: Psychoanalyse und Politik, S. 10.

226 Herbert Marcuse, Konterrevolution und Revolte, S9, S. 70; Marcuse übernimmt diesen Terminus von Immanuel Kant, auf dessen Ästhetik er sich bezieht; a. a. O. S. 76; Triebstruktur und Gesellschaft, S. 154 ff.

227 Herbert Marcuse, Konterrevolution und Revolte, S9, S. 68, S. 72.

228 Herbert Marcuse, Triebstruktur und Gesellschaft, S. 146.

229 Vgl. Sigmund Freud, ST9, S. 197 ff.

die herkömmlichen rigiden Trennungen unnötig macht und den Eros befreit, um das Leben zu immer größeren libidinösen Einheiten zusammenzuschließen. Marcuse illustriert dies in «Eros and Civilization» mit Anleihen aus der Mythologie, wie Adorno und Horkheimer es in der «Dialektik der Aufklärung» getan haben. Marcuses mythische Figuren aber sind positiv gewendet; ihnen will er entnehmen, was den Individuen aus ihrer Ontogenese zu erinnern weitestgehend verwehrt bleibt. Orpheus und Narziss stehen für ein anderes Realitätsprinzip: Orpheus versetzt belebte und unbelebte Natur durch seinen Gesang in glückselige Verzückung, ein Urbild nichtherrschaftlicher Naturbegegnung – «*Seine Sprache ist Gesang und sein Werk ist Spiel*»[230]. Und in der Figur des Narziss sieht Marcuse eine nichtantagonistische Form der Bewältigung der inneren Triebdynamik dargestellt. Narziss gewinnt er seinen Begriff der *nichtrepressiven Sublimierung* ab, in der Kulturleistungen nicht unter der Herrschaft des Realitätsprinzips dem Lebenstrieb abgerungen werden und ihn schwächen, sondern die in Freiheit den Charakter von Spiel und Kunst gewinnen: Narziss' Leben «*ist das der Schönheit und sein Dasein Kontemplation*»[231].

Für Marcuse ist dies kein rein theoretisches Konzept, für ihn melden sich die vitalen Bedürfnisse nach einem anderen Leben schon in der Gegenwart praktisch an. In den Pariser Maiunruhen von 1968, auf die er sich emphatisch bezieht, findet er seine Position in einem heute berühmten Graffiti aufgehoben: «*l' imagination au pouvoir!*»[232]. So spannt Marcuse einen Bogen zwischen dem Reich der Erinnerung, der vergessenen oder unwirksam abgedrängten Kräfte der Befreiung in der Vergangenheit und der Zukunft, in der die eindimensionale Totalität durch eine Versöhnung von Allgemeinem und Besonderem ersetzt wird. Als sinnliche Vernunft sollen Eros und Vernunft in der Aufhebung der Entfremdung wieder kongruieren und Garant einer befriedeten Gesellschaft sein, die von «*neuen Menschen*»[233] gebildet wird. Marcuse war sich der Ambivalenz dieses Begriffs, der den bitteren Beigeschmack repressiver historischer Versuche mit sich trägt, durchaus bewusst, sah ihn aber

---

230 Herbert Marcuse, Triebstruktur und Gesellschaft, S. 148 f.
231 Ebd.
232 Vgl. Herbert Marcuse, Versuch über die Befreiung, S. 260.
233 A. a. O., S. 258.

so sehr im Kern seiner Revolutionshoffnungen stehen, dass er auf ihn nicht verzichten wollte.[234] So befürwortet er die Ausweitung der politischen Protestbewegung zu einer umfassenden gegenkulturellen Bewegung, die das gesamte menschliche Dasein umfasst. Er sieht in ihr eine existenzielle Revolte, in der die Menschen sich weigern, in einer von Thanatos und Kapital beherrschten Gesellschaftsordnung weiterhin zu funktionieren: *«Die ‹Große Weigerung› ist der Protest gegen unnötige Unterdrückung, der Kampf um die höchste Form der Freiheit ‹ohne Angst zu leben›.»*[235] Spätestens jetzt geht Marcuse einen anderen Weg als seine früheren Kollegen am IfS: *«In der materialistischen Deutung des Kerngehalts der idealistischen Philosophie und Ästhetik, in der Vorstellung von Versöhnung und Glück als Vereinigung und libidinöse Verkettung entfernt sich Marcuse am weitesten von einer Konzeption kritischer Theorie, wie sie Adorno entwickelt hat.»*[236]

5.5 Fazit: Differenzen in Theorie und Praxis

Damit lassen sich zwischen Marcuse und Adorno nun wesentliche Differenzen fassen, was Bedeutung und Inhalt ihrer Zukunftshoffnungen und ihrer dorthin führenden Erkenntnisweisen betrifft. Adorno versucht mit seiner kritischen und negativen Methode, die fortschreitende Entwicklung der Gesellschaft zum Totalitären und zur Verdinglichung des Bewusstseins immanent, das heißt in ihrem Fortschreiten, zu kritisieren und zu verstehen. Dabei handelt es sich aber nicht um einen konservativen Rückbezug auf vergangene bessere Zeiten, wie gerne behauptet wird. Vielmehr geht es Adorno um die Zuspitzung historischer Tendenzen am zeitgeschichtlichen Beispiel auf ihren negativen Fluchtpunkt in der Zukunft hin. Dabei muss Kritik distanziert und im Negativen bleiben, um nicht in instrumentelles Denken zu verfallen: Dialektik wendet sich nach innen,

---

234 Vgl. Jürgen Habermas, Silvia Bovenschen u. a., Gespräche mit Herbert Marcuse, S. 26.

235 Herbert Marcuse, Triebstruktur und Gesellschaft, S. 131.

236 Hauke Brunkhorst und Gertrud Koch, Herbert Marcuse zur Einführung, S. 77; vgl. Herbert Marcuse, Konterrevolution und Revolte, S9, S. 73; vgl. Martin Jay, Dialektische Phantasie, S. 136.

gegen sich selbst, um die Verstricktheit mit der instrumentellen Vernunft abstreifen zu können. Adorno nennt nur einige wenige Grundzüge einer Utopie, die kaum mehr beschreiben als einen Zustand physischer und psychischer Integrität. Die Freiheit von Schmerz, Gefahr und äußerer Bedrückung sind noch unerfüllte Voraussetzungen, ohne deren universale Verwirklichung an irgendein positives gesamtgesellschaftliches Ziel gar nicht zu denken ist – abgesehen davon, dass die Verwirklichung allgemeiner Prinzipien ohnehin nicht in eine Utopie gehört, die sich das Bewahren des Besonderen als Ziel gesetzt hat.

Marcuse hingegen hofft, das Kontinuum der Eindimensionalität praktisch durchdringen zu können. Anders als Adorno arbeitet er eher mit dem Begriff der Entfremdung: Die von ihm so treffend beschriebene Eindimensionalität ist, so nennt sie der Untertitel des Buches, eine Ideologie. Diese ist mit der gesellschaftlichen Organisationsform aber so verschmolzen, dass eine immanente Kritik sie nicht durchdringen kann. Mit Blick auf Elemente, die von dieser Totalität nicht vollständig erfasst sind, will Marcuse deshalb der Eindimensionalität eine gänzlich andere, utopische Realität entgegensetzen. Nur deren materielle Möglichkeit muß an der existierenden Welt bewiesen werden. Die Kraftquellen für seine Utopie findet Marcuse in den Idealen der klassischen Philosophie, in einer psychoanalytisch fundierten Anthropologie und in den verdeckten Spuren des Verdrängten und Besiegten in Geschichte und Individuum. Diese Kraftquellen sind von der Eindimensionalität bisher darin gehindert worden, wirklich und wirksam zu werden, obschon die Möglichkeiten dafür objektiv gegeben sind. Seinen Entwurf, mit dem diesen Qualitäten zum ganz realen Einbruch in die heutige Welt verholfen werden soll, kennzeichnet Marcuse als einen Akt menschlicher Freiheit. Nicht die aus inneren Widersprüchen gespeiste bestimmte Negation, sondern die von sinnlicher Vernunft geleitete Fantasie bringt Bewegung in die Eindimensionalität. Wie menschliches Glück als Aufhebung von Entfremdung und Einheit von Geist und Körper, Lustprinzip und Daseinsbewältigung, Besonderem und Allgemeinem verwirklicht werden soll, ist in der Praxis zu entwickeln, aber die theoretischen Fluchtpunkte sind in positiver Form bereits benannt.

Damit erscheinen die Positionen der beiden Autoren nun gegensätzlicher, als nach der großen Parallelität in der Gesellschaftsanalyse zu erwarten gewesen ist. Adorno schreibt in der «Negativen Dialektik» vom Weiterbestehen der Philosophie, die nicht mehr in Praxis aufgehen kann, wenn sie ihrer Intention treu bleiben will: «*Praxis, auf unabsehbare Zeit vertagt, ist nicht mehr die Einspruchsinstanz gegen selbstzufriedene Spekulation, sondern meist der Vorwand, unter dem exekutiven den kritischen Gedanken abzuwürgen, dessen verändernde Praxis bedürfte.*»[237]

Marcuse betont dagegen die Notwendigkeit, von der Philosophie zur Praxis überzugehen, um den Zustand der Überreife der Gesellschaft auszunutzen, nachdem die Philosophie ihre Aufgabe bereits erfüllt hat:

«*Die Mechanismen aufzudecken, die es der Gesellschaft ermöglichen, die Menschen bei der Stange zu halten, das Wissen und Gewissen dessen, was geschieht, zu erarbeiten und mitzuteilen, das Bewußtsein freizulegen – das sind die – nicht mehr nur theoretischen! – Aufgaben für die Vorbereitung einer noch möglichen Zukunft.*»[238]

Von diesen Differenzen ausgehend ist es nun interessant zu verfolgen, wie Marcuse und Adorno eine Konzeption von Praxis entwickeln. Beide tun dies zunächst aufgrund äußerer Anlässe: Die Mitte der 60er-Jahre entstehende Studierendenbewegung beruft sich unter anderem auf Marcuses und Adornos Schriften, um ihre politische Praxis zu begründen. Dazu müssen sich beide verhalten, und sie tun dies, indem sie ihre theoretische Kritik auf die beginnenden praktisch-politischen Tätigkeiten ausdehnen – allerdings mit sehr unterschiedlichen Ergebnissen.

---

237 T. W. Adorno, Negative Dialektik, S. 15.
238 Herbert Marcuse, Zur Stellung des Denkens heute, zitiert nach Roland Roth, Rebellische Subjektivität, S. 165.

6 Kritische Theorie und Protestbewegung

Horkheimer, Adorno, Pollock und auch Löwenthal hatten bereits vor Kriegsende diskutiert, ob sie nach Deutschland würden zurückkehren können und wollen. Die Weltlage sprach dagegen: Europa war vom Krieg verwüstet, das politische Klima und das kommende Staatssystem in Deutschland waren unklar, die Spannungen zwischen den Westalliierten und der Sowjetunion nahmen zu. Adornos und Horkheimers Blick auf Deutschland war wenig hoffnungsvoll: Ob die Deutschen nun wie in der Vergangenheit Hitler zujubelten oder stattdessen zukünftig mit gleicher Begeisterung zu Stalin oder General Motors überlaufen würden, das sei nach der bereits geschehenen Katastrophe nun eigentlich auch gleichgültig, so lautete zunächst der Tenor der Diskussion.

Für eine Rückkehr sprach aber dennoch einiges: Horkheimer und besonders Adorno waren vom amerikanischen Wissenschaftsbetrieb aufgrund seiner Nähe zur Auftragsforschung und seinem Mangel an wissenschaftlicher Autonomie abgestoßen. Anpassen wollten sie sich nicht, als Neubürger wollten sie es aber auch auf eine konfrontative Auseinandersetzung nicht ankommen lassen. Andere Exilanten aus Deutschland wie Bertolt Brecht oder Hanns Eisler (mit dem Adorno zusammen ein Buch über Filmmusik geschrieben hatte, von dessen Coautorenschaft er nun zurücktrat), aber auch Thomas Mann wurden in der zweiten Hälfte der 40er-Jahre von Senator Joseph McCarthys Komitee für unamerikanische Aktivitäten verfolgt. Horkheimer und Adorno fühlten sich in den USA zwar noch sicher – sie hatten sich dort nie so klar als Linke positioniert wie etwa Brecht, Eisler oder Charlie Chaplin[239] –, aber wohl fühlten sie sich nicht mehr. Welche beruflichen Perspektiven sich ihnen dort noch bieten würden, erschien unklar. Ein möglicher Wiederaufbau des IfS in Frankfurt hingegen würde ihnen eine sichere ökonomische und wissenschaftliche Basis für zukünftige theoretische Arbeit bieten – und, wie Adorno betonte, auch

239 Vgl. Rolf Wiggershaus, Die Frankfurter Schule, S. 447.

eine Arbeitsmöglichkeit in ihrer Muttersprache, mit der beide ihre theoretische Arbeit untrennbar verbunden sahen, sowie die Chance zu Veröffentlichungen für ein deutschsprachiges Publikum. Die Option eines Neubeginns in Deutschland musste also zumindest geprüft werden.

Horkheimer trat 1948 eine längere Europareise an, die ihn natürlich auch nach Frankfurt führte, wo nun unter alliierter Aufsicht auch diejenigen, die in den 30er-Jahren die Auflösung des Instituts betrieben hatten, devote Einladungen an die Exilanten aussprachen. Horkheimer gewann den Eindruck, dass trotz des sich verschärfenden Ost-West-Konfliktes die Chance auf die Autonomie von ökonomischen und politischen Zwängen in Westdeutschland wahrscheinlicher zu haben sein würde als in den USA. Eine Ansiedlung in der sowjetischen Besatzungszone bzw. DDR, wofür sich etwa der langjährige Institutskollege Henryk Grossmann oder auch der befreundete Philosoph Ernst Bloch entschieden hatten, wurde nicht im Entferntesten erwogen. Horkheimer beschloss, die Wiedergründung des IfS in Frankfurt anzustreben, parallel dazu aber komplizierte diplomatische Manöver zur Wahrung von Adornos und seiner eigenen US-Staatsbürgerschaft einzuleiten. Adorno bildete 1949 die Vorhut, Horkheimer folgte 1950 mit Pollock. Die politische Unterstützung aus den USA, die Sondersituation des früheren (Stiftungs-)Instituts, die dringende Suche der neu eingesetzten Verwaltungen nach glaubwürdigen Demokratinnen und Demokraten und das Fehlen unbelasteter Konkurrenz: Diese Umstände waren es, die das Kunststück Adornos und Horkheimers gelingen ließen, Positionen zu erhalten, die ungefähr solchen entsprachen, die sie auch bei einer nicht durch Exil und Vertreibung unterbrochenen Karriere erreicht gehabt hätten. Ohne das Zusammentreffen all dieser Zeitumstände wäre der Aufstieg zweier radikal gesellschaftskritischer, dem Marxismus nahestehender Juden aus dem Exil zu den intellektuellen Shootingstars der Bundesrepublik der 60er-Jahre auch kaum erklärbar, und die Berücksichtigung dieser Umstände mag zu verstehen helfen, warum vergleichbare Karrieren für ähnlich radikale Gesellschaftskritiker seitdem kaum wieder möglich gewesen sind.

Das Institut wurde schließlich im November 1951 in einem eigenen Neubau wiedereröffnet. Horkheimer und Adorno erhielten Professuren, das IfS wurde erneut der Universität angegliedert und sollte dort einen Großteil der sozialwissenschaftlichen Studierendenausbildung leisten, was seine Stellung im akademischen Regelbetrieb festigte. Allerdings wurde das IfS nun nicht mehr wesentlich aus eigenständigen Stiftungsmitteln finanziert, sondern initiativ aus US-amerikanischen Wiederaufbauhilfen sowie dauerhaft aus öffentlichen Mitteln des Landes Hessen, der Stadt Frankfurt und der Universität. Dies bedeutete eine geringere institutionelle Autonomie als zuvor. Insgesamt agierten die beiden Philosophen – zunächst übrigens die einzigen Heimkehrer an der ganzen Frankfurter Universität – so, dass sie die größtmöglichen Zugeständnisse vonseiten ihrer ehemaligen Verfolger erhielten. Sie legten ihre ganze Kraft in die Erneuerung des Instituts unter Mithilfe möglichst großer Teile der Öffentlichkeit und auch der teilweise auf höchst fragwürdigem Weg wiedereingesetzten politischen Eliten.[240] Bis zum Verschweigen der NS-Verstrickung ihrer Gegner ging diese strategisch-affirmative Haltung in den 50er-Jahren. Die Sicherung der Existenzgrundlage für ihre zukünftige theoretische Arbeit schien Adorno wie dem noch vorsichtigeren Horkheimer jedwede direkt politische Aktivität zu verbieten.

Trotz dieser eigentlich imposanten Erfolge blieb die Gegenwartseinschätzung von Deutschland ängstlich. Horkheimer sprach sich z. B. gegen die Aufnahme des bekannten kritischen Psychoanalytikers Alexander Mitscherlich ins Institut aus, der darum ersucht hatte und der sicherlich im neuen IfS eine so große Bedeutung wie Erich Fromm in den 30er-Jahren hätte erlangen können, und begründete dies befremdlicherweise mit dem Antisemitismus der deutschen Öffentlichkeit, der durch die Berufung eines weiteren jüdischen Professors ans IfS möglicherweise mobilisiert werden könnte.[241] Nach der Rückkehr aus den USA suchten Adorno und Horkheimer nicht den Anschluss an oppositionelle linke Gruppen, wie es z. B. der sozialistische Politologe Wolfgang Abendroth getan hatte. Bertolt Brecht hatten Adorno und Horkheimer wegen dieser distanzierten Haltung noch in den USA als Inspiration für einen spöttischen Text gedient, in dem die beiden ihm zu bürgerlich erscheinenden Theoretiker – «ehemals Frankfurt, nunmehr Hollywood» – als die «uneigennützigen Bewunderer der Idee

---

240 Vgl. a. a. O., S. 444.
241 Vgl. a. a. O., S. 514.

des Materialismus» firmieren.[242] Und der Philosoph Günther Anders, der eine deutsche Professur ausschlug und sich jeden Kontakt mit NS-belasteten Personen verbat, kritisierte Adornos höflichen Umgang mit dem Philosophen Arnold Gehlen als opportunistisch.[243] Von solcher gelegentlicher persönlicher Kritik abgesehen, brachte die Haltung der beiden kritischen Theoretiker kaum Probleme mit sich, aber durchaus Erfolge: Horkheimer wurde bald Dekan der philosophischen Fakultät und schon 1951 Rektor der Universität Frankfurt. Diese Erfolge allerdings hatten einen hohen Preis: Zur Arbeit an ihren eigenen philosophischen Werken kamen Adorno und Horkheimer kaum noch, da die institutionelle Arbeit an der Universität und im Wissenschaftsbetrieb, das Offenhalten des US-amerikanischen Hintertürchens und allgemeine Verwaltungsaufgaben sie nachhaltig davon abhielten. Das Institut als Faustpfand der eigenen Autonomie war zwar erfolgreich wieder errichtet, band dabei aber offenbar eher Energie, anstatt zusätzliche Kräfte freizusetzen, wie es nach dem ursprünglichen Plan eigentlich gedacht war. Horkheimer zog nach seiner Emeritierung 1959 nach Montagnola im Schweizer Kanton Tessin[244] und überließ Adorno vollends die alltägliche Führung der Institutsgeschäfte. Mittlerweile hatte sich allerdings unter den Studierenden und Assistenten der unmittelbaren Nachkriegszeit eine Gruppe herausgebildet, die am IfS einen eigenen Mittelbau bildete und deren Angehörige von Adorno und Horkheimer in Briefwechseln immer wieder auf ihre Eignung als mögliche Nachfolger und Erben der Kritischen Theorie hin abgeklopft wurden. Wohl am wichtigsten waren dabei der Psychologe und Soziologe Ludwig von Friedeburg (geb. 1924), der Philosoph und Soziologe Jürgen Habermas (geb. 1929) sowie der Marx- und Existenzialismusspezialist Alfred Schmidt (geb. 1931).

Die während des Krieges aus dem Institut ausgeschiedenen Mitarbeiter wie Marcuse, Kirchheimer, Löwenthal und Neu-

---

242 Bertolt Brecht, Arbeitsjournal 1942–1955, Frankfurt am Main 1973, S. 336, S. 404, S. 447.

243 Vgl. Rolf Wiggershaus, Die Frankfurter Schule, S. 444, S. 479 ff. Vgl. Konrad Paul Liessmann, Hot Potatoes, in: ZfkT, Band 6, S. 29 ff.

244 Vgl. Rolf Wiggershaus, Die Frankfurter Schule, S. 625; vgl. Wolfgang Kraushaar, Frankfurter Schule und Studentenbewegung, 3 Bände, Hamburg 1998, Band 3, S. 95.

mann hatten in den USA nach Kriegsende zunächst noch im Staatsapparat Beschäftigung und konnten die kurze Periode der *Reeducation* und *Denazification* mit ihren Expertisen über Deutschland unterstützen. Im kulturindustriellen Apparat Hollywoods hatte hingegen keiner der einstigen Frankfurter Fuß gefasst, obwohl dort eine große Zahl von deutschen Intellektuellen während des Krieges und danach ihr Einkommen fand. Marcuse etwa hatte bis 1950 seine Stelle beim amerikanischen Auslandsgeheimdienst OSS inne. Dort verfasste er, schließlich als Abteilungsleiter für Mitteleuropa, politische Analysen[245]. Wie er später betonte, sah er diese Tätigkeit durchaus auch als praktischen Beitrag zur Bekämpfung des Nationalsozialismus und nicht nur als bloßen Broterwerb. Er äußerte große Enttäuschung darüber, dass die von ihm und anderen erarbeiteten Vorschläge zur Entnazifizierung und zur Bestrafung der sogenannten ökonomischen Kriegsverbrecher – also der an Aufstieg und Verbrechen des Nationalsozialismus aktiv beteiligten Industriekonzerne und Banken – nicht befolgt worden waren.[246] Die ersten Hemmungen ihrer Arbeit erlebten die antifaschistischen Intellektuellen in den USA schon ab 1947/48. Im eskalierenden Konflikt mit der Sowjetunion plante man bei den Westalliierten nun eher, sich die Konkursmasse des Nationalsozialismus inklusive der verbliebenen Rüstungswirtschaft und des dazugehörigen militärischen Know-hows einzuverleiben. Die während des Krieges als entschlossene Nazigegner eingestellten linken und jüdischen Emigranten galten zunehmend als unsichere Kantonisten mit möglicher Ostblock-Sympathie und wurden daher kaltgestellt.

Der Gedanke an Heimkehr lag daher in der Luft. Einen solchen Plan hätten die meisten aber als Privatpersonen verfolgen müssen, ohne den Rückhalt einer wissenschaftlichen Einrichtung, denn Horkheimer und Adorno unternahmen in Frankfurt kaum Schritte, um alte Weggefährten einzubeziehen. Zudem erschien vielen Emigranten eine Rückkehr ins vom Krieg verwüstete Deutschland so kurz nach dem Ende des Nationalsozi-

---

245 Posthum veröffentlicht: Herbert Marcuse, Feindanalysen. Über die Deutschen, Lüneburg 1998.

246 Vgl. Jürgen Habermas, Silvia Bovenschen u. a., Gespräche mit Herbert Marcuse, S. 21; Marcuse über Marcuse, in: Peter Erwin Jansen, Befreiung denken – Ein politischer Imperativ, S. 210 f.

alismus noch undenkbar. Leo Löwenthal beispielsweise bereiste kurz nach Kriegsende, also nach zehn Jahren Abwesenheit, im Auftrag des US-Senders Voice of America Europa und erinnerte später in einem Interview des Hessischen Rundfunks, dass ihm Deutschland gar nicht so zerstört vorgekommen sei, wie er erwartet hätte, und dass man ihn beim Eintreffen in München zu seinem Entsetzen erst einmal wie gehabt aufs Oktoberfest eingeladen habe. Das war mehr Kontinuität, als ihm erträglich erschien. Denen, die ähnlich dachten oder fühlten, blieb nur der Weg in den amerikanischen Wissenschaftsbetrieb und die Entscheidung, auf Dauer in den USA ihre Heimat zu sehen. So handelte auch Marcuse. Er arbeitete ab 1951 an der New Yorker Columbia University und wurde 1954 Professor an der Brandeis University bei Boston.

6.1 Neue gesellschaftliche Konflikte

Weder Adorno noch Marcuse oder ein anderer Theoretiker aus dem Zusammenhang des IfS betätigte sich also in der unmittelbaren Nachkriegszeit im engeren Sinne politisch. Die von Horkheimer postulierte politische Enthaltsamkeit des Instituts – konsequent praktiziert bis zur Selbstzensur – gewann unter dem Fortleben von Antikommunismus und Antisemitismus[247] eine Dauerhaftigkeit, die für so kompromisslose Denker doch überraschend erscheint. Zwar waren weder Adorno noch Marcuse zu Antikommunisten geworden – ganz im Gegensatz etwa zu den früheren Institutskollegen Karl August Wittfogel[248] und Julian Gumperz[249]. Doch hatten sie das während des Krieges vom IfS gegenüber der Sowjetunion geübte Stillschweigen aufgegeben und kritisierten den Ostblock nun scharf, während sie in politischen Debatten deutlicher als je zuvor die Vorzüge bürgerlicher Gesellschaftsordnungen für den Einzelnen hervorhoben, deren tendenzielles Verschwinden sie in ihrer Theorie immer so deutlich beschrieben hatten. Die grundsätzliche Kritik an der kapitalistischen Weise der Vergesellschaftung äußerte sich eher in einer allgemeinen Zivilisationskritik als in expliziter Kapitalismuskritik. Wer diese finden wollte, musste ihre Vor-

---

247 Vgl. Rolf Wiggershaus, Die Frankfurter Schule, S. 521.
248 Vgl. Martin Jay, Dialektische Phantasie, S. 331, S. 426.
249 Vgl. a. a. O., S. 59.

kriegsschriften kennen und gut zwischen den Zeilen lesen können. Denn weder Adorno und Horkheimer noch Marcuse erwarteten so etwas wie einen Bruch in der Integrationskraft der Gesellschaft, und keiner unternahm politische Interventionen, die einer Opposition den Weg hätten bereiten können. Horkheimer hatte sich bald fast vollständig zurückgezogen, Adorno wirkte als Professor im akademischen Rahmen und beteiligte sich an öffentlichen Debatten und Diskussionen, ohne dies jedoch explizit in den Zusammenhang einer politischen Strategie zu stellen. Marcuse schließlich formulierte zwar in «Eros and Civilization» Ideen für emanzipatorische Politik, aber in einer so abstrakten Form, dass diese Ausführungen in keiner Weise den Anschein erweckten, eine politische Praxis vorbereiten zu wollen. Die theoretischen Äußerungen aller drei in den 50er-Jahren hatten somit weiterhin den Charakter, den Adorno für die Werke der Kritischen Theorie beschrieben hatte: Sie waren Flaschenpost, hinterlassen für ebenso ungewisse wie unbekannte Adressaten.

Somit blieb es anderen überlassen, eine Auseinandersetzung der Kritischen Theorie mit politischer Praxis unter den Bedingungen des Spätkapitalismus anzustoßen. Nach dem Ende der alten Arbeiterbewegung, das in den USA spätestens unter der antikommunistischen Verfolgung der McCarthy-Zeit gekommen war und in der BRD durch das KPD-Verbot 1956 und das Godesberger Programm der SPD von 1959 gleich doppelt besiegelt wurde, waren das vor allem die Studierenden der hier behandelten Autoren. Damit sind einerseits die 1940er- und frühen 1950er-Geburtsjahrgänge im Allgemeinen gemeint und andererseits ganz konkret jene Studierenden, die bei Horkheimer, Adorno und Marcuse Vorlesungen hörten und deren Seminare besuchten.

Die Bemühungen der Studentinnen und Studenten, tatsächliche Gleichberechtigung, Emanzipation und Mitbestimmung im Rahmen der bestehenden, aber in Zeiten des Kalten Krieges kaum genutzten demokratischen Möglichkeiten zu erreichen, waren vom politischen Establishment und der konservativ-restaurativen Bevölkerungsmehrheit vollständig blockiert und abgewehrt worden. Und so waren es die Studierenden, von denen zu Beginn der 60er-Jahre zuerst in den USA, dann auch in Europa und Westdeutschland Versuche ausgingen, Politik auch außerhalb der existierenden Verfahren und Institutionen zu betreiben. Diese neuen, außerparlamentarischen Aktivitäten speisten sich aus genau derjenigen Empörung über die Differenz von demokratischem Anspruch und autoritärer Realität der bürgerlichen Gesellschaft, die von Adorno und Marcuse seit den 40er-Jahren als historisch weitgehend kassiert abgeschrieben worden war. Die Segregation genannte Apartheid im Süden der USA und die Notstandsgesetzgebung in der Bundesrepublik waren zentrale Themen, an denen sich die Opposition formierte und radikalisierte. An diesen Problemkomplexen wurde die massive Diskrepanz zwischen demokratisch-freiheitlicher Selbstlegitimation und autoritärer Realität ebenso greifbar wie an den Rückzugsgefechten der bisherigen Kolonialmächte in der sogenannten Dritten Welt, die teilweise nahtlos in antikommunistisches Containment übergingen. Die antikolonialen Kämpfe etwa im Kongo und in Algerien sowie die militärischen Interventionen der Supermächte in Vietnam und der Tschechoslowakei waren wichtige internationale Kristallisationspunkte für die Herausbildung dieser neuen Opposition.

Für Adorno und Marcuse musste das Zusammentreffen mit einer Protestbewegung, die den Anspruch auf radikale Veränderung erhob und an in Westdeutschland bislang kaum rezipierte politische und philosophische Theorien der Vorkriegszeit anknüpfte, teilweise wie eine Begegnung mit der Vergangenheit erscheinen. Die unterschiedlichen Konsequenzen, die beide in den 60er-Jahren daraus zogen, führten zu einer Verschlechterung des Klimas zwischen den beiden Weggefährten. Der von Wolfgang Kraushaar dokumentierte Briefwechsel zwischen Adorno und Marcuse bezieht sich beispielsweise seit dem Juni 1967 ununterbrochen auf die den beiden Freunden immer dringender werdende Aussprache über die Bedeutung dieser Bewegung, ohne dass es bis zu Adornos Tod zwei Jahre später noch dazu gekommen wäre.[250] Marcuses empathische Solidarität mit den Studierenden kollidierte mit Adornos distanzierter und ambivalenter Haltung und Horkheimers grundsätzlichem

---

250 Brief Horkheimer an Marcuse 26.5.67, Dokument 118, Brief Adorno an Horkheimer 31.5.67, Dokument 119, in: Wolfgang Kraushaar, Frankfurter Schule und Studentenbewegung, Band 2, und danach fortlaufend bis hin zu Adornos letztem Brief an Marcuse, datiert vom Tag seines Todes, 6.8.69, Dokument 349.

Misstrauen. Diese Differenzen in der Haltung zur politischen Praxis wurzelten aber vermutlich tiefer, wie ein Blick in die doch sehr unterschiedlichen Lebensläufe von Marcuse und Adorno vor ihrem Zusammentreffen am IfS illustrieren kann.

Marcuses Nachdenken über neue Perspektiven politischer Praxis wurde zwar durch die Protestbewegungen der 60er-Jahre motiviert. Allerdings war er schon früher weit empfänglicher für derlei politische Signale als Adorno oder Horkheimer. Bereits unmittelbar nach Abitur und Militärdienst – knapp zu spät, um im Ersten Weltkrieg noch an die Front zu müssen – führte ihn sein Engagement in die Politik: Für kurze Zeit war er, obwohl Bürgersohn und Offiziersanwärter, 1918/19 Mitglied im Reinickendorfer Soldatenrat und in der SPD. In dieser Rolle nahm er an den Revolutionskämpfen in Berlin teil. Wie er ein halbes Jahrhundert später in einem Fernsehinterview mit Ulrich Wickert[251] beschreibt, war er aber zeit seines Lebens sicher und auch froh, dabei niemanden erschossen zu haben. Aus Empörung über die Ermordung von Rosa Luxemburg und Karl Liebknecht durch rechtsextreme Freikorps, denen vom damaligen SPD-Innenminister Gustav Noske freie Hand gegeben worden war, beendete er seine Liaison mit der Arbeiterbewegung wieder. Es folgten ein Studium der Philosophie, abgeschlossen mit einer Dissertation über den deutschen Künstlerroman, und danach die Gründung eines Verlages und eines philosophischen Salons in Berlin. Die intellektuellen Suchbewegungen jener Jugendjahre führten Marcuse aber aus dem Berliner Bohemeleben bald wieder an die Universität zurück. Bei der Wiederaufnahme seiner Studien 1928 knüpfte er erneut an seine politischen Intentionen an. In Heideggers Philosophie wollte er theoretisch auffinden, was die gescheiterte Revolution 1918/19 praktisch zu leisten nicht in der Lage gewesen war. Wenn die gesellschaftliche Krise nicht praktisch zu ändern war, so war sie vielleicht doch wenigstens philosophisch zu erfassen[252]: «*Was geschieht nach dem Scheitern der Revolution? … und da erschien plötzlich ‹Sein und Zeit› als eine wirklich konkrete Philosophie. Da war die Rede vom ‹Dasein›, von ‹Existenz›, ‹Man›, vom ‹Tode›,*

---

251 Hessischer Rundfunk, 1989.

252 Vgl. Jürgen Habermas, Silvia Bovenschen u. a., Gespräche mit Herbert Marcuse, S. 10, S. 98; Fragen an Herbert Marcuse zu seiner Biographie, in: Jansen, Befreiung denken – ein politischer Imperativ, S. 33.

von der ‹Sorge›. Das schien uns anzugehen.»[253] Man mag ermessen, wie gesellschaftlich blutleer und wirklichkeitsfremd die universitäre Philosophie dieser Jahre gewesen sein muss, wenn ausgerechnet Heideggers Schriften davon eine erfrischende Abwechslung versprochen haben sollen. Marcuse wendete sich aber enttäuscht von seinem Lehrer ab, als dieser sich dem aufkommenden Nationalsozialismus in die Arme warf.

Adorno hingegen hat sich kaum je in politischer Praxis im engeren Sinne engagiert. Während Herbert Marcuse an den Berliner Revolutionswirren teilnahm und sich der spätere Institutsmäzen Felix Weil «*in vollem Wichs mit seinem Leibfuchs*»[254] dem Frankfurter Arbeiterrat zur Verfügung stellte, las der etwas jüngere Adorno an Samstagnachmittagen mit Siegfried Kracauer, dem Freund der Familie, Kants «Kritik der reinen Vernunft» und war Mitherausgeber der Schülerzeitung seines Gymnasiums.[255] Auch während der Weimarer Republik gab es kaum politisches Engagement Adornos und, bis zu seiner Habilitation, auch kaum gesellschaftstheoretische Schriften. Vielmehr standen musikalische und philosophische Interessen im Mittelpunkt seiner Arbeit. Erst mit der Mitarbeit in der ZfS beginnt er, sich in enormem Umfang in eigenen Arbeiten mit unmittelbar gesellschaftstheoretischen Fragestellungen zu beschäftigen. Seine Enthaltsamkeit gegenüber praktischer Politik sollte sich aber fortsetzen. Weder war Adorno je Mitglied irgendeiner politischen Organisation noch hat er sich häufig bei irgendwelchen explizit politischen Unternehmungen eingebracht, zu Wahlen aufgerufen oder seinen Namen regelmäßig unter Aufrufe und Unterschriftenlisten gesetzt.

Wie weit diese unterschiedlichen Haltungen gegenüber praktischer Politik nicht nur individuelle Marotten gewesen sind, sondern auch Konsequenzen einer theoretisch begründeten Position – das wird im Folgenden dargestellt.

---

253 A.a.O., S.10.
254 Rolf Wiggershaus, Die Frankfurter Schule, S.21.
255 A.a.O., S.83 ff.; vgl. auch T.W. Adorno, Zur Psychologie des Verhältnisses von Lehrer und Schüler, GS 20.2, S.728, Fußnote.

6.2 Marcuse: Die Praxis der Revolte

»Just a castaway, an island lost at sea, oh
Another lonely day, with no one here but me, oh
More loneliness than any man could bear
Rescue me before I fall into despair, oh
I'll send an s.o.s. to the world
I hope that someone gets my
Message in a bottle, yeah [...]
Walked out this morning, don't believe what I saw
Hundred billion bottles washed up on the shore
Seems I'm not alone at being alone
Hundred billion castaways, looking for a home [...]"
   The Police, Message in a Bottle [256]

Als Anfang der 1960er-Jahre – entgegen allen Vermutungen –
mit der Bürgerrechts- und Studierendenbewegung eine neue
politische Kraft in den USA entstand, stellte sich Marcuse die
Frage nach ihrer Bedeutung. Ohne Zweifel erschien ihm diese
Bewegung in ihrem umfassenden Anspruch nicht nur die Politik, sondern auch Alltagsleben, Kultur, Sexualität und menschliche Beziehungen, also schlicht das ganze Leben verändern zu
wollen – eine unverhoffte Wiederkehr jener Lebenszeit, die ihn
selbst entscheidend geprägt hatte: das Miteinander politischer,
ästhetischer und philosophischer Avantgarde in Deutschland
während der 20er-Jahre. Bereits früh hatte Marcuse den Zustand der Gesellschaft als «*Katastrophe des menschlichen Wesens*» bezeichnet, die nach einer «*totalen Revolution*»[257] verlangte, nicht bloß nach einem Wechsel der Regierungsform oder
der Besitzverhältnisse. Aber auch mit etwas weniger existenzia-
listischem Pathos betrachtet, schien genau eine solche Haltung
mit der Protestbewegung wieder Einzug in die eindimensionale
Welt gehalten zu haben. Die «*Abriegelung des Politischen*»[258],
die in den konservativen, muffigen, wohlstands- und wachs-
tumsorientierten westlichen Gesellschaften der 50er-Jahre geherrscht hatte und in der jedwede politische Dissidenz unter
Kommunismusverdacht stand, wurde aufgesprengt.

---

256 The Police, Message in a Bottle, auf: Regatta de Blanc, LP 1979.
257 Herbert Marcuse, Neue Quellen zur Grundlegung des historischen Ma-
       terialismus, S 1, S. 536.
258 Herbert Marcuse, Der eindimensionale Mensch, S. 39.

Die Flaschenpost der Kritischen Theorie aus den vergangenen Jahrzehnten schien von dankbaren und interessierten Findern entkorkt worden zu sein. Dabei war die neue Bewegung ohne historische Vorbilder, an denen sie sich orientieren konnte. Mit den Massenbewegungen des 19. Jahrhunderts hatte sie wenig gemein. Sie betrat historisches Neuland. Organisationsmodelle, Praxisformen, Taktiken und Strategien wurden neu erfunden und experimentell erprobt.

Das zumeist naive und theoretisch kaum geklärte Verhältnis von Theorie und Praxis in den neuen außerparlamentarischen Bewegungen war Marcuse als interessiertem und engagiertem Beobachter bewusst. Die meisten seiner Arbeiten aus den 60er- und 70er-Jahren befassen sich mit dieser neuen Opposition im Kapitalismus und sind weniger akademischen denn politisch-eingreifenden Charakters. Marcuse adressierte seine Texte nicht mehr an eine universitäre Öffentlichkeit oder an eingebildete Zeugen in einer ungewissen Zukunft, sondern an engagierte Mitstreitende. Damit veränderten sie ihren Charakter. Die Textformen dieser Zeit sind vornehmlich Aufsatz, Rede und Interview, größere Monografien finden sich kaum. Marcuses Arbeiten sind stark auf die damaligen Rezipienten zugeschnitten. Ihre Zeitgebundenheit tritt besonders hervor, da sie oft als Reaktionen oder Antworten auf ganz konkrete politische Fragen formuliert worden sind. Das ist beim heutigen Lesen angenehm, wenn diese Fragen noch Aktualität besitzen, und es ist ziemlich verwirrend, wenn man den historischen Kontext zunächst rekonstruieren muss und weil von seinen Gesprächspartnern oft weit weniger überliefert ist als von ihm.[259] Zudem reiste Marcuse nicht nur häufig aus den USA nach Deutschland, sondern auch nach Frankreich, Jugoslawien und überall hin sonst, wo ihn Akteure der Neuen Linken einluden. Kritiken der doch recht unterschiedlichen europäischen und amerikanischen Protestbewegungen wechseln einander ab. Sein Engagement erstreckte sich von der Teilnahme an Kongressen und Veranstaltungen über die Verteidigung der Protestbewegung in der Öffentlich-

---

259 Ähnliche Erfahrungen kann man bei der Marxlektüre machen. Marx konnte keine Meinung eines Zeitgenossen unkommentiert stehen lassen, wenn sie seiner nicht entsprach, und so leben Dutzende von Autoren, an die sich ansonsten kein Mensch mehr erinnern würde, bis heute in den Fußnoten zum «Kapital» fort.

keit bis zum direkten Zusammentreffen mit Organisationen und Aktivistinnen und Aktivisten.[260] Stärker als bei anderen Autoren muss also der genaue Kontext beachtet werden, in dem eine spezifische Aussage steht. Dies ist ein Grund dafür, dass sich im Spätwerk Marcuses nicht leicht Stringenz entdecken lässt.[261] Die «Five Lectures» (deutsch: «Psychoanalyse und Politik») erschienen 1967 und griffen in der Protestbewegung intensiv diskutierte Grundsatzfragen auf. Der «Versuch über die Befreiung» war 1969 eine erste zusammenfassende Würdigung und Verteidigung der Bewegung. Die Schrift «Konterrevolution und Revolte» von 1972 antwortete auf die in deren Zerfall verstärkt zur Geltung kommenden Regressionstendenzen. «Die Permanenz der Kunst» richtete sich 1977 gegen eine Funktionalisierung von Kunst und Kultur nach politischen Kategorien.

Was er als Aufgabe der Theorie ansah, hat Marcuse in den 60er-Jahren jedenfalls ganz deutlich definiert: *«Auf Grund der Analyse der gegebenen Gesellschaft projiziert, ‹entwirft› die Theorie mögliche Praxis. Das ist das geschichtliche ‹A priori› der Theorie.»*[262] Damit ist eine weit engere Beziehung unterstellt als bei Adorno, der ja von Theorie und Praxis eher als von zwei Polen spricht, die im Spätkapitalismus nicht zusammenkommen können. Als rein theoretisches Problem ist dieser Widerspruch auch für Marcuse nicht auflösbar, als praktisches allerdings schon. Denn Praxis kann durch die in ihrem Verlauf gemachten Erfahrungen das lähmende Kontinuum der Eindimensionalität aufsprengen und somit der theoretischen Erkenntnis auf die Sprünge helfen. Mit Theorie verbundene Praxis ist für Marcuse eine Notwendigkeit zur Erfassung der Realität und zur theoretischen Weiterarbeit. Die Revolte ist für Marcuse eine notwendige Form des Bruchs, der *«großen Weigerung»*, mit der erstmals seit Langem wieder eine die Grenzen der gegenwärtigen Gesellschaft in Frage stellende Kraft dabei ist, von der Kunst in Lebenspraxis und Politik überzugehen. Nicht mehr nur im Kunstschönen, auch in den radikalen und utopischen Forderungen der Protestbewegung scheinen nun Ele-

260 Roland Roth, Rebellische Subjektivität, S. 175; Karl-Heinz Sahmel: Vita Herbert Marcuse, in: Text und Kritik, Band 98, S. 93 ff.

261 Vgl. Roland Roth, Rebellische Subjektivität, S. 181 f.; Stefan Breuer, Die Krise der Revolutionstheorie, S. 240.

262 Herbert Marcuse, Theorie und Praxis, S 9, S. 143.

mente einer anderen, besseren Gesellschaftsordnung auf. Dies wirkt befreiend auf das Denken: *«Aufgabe der Theorie wäre es, diese Möglichkeiten von ihrem utopischen Schleier zu befreien und sie als mögliche Praxis zu definieren.»*[263] Diesen Prozess einzuleiten und die Spielräume, die in ihm liegen, auszutesten, das ist nach Marcuse nun Aufgabe der Praxis. Mit dieser Aufforderung – noch verhalten geäußert und mit einem verzweifelten Benjamin-Zitat versehen (*«Nur um der Hoffnungslosen willen ist uns die Hoffnung gegeben»*)[264] – endet der «Eindimensionale Mensch» und damit Marcuses letzte Schrift, in der es primär um die Analyse der gegenwärtigen Verhältnisse geht. Sobald es wieder eine radikale, emanzipatorische, oppositionelle Bewegung gab, war Marcuse zu ihrer intellektuellen Begleitung bereit, obwohl er selbst nie wieder einer politischen Organisation beigetreten ist.[265] Was er aber theoretisch in die Waagschale werfen konnte, war nicht unbedeutend für die Protestbewegungen.

6.2.1 Abschied von Proletariat und Revolution

Wie lässt sich dieses innerhalb der ganzen Kritischen Theorie einmalige Verhältnis Marcuses zur Protestbewegung aus seinem politischen Denken erklären? Offenbar war das, was die Studierenden der 60er-Jahre als neue Form politischer Praxis erprobten, anschlussfähig an genau diejenigen theoretischen Aspekte, die Marcuse von seinen Freunden Adorno und Horkheimer unterschieden und ihn weiter nach Optionen für eine Erneuerung des Revolutionsbegriffes suchen ließen. Im 20. Jahrhundert hatten erfolgreiche gesellschaftliche Umwälzungen – durchaus entgegen der marxschen Theorie – nur in ökonomisch rückständigen Gesellschaften Erfolg gehabt: In Russland und China hatten Aufstände verelendeter Massen als Bauernrevolutionen über fast noch feudale Staatsapparate gesiegt. Der Sturm auf das Winterpalais der russischen Bolschewiki oder die Einkreisung der Städte vom Lande aus durch Maos Rote Armee ließen sich aber schwerlich auf die Bedingungen des entwickelten Kapitalismus und komplexer bürgerlicher Gesellschaften in Europa und Nordamerika übertragen. Wenn diese Revolutionsmodelle der Kritischen

---

263 A. a. O., S. 153.
264 Herbert Marcuse, Der eindimensionale Mensch, S. 268.
265 Vgl. Marcuse über Marcuse, in: Jansen, Befreiung denken – ein politischer Imperativ, S. 209 f.

Theorie schon in den 30er-Jahren als unangemessen erschienen waren, um wie viel mehr musste dies für den Spätkapitalismus gelten, selbst wenn eine revolutionäre Klasse noch aufzufinden gewesen wäre? Marcuse fasste dieses Problem so zusammen: «*Ebensowenig wie kritische Theorie kann politische Praxis sich an einem Begriff von Revolution orientieren, der ins 19. oder frühe 20. Jahrhundert gehört und der in weiten Bereichen der 3. Welt immer noch gilt.*»[266] Auch die früher einmal populäre sozialdemokratische Variante eines friedlichen Übergangs zum Sozialismus per Parlamentsmehrheit hatte sich definitiv erledigt, seit die europäische Sozialdemokratie grundlegenden Gesellschaftsveränderungen auch programmatisch ablehnend gegenüberstand. Seine pessimistischste Analyse in «Der eindimensionale Mensch» trug so düstere Züge, weil die Überreife der objektiven Bedingungen für eine Revolution mit der Nichtigkeit der subjektiven Bedingungen einherging und diese sogar produzierte: «*Da es an nachweisbaren Trägern und Triebkräften gesellschaftlichen Wandels mangelt, wird die Kritik auf ein hohes Abstraktionsniveau zurückgeworfen. Es gibt keinen Boden, auf dem Theorie und Praxis zusammenkommen.*»[267]

Wo der Spätkapitalismus sich erfolgreich etabliert hat, hat er die ganze Gesellschaft durchdrungen, allen Dingen und allen Verhältnissen das Siegel des Tauschprinzips aufgedrückt und sie funktional für seine eigene Reproduktion zugerichtet. Die materielle Struktur dieser Gesellschaft selbst, nicht etwa ideologische Manipulation, begründet für Marcuse die Abwesenheit eines Subjekts von Praxis. Die Situation in den entwickelten Industriestaaten betrachtete er dementsprechend nicht einmal als vorrevolutionär: «*Eine … Revolution steht nicht auf der Tagesordnung. Im Herrschaftsbereich des korporativen Kapitalismus fallen die beiden historischen Faktoren der Umwandlung, der subjektive und der objektive, nicht zusammen; sie bestehen in verschiedenen und sogar antagonistischen Gruppen.*»[268] Die totale Vergesellschaftung aber, so nun Marcuses geradezu klassisch dialektischer Gedanke, bedarf zur Erhaltung dieses Zustandes der Stagnation einer totalen inneren Mobilisierung. Nur unter Aufbietung und Anspannung aller Kräfte lassen sich

---

266 Herbert Marcuse, Versuch über die Befreiung, S 8, S. 307
267 Herbert Marcuse, Der eindimensionale Mensch, S. 15.
268 Herbert Marcuse, Versuch über die Befreiung, S 8, S. 288.

die offen zutage liegenden besseren Möglichkeiten der Gesellschaft abweisen, um diesen Status quo zu erhalten: die falsche
Neutralität der technischen und verwaltungsförmigen Organisation der Gesellschaft, die Integration im Bereich der Lebenswelt durch die Teilnahme an einem absurden Konsummodell,
die repressive Toleranz des letztlich doch exklusiven politischen
Prozesses, die Allgegenwart der Kulturindustrie und ihre Ange-
bote repressiver Entsublimierung. Dieser latente Konflikt wird
nur durch eine Zusammenballung und Mobilisierung aller Kräfte der herrschenden Gesellschaft daran gehindert, sich zu manifestieren: «... *die Verteidigung des kapitalistischen Systems
verlangt heute die Organisierung der Konterrevolution innerhalb wie außerhalb des eigenen Bereichs.*»[269]

Unter diesen Bedingungen verschiebt sich der Konflikt vom
Kampf zwischen zwei antagonistischen Klassen in der Gesellschaft auf den bereits beschriebenen Widerspruch zwischen
gesamtgesellschaftlicher Realität und Möglichkeit: «*Ganz anders als die Revolutionen früherer Geschichtsperioden richtet
sich diese Opposition gegen die Totalität einer gut funktionie-
renden Gesellschaft.*»[270] Für Marcuse folgt daraus aber nicht die
Verabschiedung des Revolutionsmotivs, sondern seine grundlegende Modernisierung, eigentlich sogar seine Radikalisierung:
«*Die klassische Marxsche Theorie stellt sich ... vor: das Proletariat zerstört den ‹politischen› Apparat des Kapitalismus, behält aber den ‹technischen› Apparat bei und unterwirft ihn der
Sozialisierung.*»[271] In Lenins schnöder Kurzcharakterisierung des

---

269 Herbert Marcuse, Konterrevolution und Revolte, S 8, S. 11. Hier trifft
     sich Marcuse mit einem anderen, zeitglich in der Neuen Linken popu-
     lären Theoretiker, mit dem ihn aber ansonsten wenig verbindet: Mao
     Tse-tung. In seinem berühmtesten Gleichnis beschrieb dieser eine ähn-
     liche Ambivalenz: «... so haben auch der Imperialismus und alle Reak-
     tionäre eine Doppelnatur ... man [muß, MS] ... aus einer langen Per-
     spektive, in strategischer Hinsicht den Imperialismus und alle Reaktio-
     näre als das betrachten, was sie wirklich sind: als Papiertiger ... Darauf
     müssen wir unser strategisches Denken gründen. Andererseits sind sie
     aber wiederum lebendige, eisenharte, wirkliche Tiger, die Menschen
     fressen können. Darauf müssen wir unser taktisches Denken gründen.»
     Worte des Vorsitzenden Mao Tse-tung, S. 66 ff., Peking 1968.
270 Herbert Marcuse, Versuch über die Befreiung, S 8, S. 283; Theorie und
     Praxis, S 9, S. 159.
271 Herbert Marcuse, Der eindimensionale Mensch, S. 42.

Sozialismus als «*Sowjetmacht plus Elektrifizierung des ganzen Landes*» steckt die Vorstellung eines politischen Projektes, das die Errungenschaften des Kapitalismus kurzerhand und ungebrochen für eine freiere Gesellschaft nutzbar macht. Tatsächlich sind die Produktivkräfte der eindimensionalen Welt für Marcuse die materielle Voraussetzung der Möglichkeit einer freien Gesellschaft, können aber nicht einfach durch neue Zielvorgaben oder durch bloße Auswechslung der Führungsspitze für die Bedürfnisse der Befreiung genutzt werden. Technik als Ausdruck instrumenteller Vernunft ist nicht neutrales Vehikel des Fortschritts, sondern mit ihrer gesellschaftlichen Aufgabe verschmolzen und von ihr zutiefst geprägt. Was im Kapitalismus den Charakter einer Produktivkraft haben mag, stellt sich unter dem Gesichtspunkt einer anderen Gesellschaft womöglich als reine Destruktivkraft dar. In den heutigen Debatten über Gentechnik oder künstliche Intelligenz wird teilweise in diesem Sinne argumentiert, dass nämlich solche Errungenschaften des Kapitalismus einer freien Gesellschaft nichts nutzten, sondern ihre Verwirklichung vielmehr verunmöglichten und in ihr auch nicht produktiv für qualitativ ganz anders bestimmte Ziele genutzt werden könnten. Was für Marcuse beispielsweise auch die Anwendung der Atomkraft einschloss: «*Dasselbe gilt im Hinblick auf diese Scheißkernkraftwerke!*»[272] Die Befreiung verlangt nicht mehr nur die Eroberung der politischen Macht zur Erlangung der ökonomischen, sondern die Umwälzung aller gesellschaftlichen Bereiche: «*Ein derartiger Wechsel in der Richtung des Fortschritts geht über die grundlegende Neuorganisation der sozialen Arbeit – die er voraussetzt – hinaus.*»[273]

Mit der Überreife der objektiven Bedingungen für eine andere Gesellschaft gehen nach Marcuse Veränderungen bezüglich des potenziellen Subjekts politischer Praxis einher. Ihr wesentlicher Träger ist nicht mehr eine spezifische Klasse, vielmehr kann sich ein Subjekt nun auch ohne eine Verankerung im Produktionsprozess konstituieren, wenn es gelingt, die Sperre der Eindimensionalität zu brechen, die weniger in ideologischer Indoktrination denn in der Einbindung in ein spezifisches Lebens- und Konsummodell besteht. Damit kann politische Pra-

272 Jürgen Habermas, Silvia Bovenschen u. a., Gespräche mit Herbert Marcuse, S. 32.
273 Herbert Marcuse, Triebstruktur und Gesellschaft, S 5, S. 236.

xis von den existenziellen Bedürfnissen der Individuen aus entwickelt und bestimmt werden, nicht mehr als bloße Ableitung
aus deren ökonomischer Situation. Marcuse sieht darin keinen
ungebührlichen Verstoß gegen den Materialismus der marxschen Theorie. Marx und Engels hatten nach seiner Ansicht
den Maßstab ihrer Gesellschaftskritik eher in Verlängerung des
deutschen Idealismus gebildet als in Abgrenzung zu ihm.[274] Nur
unter den Bedingungen des liberalen Kapitalismus des 19. Jahrhunderts mussten und konnten sie das Subjekt der Veränderung aus dem materiellen Entwicklungsprozess der Gesellschaft
ableiten. «Mussten», weil die sprunghafte Entwicklung der
Produktivkräfte gerade erst begonnen hatte und die materielle
Basis einer freien Gesellschaft noch keineswegs begründet war.
«Konnten», weil das Proletariat tatsächlich nicht integriert war
und deshalb ganz real und praktisch über den liberalen Kapitalismus hinausweisende Bedürfnisse vertrat, die – zumindest für
eine gewisse Zeit und in einem gewissen Umfang – mit einer
allgemein-menschlichen Befreiung identisch waren: *«Von den
drei Eigenschaften, die nach der Marxschen Theorie die Arbeiterklasse zum potentiellen revolutionären Subjekt machen (1.
sie allein kann den Produktionsprozeß zum Stillstand bringen;
2. sie bildet die Mehrheit der Bevölkerung und stellt 3. in ihrer
ganzen Existenz die Negation des Restehenden dar) tritt nur
noch die erste ... zu ... Aber die Marxsche Konzeption schloß
die Einheit jener drei Eigenschaften ein.»*[275]

Nur für die erste Eigenschaft ist die Arbeiterklasse bei Marcuse noch relevant. Die zweite ist im Spätkapitalismus relativ flie-
ßend geworden, mit dem Konzept des Gesamtarbeiters[276] gehören fast alle abhängig Beschäftigten, nicht mehr nur die klassische Arbeiterschaft, zu dieser Mehrheit, aus der das Subjekt zu
konstituieren wäre. Die Frage nach der negatorischen Kraft eines
Subjekts gesellschaftlicher Veränderung beantwortet Marcuse
mit Verweis auf den auch bei Marx und Engels zugrunde liegenden *«idealistische[n] Kern der materialistische[n] Philosophie»*
als Kraftquelle seiner Konzeption politischer Praxis – eben jenen
universellen und eingeborenen Ideen von Freiheit und Glück, die
aktualisiert werden müssen, um wirksam werden zu können.

274 Vgl. Stefan Breuer, Die Krise der Revolutionstheorie, S. 204.
275 Herbert Marcuse, Konterrevolution und Revolte, S 9, S. 44.
276 A.a.O., S. 19.

Nicht mehr die objektive Stellung im Produktionsprozess konstituiert also das Subjekt der Befreiung, sondern die Stärke bzw. die Brüchigkeit der einwirkenden integrierenden Kräfte (die durchaus auch mit der Sphäre der Produktion zu tun haben) bestimmen, ob dieses zu einer oppositionellen Bewegung beitragen kann. Mit dieser Aufgabe eines Kollektivsubjektes nähert Marcuse sich dem Zusammenhang von Praxis und individueller Moral. Der vernichtenden Kritik an humanistischer Aufklärungsphilosophie und bürgerlichen Moralvorstellungen, wie sie Adorno und Horkheimer in der «Dialektik der Aufklärung» üben, stellt Marcuse seine psychoanalytische Anthropologie als Korrektiv zur Seite. Wo bei Adorno später der somatische Impuls und das kritische Denken eine schwache Bastion der Humanität und Individualität innerhalb der unauflösbaren Widersprüche der spätkapitalistischen Gesellschaft begründen, wird bei Marcuse die Einheit dieser beiden Elemente zur Basis einer moralisch-existenziellen Revolte: «*Vor jedem mit den spezifischen sozialen Maßstäben übereinstimmenden sittlichen Verhalten, vor jeder ideologischen Äußerung ist Moral eine ‹Anlage› des Organismus, die ... im erotischen Trieb ihren Ursprung hat, der Aggressivität entgegenzuwirken, ‹immer größere Einheiten› des Lebens zu schaffen und dann zu erhalten. Wir hätten dann, jenseits aller ‹Werte›, ein triebpsychologisches Fundament für Solidarität unter den Menschen.*»[277]

Dieses Fundament freizulegen, um darauf aufbauen zu können, begreift Marcuse als den wesentlichen Inhalt politischer Praxis unter den Bedingungen des Spätkapitalismus. Im Bündnis von Vernunft und Trieb können sich die Individuen also zumindest graduell oder schrittweise sowohl dem instrumentellen Denken und seinen Konsequenzen als auch der Vereinnahmung durch die konsumgesteuerte Bedürfnislenkung entwinden. Die beiden Kraftquellen von verändernder Praxis kulminieren im bereits dargestellten Konzept der *sinnlichen Vernunft*. Theoretisch und abstrakt kann sie nicht ermittelt und demonstriert werden. Die Aufhebung von Eindimensionalität im Zusammenkommen aller Dimensionen menschlicher Existenz ist ihr wesentliches qualitatives Merkmal. Die in der Abkehr von den Scheinbefriedigungen erwachenden neuen Bedürfnisse geben durch den Charakter ihrer Befriedigung an, welche Umgestaltung

277 Herbert Marcuse, Versuch über die Befreiung, S 8, S. 250.

die bestehende Gesellschaft erfahren muss. Neue Formen des familiären und nichtfamiliären Zusammenlebens, Aufhebung von sexueller Repression etwa für außereheliche und gleichgeschlechtliche Beziehungen, Formen gewalt- und autoritätsarmer Partnerschaft und Kindererziehung, Freiheit des eigenen kulturellen Ausdrucks, Gleichberechtigung von Minderheiten, Anerkennung differenter Lebensstile und -ziele, Minderung destruktiver Eingriffe in die Umwelt: Das waren die Schauplätze dieser gesellschaftlichen Kämpfe. Aus dem anknüpfen an verdrängte Triebregungen, begleitet von kritischer Reflexion, entstehen neue Bedürfnisse. So konstituieren sich nach Marcuse das politische Subjekt als ein im Wesentlichen voluntaristisches und seine Praxis nicht als eine soziale Revolution, sondern zunächst als eine moralische Revolte. *«In dem Maße wie das Bewußtsein durch die Erfordernisse und Interessen der bestehenden Gesellschaft bestimmt wird, ist es ‹unfrei›; in dem Maße, wie die Gesellschaft irrational ist, wird das Bewußtsein nur im Kampf ‹gegen› sie frei für die höhere geschichtliche Rationalität.»*[278]

Die triebpsychologische Fundierung des Revolutionsmodells hat bei Marcuse die ökonomische ersetzt, Marx' Anthropologie der Arbeit verschwindet fast hinter dem an Freud entwickelten Modell aus «Eros and Civilization». Damit wandelt sich auch die Bedeutung menschlicher Bedürfnisse ganz entscheidend: Vom Maßstab der Kritik werden sie zum Objekt der Kritik. Nicht mehr die Befriedigung vorhandener Bedürfnisse ist das Ziel politischer Praxis, denn dies besorgt der Kapitalismus inzwischen im wahrsten Sinne des Wortes zufriedenstellend. Vielmehr steht die Kritik dieser vom Kapitalismus geprägten Bedürfnisstruktur und die Entwicklung neuer, qualitativ davon sehr verschiedener Bedürfnisse im Vordergrund. Diese sollen im Einklang mit der psychischen Tiefenstruktur des Individuums stehen statt mit den Erfordernissen der repressiven Gesellschaftsordnung: *«Auf dieser Stufe lautet die Frage nicht mehr: wie kann das Individuum seine Bedürfnisse befriedigen, ohne andere zu verletzen, sondern vielmehr: wie kann es seine Bedürfnisse befriedigen, ohne sich selbst zu verletzen, ohne … seine Abhängigkeit von einem ausbeuterischen Apparat zu reproduzieren, der, indem er Bedürfnisse befriedigt, Knechtschaft verewigt?»*[279]

---

278 Herbert Marcuse, Der eindimensionale Mensch, S. 234.
279 Herbert Marcuse, Versuch über die Befreiung, S 8, S. 245.

6.2.2 Neue Subjekte der Veränderung: Katalysatoren des Wandels

Das spontane und vitale Bedürfnis nach einer neuen Form des gesellschaftlichen Lebens ist also kennzeichnend für das neue Subjekt. Wie aber stellt sich Marcuse in der eindimensionalen Gesellschaft, die ja bis in die Triebstruktur hinein die Individuen geformt und angepasst hat, eine solche Entwicklung überhaupt vor? *«Die Hauptschwierigkeit scheint mir in dem dialektischen Begriff zu liegen, nach dem die negativen Kräfte sich innerhalb eines bestehenden antagonistischen Systems entwickeln. Es scheint, daß diese Entwicklung ... heute schwer demonstrierbar ist.»*[280] Die klassische Darstellung dieser traditionell marxistischen Geschichtsbetrachtung findet sich im «Manifest der Kommunistischen Partei», wo Marx und Engels in einem furiosen Ritt durch die Epochen immer wieder ehemals unterdrückte Klassen zur Macht kommen und ihre Vorgänger ablösen lassen. Jedes Mal ist die historische Kraft, die eine Gesellschaftsordnung umwirft, selber in ihr groß geworden und jedes Mal sind die inneren Konflikte und Spannungen angewachsen, bis sie sich in einer Revolution entluden.

In der «Dialektik der Aufklärung» und dem «Eindimensionalen Menschen» wird aber diese Spannung als auf die eine oder andere Art stillgestellt und die soziale Realität als eine zumindest an der Oberfläche bruchlose beschrieben. Ein historisches Subjekt, das dennoch eine diese Gesellschaft negierende Kraft zustande bringen könnte, kann also kaum dieser eindimensionalen Welt angehören, sondern muss wohl notgedrungen von einem noch nicht näher bestimmten Außerhalb kommen. Das häufige Missverständnis dieses Begriffs, der angesichts der ständigen Betonung von Totalität doch paradox anmutet, beruht auf der Verwechslung des Bezugs. Kein Außerhalb des Kapitalismus ist gemeint, denn ein solches gibt es schlichtweg nicht (abgesehen vielleicht vom Ostblock, aber da käme man nach Marcuses Ansicht auf der Suche nach Befreiung nur vom Regen in die Traufe). Marcuse betont dies in Diskussionen immer wieder, wenn der «Ausstieg» aus der Gesellschaft als ein politisches Konzept angepriesen wird. Eine solche Vorstellung ist für ihn nichts als eine hilflose Fluchtbewegung,

---

280 Herbert Marcuse, Zum Begriff der Negation in der Dialektik, S 8, S. 194.

individuell nachvollziehbar zwar, aber strategisch unsinnig, über die er sich eher lustig macht: *«Außerdem kann man aus dem System heute gar nicht mehr aussteigen; denn selbst auf dem Mond würde man ja Coca-Cola-Flaschen finden.»*[281] Marcuses Außen bezieht sich auf den eindimensionalen Charakter der Gesellschaft. Im Gegensatz zu Adorno, der kein Entrinnen aus Verdinglichung und Verblendungszusammenhang sehen kann, es sei denn im Bewusstsein der unaufhebbaren Widersprüche, besteht Marcuse ausdrücklich auf dem Scheincharakter seines Befundes. Nicht mehr Ideologie im klassischen Sinne binde die Menschen an die eindimensionale Welt, sondern ihre Teilhabe an einem falschen Lebensmodell: *«Die Ideologie zieht sich aus dem Überbau zurück (wo sie durch ein System dreister Lügen und durch Unsinn ersetzt wird) und verkörpert sich in den Gütern ... der Konsumgesellschaft, die das falsche Bild vom guten Leben aufrechterhalten.»*[282] Wenn die Bindung der Individuen an die bestehende Gesellschaft der materiellen, letztlich physischen Sphäre angehört und nicht der geistigen, dann kann sie nicht gut durch philosophische Kritik, sondern vielmehr durch Praxis angegriffen werden. In diesem Sinne macht sich die neue Sensibilität die Aneignung des gesamten Lebens zur Aufgabe und wird somit zum Faktor politischer Praxis. Wo die Integrationsmechanismen versagen oder nicht erschöpfend angewendet werden, wo Gruppen die Teilnahme am Lebensmodell der Mehrheit verweigert wird, dort mag eine spontane Alternative zum Status quo entstehen.

Dies geschieht nach Marcuse zunächst einmal innerhalb des *«Substrat[s] der Geächteten und Außenseiter»*[283] in den entwickelten Gesellschaften («Der eindimensionale Mensch» wird geschrieben, während in den Südstaaten der USA noch Apartheid herrscht). In den unterprivilegierten, von Wohlstand ausgeschlossenen Minderheiten wird Dissens durch unverhüllte rassistische Diskriminierung produziert. Die Bürgerrechtsbewegung fordert zunächst nichts als verfassungsmäßige Rechte auch für die diskriminierten Minderheiten – und begegnet wird

---

281 Vgl. «Konkret»-Interview Marcuses, 15.6.72, in: Wolfgang Kraushaar, Frankfurter Schule und Studentenbewegung, Band 2, Dokument 398; Konterrevolution und Revolte, S 9, S. 54.
282 Herbert Marcuse, Konterrevolution und Revolte, S 9, S. 86.
283 Herbert Marcuse, Der eindimensionale Mensch, S. 267.

ihr mit nackter Gewalt. Binnen weniger Jahre wächst sie in ihrer personellen Breite über die unmittelbar Betroffenen und in der Tiefe ihrer politischen Ziele über die Frage einfacher Gleichberechtigung hinaus.

Aber auch die Entwicklung der Produktivkräfte in den Metropolen trägt zur Veränderung bei: Die Veränderung der Arbeitsorganisation – die Stichworte lauten u. a.: Automation, Wandel von Hand- zu Kopfarbeit und von Produktions- zu Dienstleistungs- und Kontrolltätigkeiten – benötigt und produziert zu dieser Zeit verstärkt neue Individuationsmuster. Nach der Schwächung des autonomen bürgerlichen Individuums löst sich nun auch das asketische, protestantische Arbeitsethos auf, das bisher die Form der internalisierten, innerpsychischen Repressionsinstanzen (in Deutschland bekannt als die berüchtigten preußischen Sekundärtugenden) prägte, aber für eine auf organisiertem Massenkonsum beruhende Gesellschaftsform nicht mehr adäquat ist. Wo kritisches und theoretisches Denken in einem gewissen Rahmen gepflegt werden muss, an den Universitäten, die den wachsenden Personalbedarf von wirtschaftlichem Management und staatlicher Bürokratie decken sollen, entstehen im Rahmen von Bildungsreformen neue Refugien kritischen Geistes. Diese Reformen waren nicht durch hehre Bildungsideale motiviert, sondern ähnlich wie die heutigen Bildungsdebatten von der Angst um die internationale Konkurrenzfähigkeit des jeweiligen Wirtschaftsstandortes bezüglich der Ware menschliche Arbeitskraft gespeist. Die USA unternahmen in den 60er-Jahren große Bildungsanstrengungen und öffneten ihre Universitäten breiteren Schichten als je zuvor, weil die Sowjetunion mit ihrem Raumfahrtprogramm klare Vorsprünge gegenüber dem Westen («Sputnik-Schock») bewiesen hatte. Die vom Erwerbszwang größtenteils suspendierte Lebenswelt der neuen Massenuniversitäten erlaubte der sich nun auch dort entwickelnden Subkultur, mit neuen Formen des Alltagslebens zu experimentieren.[284] Die Jugend- und Aussteigerbewegung, die aus diffusen und impulsiven Motiven die Teilnahme an der Überflusskultur der Elterngeneration verweigerte, geriet wegen ihres kulturell abweichenden Verhaltens in massive Konflikte mit der Majorität. Dennis Hopper ist mit seiner Verkörperung dieses Konfliktes im Film «Easy Rider»

---

284 Vgl. Herbert Marcuse, Konterrevolution und Revolte, S 9, S. 59 f.

berühmt geworden. Die neue Frauenbewegung griff mit ihrer Kritik der anhaltend patriarchalen Familien- und Gesellschafts-struktur an derselben Bruchstelle die althergebrachten Formen des Zusammenlebens an. Auch Marcuse betont stark die Not-wendigkeit der Aufhebung patriarchaler Verhältnisse und die Wichtigkeit der Lockerung der allgemeinen sexuellen Repressi-on.[285] Alle diese Kräfte bewiesen und bewirkten ein Nachlassen der Integrationskraft der eindimensionalen Gesellschaft in den Metropolen selbst.

Es gibt aber noch ein weiteres *Außen* in Marcuses Theorie. Kreist Adornos Gesellschaftskritik bis zuletzt immer um den Massenmord an den europäischen Juden während des Natio-nalsozialismus, so widmet Marcuse sich seit den 60er-Jahren weit mehr der aktuellen und vor allem der internationalen Situ-ation, vor allem den kolonialen und postkolonialen Kriegen und Bürgerkriegen in Vietnam und Algerien und den Diktaturen im Iran und später in Chile. Weit konsequenter als Adorno, der diesen Themenkomplex mitunter erwähnt, aber nie ausführt (*«Ob ... das Klassenverhältnis umgelegt ward auf das zwi-schen den führenden Industrieländern und den umworbenen Entwicklungsländern, mag unerörtert bleiben.»*[286]) thematisiert Marcuse den Zusammenhang von friedlicher Prosperität in den westlichen Metropolen mit den Kriegen und diktatorischen Ver-hältnissen in der Dritten Welt. Dieser spielt eine größere Rolle an der Oberfläche seiner politischen Schriften als das historische Grauen des Nationalsozialismus. Für Marcuse gilt zudem noch die Offenheit der Geschichte: «*Die klassische Alternative ‹Sozia-lismus oder Barbarei› ist heute aktueller denn jemals zuvor.*»[287]

Eine endgültige Entscheidung ist noch nicht gefallen, aber die Barbarei wird unterdessen in die Randzonen vor allem der westlichen Welt exportiert, in die lateinamerikanischen Hinter-höfe der USA und die ehemaligen europäischen Kolonien in Afrika und Asien. Politisch-ökonomisch dem westlichen System angeschlossen, tragen die Staaten der Dritten Welt die Nach-teile, die der Bevölkerung in den Metropolen seit Jahrzehnten größtenteils erspart geblieben sind, nämlich unmittelbar gewalt-

---

285 Herbert Marcuse, Versuch über die Befreiung, S 8, S. 250.
286 Theodor W. Adorno, Spätkapitalismus oder Industriegesellschaft?, GS 8, S. 361; vgl. auch: ders., Gesellschaft, GS 8, S. 6.
287 Herbert Marcuse, Scheitern der Neuen Linken?, S 9, S. 170.

same Herrschaft, politische Rechtlosigkeit und ökonomische Ausbeutung bis unter die Reproduktionskosten der Arbeitskraft. Dort bestehen ohnehin teils feudale, teils moderne diktatorische Gesellschaftsformen, bei denen von Eindimensionalität zu reden gänzlich absurd wäre. Nach Ansicht Marcuses existiert unter den Bedingungen dieses Nord-Süd-Konflikts die Möglichkeit, dass durch die weltumspannenden Medien der hoch entwickelten Kulturindustrie ein politischer Rückwirkungsprozess in die Metropolen ausgelöst wird, der unter Umständen Risse im eindimensionalen Gefüge verursachen könnte, wenn er dort auf Resonanz stieße:[288] Die Nachrichten und Bilder vom Krieg in Vietnam, die das heimelige Wohnzimmer der Mittelschichtfamilie auf der Nordhalbkugel heimsuchen, zerstören unwiderruflich die Illusion einer heilen, prosperierenden Welt. Zugleich tauchen mit der chinesischen Kulturrevolution Mao Tse-tungs und später den Entwicklungen in der Tschechoslowakei unter Dubček und in Chile unter Allende praktische Beispiele auf, die die Unverrückbarkeit der bestehenden autoritären Ordnungen westlicher wie östlicher Prägung offensichtlich in Frage stellen.[289] Nun erschien es möglich, die Staatsparteien des Ostblocks zu reformieren oder durch außerinstitutionelle Bewegungen auszuhebeln. Und zumindest an der Peripherie des westlichen Systems schienen ganz grundsätzlich andere politische Orientierungen mehrheitsfähig und praktisch durchsetzbar zu werden. Nur unter der Bedingung der Existenz einer solchen äußeren Sphäre heftiger und nicht bruchlos zu integrierender politischer Konflikte, so Marcuse, konnte sich die neue Opposition in den westlichen Gesellschaften als eine politische Kraft konstituieren.

---

288 Herbert Marcuse, Versuch über die Befreiung, S 8, S. 241; Der eindimensionale Mensch, S 7, S. 268.
289 Herbert Marcuse, Versuch über die Befreiung, S 8, S. 241.

6.2.3 Die existenzielle Verweigerung

When I'm drivin' in my car
And that man comes on the radio
He's tellin' me more and more
About some useless information
Supposed to fire my imagination
I can't get no, oh no no no
Hey hey hey, that's what I say
I can't get no satisfaction
I can't get no satisfaction
'Cause I try and I try and I try and I try
I can't get no, I can't get no ...
    Rolling Stones, Satisfaction (I can't get no)[290]

Mit dem Entstehen einer neuen Opposition endet für Marcuse zwar die Suche nach einem Subjekt politischer Praxis im Kapitalismus, seine Theorie handelt sich aber scheinbar einen Teufelskreis ein: Die Konstituierung des Subjekts und die Umwälzung der Gesellschaft hängen wechselseitig voneinander ab.[291] Marcuse fasst dieses Verhältnis aber als ein dialektisches, für das nicht nur er keine Lösung gefunden hat, sondern für das es überhaupt keine theoretische Lösung geben kann: «... *der Bruch mit dem sich automatisch vorwärtsbewegenden konservativen Kontinuum der Bedürtnisse muß der Revolution vorangehen, die in eine freie Gesellschaft einmünden soll; aber ein solcher Bruch kann nur im Verlauf einer Revolution ins Auge gefaßt werden.*»[292] Eben diesen Zirkel zu brechen braucht es die lebendige, positive Erfahrung, die sich nur in einer Ausweitung der politischen Rebellion auf den Bereich des Alltagslebens realisieren lässt, nicht aber in der Beschränkung auf die traditionelle Sphäre institutioneller, etwa parlamentarischer Politik. Unauflösbare Widersprüche in der Theorie werden von Marcuse der Praxis zur Entscheidung überantwortet: «*Es gibt natürlich die Frage nach dem Subjekt der Veränderung ... Diese Frage erscheint mir unvernünftig, weil sich das revolutionäre*

---

290 Rolling Stones, Satisfaction (I can't get no), Single 1965.
291 Vgl. Herbert Marcuse, Versuch über die Befreiung, S 8, S. 257 f.; Herbert Marcuse und Andere: Gespräch über das Ende der Utopie, in: ders., Das Ende der Utopie, Frankfurt am Main 1980, S. 38.
292 Versuch über die Befreiung, S 8, S. 257 f.

Subjekt nur entwickeln kann im Prozeß der Revolution selbst ...
[Es; MS] entsteht in der Praxis, in der Entwicklung des Bewußt-
seins, in der Entwicklung der Aktion.»[293] Marcuses Antwort ist
hier wieder die eines Praktikers auf eine theoretische Frage, so
wie Alexander der Große nicht die Schlaufen des Gordischen
Knotens studierte, um ihn kunstfertig zu entwirren, sondern
ihn ganz alltagspraktisch mit dem Schwert entzweischlug. Man
kann eine solche Antwort sowohl für verfehlt als auch für die
einzig denkbare halten.

Damit ist Marcuses Sicht auf den Konstitutionsprozess der
oppositionellen Kräfte in der kapitalistischen Welt umrissen.
Diese sind durchgängig randständig und haben nicht die Kraft,
zum alleinigen Träger umwälzender Praxis zu werden. Die Opposition besteht aus verschiedenen Teilen, die nicht beliebig
zusammenwirken können, aber Kritik und Herausforderung
für das System von verschiedenen Seiten bedeuten. Marcuse
erklärt, begrüßt und rechtfertigt diese Rebellionen (die Rebellinnen und Rebellen hörten dies und waren verständlicherweise
begeistert), aber er missversteht sie nicht als die Antwort auf die
Frage nach einem revolutionären Subjekt*: «Keine dieser Kräfte
ist die Alternative. Dennoch umreißen sie in sehr verschiedenen
Dimensionen die Grenzen der etablierten Gesellschaften, ihre
Macht der Eindämmung.*»[294]

Einstweilen ist Praxis damit auf den Charakter einer «*Kulturrevolution*»[295] beschränkt. Diese soll nach Marcuse im Sinne von
zivilem Widerstand und Provokation gegen allgemeingültige
Vorstellungen und Normen verstoßen. Nicht zentral gelenkte,
einheitliche Massenorganisationen, sondern unterschiedlichste
heterogene Gruppen und Bündnisse tragen die Hauptlast dieser
Arbeit. Sie sollen durch Basistätigkeit aller Art in lokalen und
regionalen Bereichen wirksam werden. Die gesamtgesellschaftliche Aufgabe, die solche oppositionellen Gruppen für Marcuse übernehmen können, ist die von *politischen Katalysatoren.*
Man kann von einer Wende der bislang auf den Staatsapparat
zielenden Revolutionstheorie zu einer gesamtgesellschaftlichen
Graswurzelopposition sprechen, auch wenn der Begriff bei
Marcuse noch nicht auftaucht. Die spezifischen Schwierigkeiten

---

293 Herbert Marcuse, Reform oder Revolution?, S. 16.
294 Herbert Marcuse, Versuch über die Befreiung, S 8, S. 242.
295 Herbert Marcuse, vgl. Konterrevolution und Revolte, S 9, S. 81.

eines solchen subversiven Ansatzes in einer von der Kulturindustrie geprägten Öffentlichkeit schätzt Marcuse nicht gering ein. Ist die Opposition auch auf absehbare Zeit auf den Charakter einer unversöhnlichen Revolte beschränkt, die keine Aussicht auf eine erfolgreiche Umwälzung der Gesellschaft hat, so können sich doch die Aktivistinnen und Aktivisten in ihr verändern, kann sich in der Bewegung der *neue Mensch* als Subjekt einer zukünftigen Praxis herausbilden, um die Eindimensionalität der Gesellschaft perspektivisch zu erschüttern. Nicht ganz zufällig umschreibt Marcuse diesen Prozess einmal als die Notwendigkeit einer zweiten bürgerlichen Revolution: «*Ich meine, überspitzt formuliert, was notwendig erscheint, ist eine zweite bürgerliche Revolution, weil die Bourgeoisie ihre … Errungenschaften … preiszugeben begonnen hat und weil die Arbeiterklasse bürgerlich geworden ist.*»[296] Dieser Gedanke ist in voller Absicht weniger einer politökonomischen Gesellschaftstheorie verpflichtet denn dem Ziel der Vollendung und Ausweitung der inzwischen in Regression übergegangenen bürgerlichen Individuation.

Das überhören viele der Rebellinnen und Rebellen lieber. Gemeinsam ist den oppositionellen Gruppen aber, dass sie den mannigfaltigen Integrationsmechanismen nicht zur Gänze unterliegen und damit die «*Abriegelung des Politischen*»[297] und die «*repressive Toleranz*»[298] unterlaufen, die in der hochentwickelten Gesellschaft bisher für politische Friedhofsruhe sorgten. Den ideologischen Schein, den technologischen Schleier der Neutralität auch dort zu durchstoßen und zu schwächen, ist ihre anstehende Aufgabe, meint Marcuse. Erst in diesem Prozess würde sich ein wirkliches Subjekt gesellschaftlicher Umwälzung konstituieren. Bis dahin haben die Individuen und Gruppen der neuen Opposition die Funktion und Aufgabe von Katalysatoren, deren aktive Gegenwart politische Prozesse, die ohne sie nicht stattfinden würden, auch jenseits der engen eigenen Milieus ermöglicht. Welche konkrete Form diese Praxis annehmen könnte, ist Gegenstand vieler Vorträge und Artikel von Marcuse gewesen.

296 Jürgen Habermas, Silvia Bovenschen u. a., Gespräche mit Herbert Marcuse, S. 54.
297 Herbert Marcuse, Der eindimensionale Mensch, S. 39.
298 Herbert Marcuse, Repressive Toleranz, S 8, S. 136.

6.2.4 Repressive Toleranz

Eine der wirkungsmächtigsten Verteidigungsschriften zugunsten der Neuen Linken war Marcuses Aufsatz «Repressive Toleranz». Mit diesem Terminus beschreibt er die Form des Umgangs mit politischer Opposition, die für die formal demokratisch verfassten, fortgeschrittenen kapitalistischen Staaten der Nachkriegszeit typisch ist: ignorieren, so weit sie sich an die Regeln hält, und die Polizei schicken, wenn sie es nicht tut. Ursprünglich vom lateinischen Verb «tolerare» abgeleitet, was so viel wie aushalten oder ertragen bedeutet, meint Toleranz die Duldung von abweichenden Meinungen. Die hohe Wertschätzung der Toleranz, so Marcuses Argumentation, ergibt sich aus ihrer historischen Funktion als ein Mittel zur Wahrheitsfindung gegen den Allmachtsanspruch der Kirche. Nicht das religiöse Dogma, durch die nackte Gewalt der Inquisition geschützt, sondern der zwanglose Zwang des besseren Arguments soll in der aufgeklärten Welt den Weg zur Wahrheit weisen. Dafür ist die grundlegende Anerkennung von unterschiedlichen Positionen eine ebenso nötige Voraussetzung wie der Wunsch beider Streitparteien, ihre Differenzen durch Klärung der Sache zu überwinden und nicht durch Dominanz einer Partei über die andere. Toleranz ist daher zunächst Instrument und Teil eines Arbeitsbündnisses von Menschen oder Gruppen, die im Dialog nach einer Wahrheit suchen, der sie sich kraft ihrer Einsicht in die eigene Fehlbarkeit zu unterwerfen bereit sind. Sinn einer demokratischen politischen Ordnung ist es, einen solchen Dialog zu ermöglichen – nicht weil er an sich so ein leuchtendes Beispiel für die Entwicklung des menschlichen Geistes ist, sondern um durch den Meinungswettstreit zu den, wie man unterstellt, bestmöglichen Entscheidungen zu kommen.

So jedenfalls die Theorie. Unter den Bedingungen einer ökonomisch prosperierenden Gesellschaft mit einer kulturindustriell vereinheitlichten Öffentlichkeit und einer randständigen Opposition hat die Debatte zwischen radikal oppositionellen und etablierten Positionen allerdings diese Bedeutung verloren, auch wenn formale Meinungs- und Pressefreiheit durchaus gewährleistet sind. Denn der Diskurs ist nur deshalb formal herrschaftsfrei, weil er dem Gang der Dinge gegenüber wirkungslos bleibt, weil er obsolet ist und aus seinen Ergebnissen nichts folgt. Eine Entscheidung zwischen wahr und falsch findet nicht nur gar nicht statt, es wird mitunter sogar bestritten, dass sie möglich oder sinnvoll wäre. Unter solchen Bedingungen des Verzichtes auf Konsequenzen aus einer vernunftgeleiteten Debatte setzt sich natürlich immer der Status quo durch. Toleranz ist dann zum Selbstzweck geworden, wenn sich kritische und affirmative Rede unvermittelt und gleichrangig gegenüberstehen und ihr Aufeinanderprallen keine Ergebnisse zeitigt, die auf den Lauf der Dinge gestaltend einwirken können. Der bestehende Dissens wird dann, ungeachtet seines Inhalts, sogar noch zum formalen Beweis der Liberalität eines Systems, das seine Grundlagen, wie das Privateigentum an Produktionsmitteln oder das Führen eines mörderischen Krieges in anderen Teilen der Welt, nicht dem Ergebnis einer Diskussion unterwirft und hinter dem Schleier des Sachzwanges oder der Alternativlosigkeit versteckt, aber gerne darüber diskutieren lässt, solange dies folgenlos bleibt. «*Toleranz wird von einem aktiven Zustand in einen passiven Zustand überführt, von der Praxis in eine Nicht-Praxis: ins laissez-faire der verfassungsmäßigen Behörden. Gerade vom Volk wird die Regierung geduldet, die wiederum die Opposition duldet im Rahmen der verfassungsmäßigen Ordnung.*»[299] Oder populär zusammengefasst: Gut, dass wir mal drüber geredet haben!

Herbert Marcuse empfiehlt deswegen mitunter Distanz zu den etablierten demokratischen Institutionen und Spielregeln zugunsten einer absichtlich rebellischen, provokativen Praxis. Mit diesen Überlegungen haben die Provokationen und Regelverletzungen der Protestbewegung ihre theoretische Begründung erfahren: Sie sind nicht bloß ein möglicherweise subjektiv befreiender Selbstausdruck der Akteure, sondern ein objektiv notwendiges politisches Mittel. Damit wandelt sich die Strategie der Opposition: Nicht um die Erringung von politischer, letztlich staatlicher Macht geht es, sondern um die Unterminierung derjenigen Kräfte, die die Menschen ideologisch und triebökonomisch an die eindimensionale Gesellschaft binden.

---

299 A. a. O., S. 137.

Exkurs zu politischer Gewalt

«Die dritte Wohngemeinschaft ist sauber und ordentlich und verbindlich und guter Laune. Durch Zufall ist Jörg an sie herangekommen. … Da klappt der Einkauf, da klappt der Wochen- und Monatsplan, da sind acht Erwachsene und zwei Katzen. … Diskussionen über eigene und politische Probleme sind gelassen. Ilona und Jörg fühlen sich wohl. Eines Abends aber: Wir packen, und als Ilona fragt: Warum, sagt Jörg, das sage ich Dir später. Später ist wieder im Appartement. Ich versteh Dich nicht, sagt Ilona. Sie lasen Marighella, als wir im Kino waren, flüstert Jörg.»

Peter Paul Zahl, Die Glücklichen[300]

Wenn Marcuse die Protestbewegung auch nicht mit Kritik verschonte,[301] so erschien ihm doch alles, was an ihr falsch oder sogar gefährlich sein mochte, vernachlässigbar gegenüber den Mächten, die der Spätkapitalismus für seine Zwecke entfesseln konnte. Nicht nur, aber vor allem durch diese zugewandte Haltung zur Protestbewegung auch in ihren Fehlern stand Marcuse bald im Gegensatz zu seinen Freunden Adorno und Horkheimer, für die viele Äußerungen und Formen des Protestes schon *«das Grauen»* enthielten.[302] Während Marcuse im Abschütteln bürgerlicher Umgangsformen, in Provokation, Gehorsamsverweigerung, der Betonung des Kollektiven und radikalem Habitus befreiende Tendenzen im Sinne seiner «großen Weigerung» sah, erkannte Adorno darin keine Aufhebung repressiver bürgerlicher Sozialisation, sondern einen Rückfall hinter einen oh-

---

300 Carlos Marighella (1911–1969), brasilianischer Revolutionär, war Autor des «Minihandbuchs des Stadtguerilleros», das zu den Inspirationsquellen der militanten Gruppen Westeuropas zählte. Peter Paul Zahls im Knast geschriebener Roman «Die Glücklichen», Berlin 1979, erzählt eine teilbiografische Geschichte aus dem subversiven Berliner Milieu der 70er-Jahre.

301 Zwei schöne Beispiele solcher Kritik sind die Interviews mit dem 1975 recht leninistisch argumentierenden Hans-Magnus Enzensberger (Herbert Marcuse, Organisationsfrage und revolutionäres Subjekt, S 9, S. 171 ff.) und einem Gespräch im Juni 1979 mit der Sozialistischen Hochschulinitiative (Interview Herbert Marcuse–SHI, in: Peter-Erwin Jansen, Befreiung denken – Ein politischer Imperativ, S. 193 ff.).

302 Brief Adorno–Horkheimer 8.12.66, in: Wolfgang Kraushaar, Frankfurter Schule und Studentenbewegung, Band 2, Dokument 110.

nehin vom Verschwinden bedrohten Stand zivilisierten Verhaltens, eine Regression, die nur notdürftig als politisch bemäntelt werde. Die Frage des Umgangs mit dem staatlichen Gewaltmonopol, also die nach dem «*Problem der Gewalt in der Opposition*» beantwortete Marcuse dabei längst nicht so offensiv, wie es etwa Sartre getan hatte, der bereits 1961 voller Abscheu über die Kriegs- und Kolonialverbrechen der westlichen Mächte in Afrika, Asien und Lateinamerika ein flammendes Vorwort zu den Schriften des algerischen Befreiungstheoretikers Frantz Fanon verfasst hatte: «*Seht doch endlich das folgende ein: Wenn die Gewalt heute Abend begonnen hätte, dann könnte die demonstrative Gewaltlosigkeit vielleicht den Streit besänftigen. Aber wenn das ganze System bis in eure gewaltlosen Gedanken von einer tausendjährigen Unterdrückung bedingt ist, dann dient eure Position nur dazu, euch auf die Seite der Unterdrücker zu stellen.*»[303]

Aber auch Marcuse weigerte sich, das Gewaltmonopol des bürgerlichen Staates als den alles entscheidenden moralischen Maßstab für die Beurteilung einer jeden Opposition anzunehmen. In der Folge wurde er vor allem wegen seines Textes «Über das Problem der Gewalt in der Opposition» als Befürworter von Gewalt und Terror denunziert.[304] Marcuse bezieht sich in dieser Schrift wie andernorts auf das Naturrecht – die philosophische Vorstellung, dass bestimmte soziale Normen unmittelbare Bedeutsamkeit und Wirksamkeit für menschliches Zusammenleben haben und dabei höher stehen können als positives Recht, also als die in einem formalisierten Verfahren verabschiedeten Gesetze und Verordnungen. Dieser Gedanke an sich ist wenig revolutionär – die US-Unabhängigkeitserklärung oder das deutsche Grundgesetz enthalten an prominenter Stelle naturrechtliche Bezüge: «*We hold these truths to be self-evident, that all men are created equal …*» Oder: «*(1) Die Würde des Menschen ist unantastbar. (2) Das Deutsche Volk bekennt sich darum zu unverletzlichen und unveräußerlichen Menschenrechten als Grundlage jeder menschlichen Gemeinschaft …*» Es

303 Jean-Paul Sartre, Vorwort zu Frantz Fanon, Die Verdammten dieser Erde, Frankfurt am Main 1966, S. 21.
304 Vgl. Offener Brief von Filbinger und Antworten im Dezember 1977, in: Wolfgang Kraushaar, Frankfurter Schule und Studentenbewegung, Band 2, Dokumente 417–419.

ist nicht schwer nachzuvollziehen, dass nur wenige Jahre nach dem Untergang des Deutschen Reiches in einem Krieg mit über fünfundfünfzig Millionen Opfern der Gedanke nahelag, dass positives staatliches Recht durchaus im Widerspruch zu diesen Grundlagen stehen kann und dass diese im Konfliktfall eine höhere Geltung beanspruchen müssen.

Marcuse verwies nun mit Hinblick auf die Bürgerrechtsbewegung und auch auf antikoloniale Befreiungsbewegungen darauf, dass entrechtete und unterdrückte Minoritäten aus diesem Grund alles moralische – nicht juristische – Recht der Welt hätten, sich notfalls auch gewaltsam gegen ihre Unterdrücker zu wehren. Da zudem auch nur sie die Konsequenzen einer solchen Handlung zu ertragen hätten, gäbe es keine Rechtfertigung für passive Außenstehende, einer Minderheit, die sich begründet entschließe, von ihrem Widerstandsrecht Gebrauch zu machen, auch noch moralische Vorhaltungen zu machen. Dies gelte in bestimmten Maßen auch innerhalb demokratischer Ordnungen, nämlich da, wo diese nur formal demokratisch funktionierten, tatsächlich aber – die Argumente aus dem «Eindimensionalen Menschen» und der «Repressiven Toleranz» sind bekannt – Veränderungen gegenüber resistent sind und abweichende Meinungen nicht ernsthaft anerkennen. Andersrum kann in diesem Sinne, so Marcuse, fast jede Handlung einer Opposition, die nicht ausschließlich die wirkungslosen institutionellen Wege beschreitet, rein formal als illegal oder gewalttätig definiert werden: Störung der öffentlichen Ordnung, Erregung öffentlichen Ärgernisses, Hausfriedensbruch u. Ä. In diesem Fall muss die Opposition sich zu solcher Gewalt bekennen, weil ja die Verletzung von Spielregeln im zivilen Widerstand eine wesentliche Strategie außerparlamentarischer Praxis ist, um die institutionelle *Abriegelung des Politischen* aufzubrechen.

Damit hat Marcuse noch nichts gesagt über Gewalt im engeren Sinne des Wortes, wie ernste Gefährdung oder Verletzung von Menschen oder große materielle Zerstörungen, die er ablehnt. Er rät von vermeidbaren oder leichtfertig eingegangenen Konfrontationen ab, schon weil diese in der Regel nicht zu gewinnen sind, benennt aber auch die Grenze, die darin liegt, dass jede Opposition letztlich genau so gewalttätig werden kann wie die ihr entgegenstehende gesellschaftliche Macht. In einem Gespräch mit Hans Christoph Buch lotet Marcuse die Notwendigkeit von Gewalt in vielen historischen und hypothetischen Fällen aus.[305] Das Fazit lautet schließlich: Neben dem grundsätzlichen Wunsch nach Gewaltfreiheit muss es eine moralische, den Schutz Unschuldiger betreffende Verurteilung von Gewalt geben und auch eine pragmatische aus taktischen Gründen. Aber nie kann es ein grundsätzliches Einverständnis mit dem staatlichen Gewaltmonopol als einer notwendigerweise anzuerkennenden Voraussetzung jeder politischen Diskussion geben, da sich die Opposition damit vollständig der Definitionsmacht des Staates unterwerfen würde.[306] Der Kommunismus als politische Bewegung habe die Gewalt nicht erfunden, sondern vorgefunden, stellte bereits Marx aus ähnlichem Anlass fest.

Marcuse hatte aber wohl nicht ausreichend mit der politischen Dummheit der Reaktion und der pathetischen Selbstinszenierung einiger Fraktionen der Protestbewegung gerechnet, die seine Sätze unmittelbar auf aktuelle handgreifliche Auseinandersetzungen zwischen Studierenden und Ordnungskräften in den westlichen Metropolen ummünzten. Dass Marcuse die Gewaltfrage mitunter als «*primär ein Problem der Taktik*»[307] beschrieb, hat ihm vor allem in Deutschland heftigste Anfeindungen eingetragen. Denn der Begriff der Gewalt ist besonders in Deutschland aufs Höchste ideologisch aufgeladen. In Staaten, in denen bürgerliche Freiheiten oder Staatsformen in Akten erfolgreicher Revolten und Revolutionen gegen die Feudal- oder Kolonialherrschaft durchgesetzt worden sind, etwa in Großbritannien, den USA oder Frankreich, fällt es deutlich schwerer, einen idealtypischen herrschaftsfreien Diskurs als Ursprung und Angelpunkt der bürgerlichen Demokratie darzustellen. Dort erinnert man sich regelmäßig an die notgedrungen gewalttätigen Siege über das damalige gesetzte Recht der Feudal- und Kolonialherren und feiert sie noch heute als Freudentage, etwa den französischen Nationalfeiertag, den Tag des Sturms der Pariser Bürger auf das königliche Gefängnis der Bastille:

305 Jürgen Habermas, Silvia Bovenschen u. a., Gespräche mit Herbert Marcuse, S. 143 ff.
306 A. a. O., Gespräche mit Herbert Marcuse, S. 153.
307 Herbert Marcuse, Über das Problem der Gewalt in der Opposition, in: ders., Psychoanalyse und Politik, S. 63.

«In Ländern, wo die Bürger noch eine leise Erinnerung daran haben, wie sie selbst zur Macht gekommen sind ... besitzt man ein relativ klares Bewußtsein vom gewalttätigen Charakter aller Politik. Man hat also keinen Grund, es zu verleugnen, daß der Staat ein Machtapparat mit Machtmitteln ist; man hat keinen Grund, den Gewaltapparat als Kommunikationsgemeinschaft solidarischer Demokraten zu verkaufen. Unter der Voraussetzung nun, daß der Staat sich zur Gewaltausübung als seinem legitimen Recht bekennt, ist es auch legitim, seine Macht anzugreifen und erobern zu wollen. Legal ist der Versuch freilich noch lange nicht, und er ist mit beträchtlichen Risiken verbunden, weil der Staat wiederum das Recht besitzt, sich nach Kräften zu wehren. Obgleich der Versuch, das Gewaltmonopol des Staates zu brechen, überall mit äußerster Härte verfolgt wird, wird er doch nirgends so sehr wie in Deutschland als Todsünde empfunden, welche den Täter disqualifiziert als amoralisches Monster.»[308]

Das Schweigen über das Scheitern der Revolutionen von 1848 und 1918 und darüber, dass der deutsche Größenwahn im 20. Jahrhundert zweimal durch die Streitkräfte anderer Staaten militärisch niedergeworfen werden musste, hat in Deutschland zu einer sehr spezifischen Ausblendung des gewalttätigen Aspekts von Politik und einem völlig fetischisierten Gewaltbegriff geführt, wie ihn andere Länder kaum kennen. In Deutschland muss sich ein Diskussionspartner in der Regel bereits präventiv von Gewalt distanzieren, bevor er als Gesprächsteilnehmer überhaupt akzeptiert wird. Gegenüber Veranstaltern von Fußballspielen oder Volksfesten, wo es bekanntlich ebenfalls regelmäßig zu gröberen und ausschließlich destruktiven Gewalttaten von Gruppen oder Menschenmengen kommt, ist eine solche Forderung hingegen völlig unbekannt. Einige Fraktionen der Neuen Linken sind leider auf diesen ideologischen und fetischisierten Gewaltbegriff hereingefallen und haben ihn ihrerseits zum Kern ihrer sogenannten politischen Identität gemacht, indem sie sich primär über die vermeintliche Radikalität der Formen ihrer politischen Praxis darzustellen und abzugrenzen versuchen und nicht etwa über ihre Ziele. Marketingtechnisch mag das so etwas wie ein medial ausschlachtbares Alleinstel-

---

308 Wolfgang Pohrt, Amnestie, in: derselbe, Zeitgeist, Geisterzeit, Berlin 1986, S. 159 f.

lungsmerkmal hergeben, aber politisch tragfähig ist eine solche Selbstinszenierung nicht, weil sie ein völlig undialektischer Reflex auf die herrschende Meinung ist, mit dem sich wenig klärt, aber viel verschenkt werden kann.

Dass es sich bei deutschen Gewaltdiskussionen im Allgemeinen um politisch motivierte Denunziation handelt, vor der auch eine gediegene Zurückhaltung nicht schützt, ist in der Praxis offensichtlich: Nicht nur Marcuse, selbst Adorno wurde noch mit dem Vorwurf bedacht, zu Gewalt angestachelt zu haben. Dass dieser ausgerechnet auch vom ehemaligen baden-württembergischen Ministerpräsidenten Hans Filbinger erhoben wurde, der als NS-Marinerichter und Militärstaatsanwalt Todesurteile gegen Deserteure beantragt und gefällt hatte, ist an Obszönität kaum zu überbieten. In genauer Verkehrung von Marcuses Argumentation hatte Filbinger auf die Vorwürfe wegen seiner NS-Aktivitäten sinngemäß geantwortet, was im Nationalsozialismus (positives) Recht gewesen sei könne nun in der Bundesrepublik kein (moralisches – vor Gericht bringen wollte ihn ohnehin keiner) Unrecht sein. In dieser Sichtweise, die bis weit in die 80er-Jahre typisch gewesen ist und die den meisten NS-Verbrechern vor westdeutschen Gerichten die Straffreiheit brachte, ist also jeder noch so barbarische Gewaltakt gerechtfertigt, wenn er nur im Einklang mit dem positiven Recht geschieht, während eine simple Ordnungswidrigkeit an sich eine derartig empörende Verletzung der gesellschaftlichen Spielregeln ist, dass nach Qualität und Motiv zu fragen grundsätzlich gar nicht mehr nötig ist. Es ist überflüssig, hier noch einen Verweis auf die «Studien zum autoritären Charakter» einzufügen. Eine solche Haltung, in deren Konsequenz man jeden grundlegenden politischen Konflikt auf der Ebene des Strafrechtes oder der Psychiatrie abhandeln muss, indem man Gegner als Kriminelle oder Psychopathen darstellt, weil die politischen Hintergründe unbedingt tabuisiert werden müssen, ist eine große Schwachstelle für eine demokratisch verfasste Gesellschaft. Denn zum einen entstehen so Illusionen über die Geschäftsgrundlage der Politik und zum anderen schwächt jedes Diskussionsverbot die eigentlichen Bindungskräfte dieser Gesellschaftsform. Das jedoch ist nicht das Problem der Opposition.

6.3 Adorno: Theorie und Aufklärung als Praxis

Zur Zeit des Aufkommens der amerikanischen Bürgerrechtsbewegung war von einer Protestbewegung in der Bundesrepublik noch keine Rede. Zwar gab es in den 50er-Jahren teils erbitterte politische Auseinandersetzungen um die Wiederbewaffnung, den NATO-Beitritt und die Frage der atomaren Aufrüstung, aber diese wurden hauptsächlich von der letzten Nachhut der alten Arbeiterbewegung und christlichen Friedensgruppen bestritten, nicht von eigenständigen politischen Bewegungen. Was nach dem Verbot der KPD noch an Vorfeldorganisationen des ostblockorientierten Sozialismus aktiv war, wurde mit heftiger Repression zerschlagen[309] oder manövrierte sich selbst politisch schnell ins Abseits. Die Linke in SPD und Gewerkschaften stand nach dem Godesberger Programm 1959 auf verlorenem Posten und hatte (fast) keine eigenständige organisatorische Struktur mehr zur Verfügung – wer sich trotzdem noch systemkritisch engagierte, tat es als Privatperson, die SPD war endgültig von einer Arbeiter- zur Volkspartei gewandelt. Neben dem Rot als Parteifarbe (das erst durch Blau, dann durch Schwarz-Rot-Gold ersetzt wurde) hatte die SPD auch ihre in der unmittelbaren Nachkriegszeit noch vernehmliche Opposition gegen Grundsatzentscheidungen der konservativ-liberalen Bundesregierungen aufgegeben. Westbindung, Soziale Marktwirtschaft, Bundeswehr und der Privatbesitz von Produktionsmitteln als Normalfall waren Konsens unter den drei westdeutschen Parteien. Wer jenseits dessen über Gesellschaft und Politik nachdenken wollte, fand dafür keinen organisierten Ort mehr in der Bundesrepublik. Als 1966 eine Große Koalition unter dem Ex-NSDAP-Mitglied Georg Kiesinger als Bundeskanzler die Regierungsgeschäfte übernahm, verlor auch der letzte kritische Denker, der noch Hoffnungen in die SPD gesetzt hatte, seine Illusionen, zumal ausgerechnet die ein Jahrzehnt lang umstrittenen Notstandsgesetze mit ihren massiven Einschränkungen der Bürgerrechte nun mit Hilfe der SPD die Hürde der parlamentarischen Zweidrittelmehrheit für die notwendige Grundgesetzänderung nehmen konnten.

---

309 Vgl. Rolf Gössner, Die vergessenen Justizopfer des Kalten Krieges, Berlin 1998.

Ab Mitte der 60er fanden sich all jene Kräfte, die diesen Konsens und die ihn begleitenden kulturellen Entwicklungen der sogenannten Wohlstandsgesellschaft nicht mittragen wollten, in einem losen Miteinander zusammen, das später den Namen APO – außerparlamentarische Opposition – erhalten sollte. Studierende, Intellektuelle aus dem Kunst-, Wissenschafts- und Medienbetrieb, jugendliche Drop-outs, engagierte Christen und versprengte Anhänger linker Traditionsgruppierungen sowie engagierte Migrantinnen und Migranten aus Ländern mit einer organisierten Linken bildeten ein heterogenes Protestmilieu, das mehr von der Ablehnung der politischen Situation der Bundesrepublik insgesamt als von gemeinsamen politischen Zielen getragen wurde. Organisatorisches Gravitationszentrum der Bewegung wurde der SDS, der Sozialistische Deutsche Studentenbund, die ehemalige Studierendenorganisation der SPD, die zwar von der Partei nach Godesberg 1961 wegen Linkslastigkeit hinausgeworfen worden war, aber ihre bundesweite Organisationsstruktur hatte aufrechterhalten können. So wurde der SDS zum Kristallisationspunkt der Opposition zumindest in den Universitätsstädten. Neben einer sozialistischen Mehrheit, die der SPD nach Godesberg Adieu gesagt hatte, gab es in ihm eine traditionskommunistische Fraktion, die an der illegalen KPD orientiert war, sowie verschiedene antiautoritäre Gruppen. Alle diese Strömungen differenzierten sich im Verlauf der Jahre weiter aus, bis die Fliehkräfte dieser Entwicklung den SDS 1970 sprengten.

Mit dem Aufleben dieser Bewegung in der Bundesrepublik, die sich nicht selten auf die frühen Schriften des IfS bezog und wohl auch nicht zufällig in Frankfurt am Main eines ihrer Zentren hatte, erodierte das bis dahin streng antikommunistische politische Klima in der Bundesrepublik. In einem großen intellektuellen Kraftakt wurde die durch den Nationalsozialismus unterbrochene Rezeption von Marxismus und Psychoanalyse wieder aufgenommen und nachgeholt. Insbesondere die häretischen Seitenlinien und apokryphen Texte dieser beiden Denkschulen standen dabei im Mittelpunkt, da sie noch nicht als Legitimationsideologien im Osten oder Westen diskreditiert worden waren. Die Kritische Theorie bot sich dabei besonders an. Ihr und verwandten Strömungen wollten die Studierenden die Instrumente entnehmen, mit deren Hilfe sich die versteinerten

Verhältnisse nicht nur begreifen, sondern – ganz im Sinne von Horkheimers programmatischem Aufsatz über «Traditionelle und kritische Theorie» aus den 30er-Jahren – auch verändern lassen sollten. Etwas hinderlich dabei war, dass diese Schriften, die nun in der jungen Bundesrepublik überhaupt zum ersten Mal ein nennenswertes Publikum fanden, sich auf Weimarer Republik und Nationalsozialismus bezogen. Sowohl Aktualisierungsversuche als auch die ungebrochene Übertragung auf die Gegenwart trafen nur selten auf die Gegenliebe der Verfasser, insbesondere wenn diese Adorno oder Horkheimer hießen. Als Zitate aus den Schriften der Frühzeit des IfS zur Rechtfertigung von politischen Aktionen herangezogen wurden, spitzte sich dieser Konflikt zu. Aus Abneigung gegen die als Missbrauch verstandene Zitierfreude verständigten sich beide Autoren darauf, ihre frühen Texte, die inzwischen über Mundpropaganda populär geworden waren, nicht neu herauszugeben. So kursierten die Schriften der Kritischen Theorie aus den 30er- und 40er-Jahren daher bald als Raubdrucke, wobei sich durch den Verkauf nebenbei noch die Kassen verschiedener Politgruppen füllten.[310] Daraufhin wurden die alten Texte doch noch offiziell neu aufgelegt. Für Adorno und Horkheimer häuften sich aber mit dem Praktischwerden der Proteste die Bedenken. War ihre Einschätzung ihrer Studierenden bisher optimistisch gewesen – man war ja wegen des günstigeren wissenschaftlichen Klimas, das zum Großteil an der Offenheit der Studierenden festgemacht wurde, und wegen eines vermuteten «time lag» zwischen den zur Totalität drängenden Gesellschaftsentwicklungen in den USA und in Europa dorthin zurückgekehrt[311] –, so schlug diese Stimmung nun in Besorgnis um.

310 Vgl. Wolfgang Kraushaar, Frankfurter Schule und Studentenbewegung, Band 1, 4.–8.9.1967; Rolf Wiggershaus, Die Frankfurter Schule, S. 693, S. 701; vgl. Ulrich Enzensberger, Die Jahre der Kommune I, München 2006, S. 75. Besonders schönes Detail dieser Erinnerung des Autors an seine Zeit in der Protestbewegung: Auf jeder Seite, für die das Personenverzeichnis «Horkheimer» erwähnt, geht es ausschließlich um die Herstellung und den Vertrieb der lukrativen Raubdrucke.

311 Vgl. Rolf Wiggershaus, Die Frankfurter Schule, S. 449, S. 442, S. 453 f.

6.3.1 Die Konflikte mit der Studierendenbewegung

Die Kritische Theorie hatte über Jahre vielen engagierten Studierenden Kriterien zum Verständnis der Gesellschaft angeboten und hohe moralische Maßstäbe propagiert. Dies hatten sich viele Studierende in der Auseinandersetzung mit ihrer Elterngeneration zu Recht zu eigen gemacht. Denn die Konfrontation mit dem überall noch präsenten, aber nicht thematisierten Nationalsozialismus war zumeist keine abstrakt-historische Angelegenheit, sondern in der Regel eine innerfamiliäre Auseinandersetzung: Die Väter und Mütter der Studierenden hatten ja zwischen 1933 und 1945 auch eine Biografie gehabt, und die wenigsten wollten sich zu dieser in irgendeiner Art und Weise äußern. Der ganz normale Generationenkonflikt lud sich auf dieser Basis erheblich politisch auf. Und wer bot sich dabei der jungen Generation besser als Identifikationsfigur an als der eigene akademische Lehrer, der frühe Mahner gegen den Nationalsozialismus, Emigrant, deutscher Jude, politisch unbelastet, intellektuell faszinierend, gesellschaftlich erfolgreich? Schnell wurde erwartet, dass wenigstens diese Persönlichkeiten die beginnende politische Bewegung, die wenige Freunde fand, unterstützen und aus dem Schatz ihrer Erfahrungen und Erkenntnisse Ratschläge für die Praxis geben und sich auch an deren Umsetzung beteiligen würden.

An Adorno, dem bekanntesten und nach Horkheimers Rückzug auch exponiertesten Vertreter Kritischer Theorie entzündeten sich mit der Wandlung der Studierendenbewegung von einer kritischen zu einer praktischen heftige Konflikte um das Verhältnis von Theorie und Praxis. Das Verhalten, das viele Studierende einforderten, war an einer Vorstellung der Einheit von Theorie und Praxis orientiert, wie sie Marx zwar im Studierendenalter selbst noch verfochten, aber später zurückgenommen hatte.[312] Im Leninismus war diese Konzeption an prominenter Stelle eingesetzt worden und mündete in das Konzept des Berufsrevolutionärs.[313] Gerade die kämpferischen und polemischen Werke des jungen Marx und die revolutionstheo-

---

312 Vgl. Theodor W. Adorno, Marginalien zu Theorie und Praxis, GS 10.2, S. 781 f.
313 Vgl. Leszek Kolakowski, Die Grundströmungen des Marxismus, Band 2, S. 427 ff.

retischen Schriften Lenins waren seinerzeit häufige Lektüre in politischen Kreisen. Auf dem Vietnamkongress der außerparlamentarischen Opposition an der TU Berlin im Februar 1968 kam diese Sichtweise besonders deutlich zu Ehren: «*Die Pflicht jedes Revolutionärs ist es, Revolution zu machen!*», stand als Leitmotiv auf einem die ganze Bühnenrückwand des Audimax der TU bedeckenden Transparent.[314] Als Haltung gegenüber den eigenen Professoren, von denen man ob ihrer radikalen Philosophie nun auch politisch Revolutionäres verlangte, wies die Parole in eine Sackgasse – sie verweigerten sich. Dass es im Konflikt zwischen Adorno und den Studierenden tatsächlich auch um dessen persönliche Beteiligung an Aktionen ging, hat Friedemann Grenz anhand der Adornokritik der seinerzeit prominenten Studierendenvertreter Hans-Jürgen Krahl und Hans Heinz Holz herausgearbeitet.[315] Dass sich die Studierenden an Adorno richteten und mehr als theoretische Arbeit von ihm einforderten, nämlich unmittelbare Parteilichkeit und persönliche Unterstützung, war eigentlich wenig verwunderlich: «*Am Ende war er [Adorno; MS], im Gegensatz etwa zu Sartre, Günter Anders, Jean Amery, doch deutscher Professor geworden … Als Professor … hat Adorno zwangsläufig nicht nur durch seine Publikationen Einfluß ausgeübt, sondern er hat durch seine Lebensführung auch seine Schüler persönlich geprägt, im Unterschied zu einem homme de lettre, der niemanden persönlich prägen kann, weil das Publikum ihn persönlich nicht kennt.*»[316] Dass der persönliche Kontakt mit dem Publikum, der an einer Universität unvermeidlich ist, und den Adorno auch engagiert gesucht hat, in persönliche Ansprüche ausufern könnte, das hätte ihn eigentlich weder verwundern noch irritieren dürfen. Auch dass die Studierendenbewegung wie jede Jugendrebellion auf der psychologischen Ebene teils Züge von Vatermord annahm und die mit ihr einhergehenden Identifikationen im-

---

314 Vgl. Wolfgang Kraushaar, Frankfurter Schule und Studentenbewegung, Band 1, 17. und 18.2.1968.

315 Vgl. Friedemann Grenz, Adornos Philosophie in Grundbegriffen, S. 149; vgl. Hans-Jürgen Krahl, Der politische Widerspruch in der Kritischen Theorie Adornos, in: ders., Konstitution und Klassenkampf, Frankfurt am Main 1971, S. 285 ff.

316 Wolfgang Pohrt, Der Staatsfeind auf dem Lehrstuhl, in: ders., Stammesbewußtsein, Kulturnation, Berlin 1984.

mer ambivalent sein müssen, hätte einem an der Psychoanalyse geschulten Denker unmittelbar einleuchten müssen.

Sigmund Freud hatte bereits früh den Gedanken entwickelt, dass in der patriarchalen Gesellschaft die Rebellion der Söhne gegen die väterliche Autorität kein Ausdruck einer allgemein auf Befreiung zielenden Absicht ist, die etwa die Herrschaft des Vaters durch Demokratie ersetzen will, sondern dadurch motiviert ist, dass der Sohn ebenso sein will wie der Vater, dieser ihn leider bloß nicht lässt: Es kann nur einen (Patriarchen) geben! Und dieser bestimmt selber, wann er sein Amt einem Erben übergibt, wenn er nicht mit Gewalt zum Abdanken gezwungen wird. Der ganze Prozess der Rebellion dient den Söhnen dazu, den Anspruch auf die Nachfolge der väterlichen Autorität zunächst anzumelden und später auch durchzusetzen. Die rebellische Attitüde der Jugend ist also nicht zuletzt die Begleitmusik des Generationenwechsels der herrschenden Autorität in der Familie, in der sich der Nachfolger mit dem Vorgänger misst, begierig, dessen Rolle zu übernehmen, die er bereits in der Auseinandersetzung anerkennt, um sich nach seinem Sieg mit ihr zu identifizieren. Wo immer von Rebellion direkt die Rede ist oder wo eine unangemessen heftige psychische Dynamik in Konflikten zwischen (alter) beharrender Autorität und (jugendlichem) Gestaltungswillen darauf verweist, dass ein symbolischer Generationenkonflikt stattfindet und nicht eine politische Auseinandersetzung, wittert der psychoanalytisch geschulte Theoretiker daher Übles:

«Daß in der repressiven Gesellschaft Freiheit und Unverschämtheit aufs gleiche hinauslaufen, bezeugen die sorgenlosen Gesten der Halbwüchsigen, die ‹Was kost' die Welt› fragen, solange sie ihre Arbeit noch nicht verkaufen. Zum Zeichen dessen, daß sie auf niemand angewiesen sind und darum keinen Respekt haben müssen, stecken sie die Hände in die Hosentaschen. Die Ellenbogen aber, die sie dabei nach außen kehren, sind schon bereit, jeden zu stoßen, der ihnen in den Weg kommt.»[317]

Natürlich betonte Adorno damit einen Aspekt von Rebellion, von dem die Studierenden nicht gerne hörten. Vierzig Jahre später ist aber doch auffällig, wie viele der damals jugendlichen Rebellen mittlerweile dank ständigen Ellenbogeneinsatzes für die jeweils eigene und immer gerechte Sache doch in durchaus

---

317 Theodor W. Adorno, Minima Moralia, GS 4, S. 124.

staatstragenden Positionen gelandet sind und somit tatsächlich erfolgreich das Erbe der Autorität angetreten haben, deren Abschaffung sie einst proklamiert hatten.

Zu Beginn der 60er-Jahre verlief die Auseinandersetzung um politische Theorie und Praxis noch in unaufgeregten Bahnen. Den Beginn ernsten Protests gegen Adorno markiert die Behinderung eines Vortrages in Berlin im Juli 1967. Dieses Datum offenbart eine Konfliktlinie, anhand der man die Haltung Adornos zu politischer Praxis gut nachvollziehen kann. Er war nach Berlin gekommen, um an der FU einen Vortrag über die Figur der Iphigenie, einer Gestalt der klassischen griechischen Mythologie, in Goethes gleichnamigem Bühnenstück zu halten. Studierende aus dem Umfeld der Kommunen und des SDS nutzten die Veranstaltung, um auf die ihrer Meinung nach unzulängliche Haltung der Frankfurter Theoretiker angesichts der eskalierenden politischen Situation hinzuweisen und von ihnen Taten statt Worte zu fordern. Begründet wurde die Störung mit Adornos Weigerung, Fritz Teufel, einem der Protagonisten der Kommune I, in einem Strafprozess durch ein Gutachten beizustehen. Adorno verweigerte sich einer Diskussion, und die Veranstaltung drohte im Chaos von Buhrufen, Transparenten und Flugblättern unterzugehen, fand dann aber doch noch wie geplant statt.[318] Spätestens seit diesem Vorfall war der Bruch zwischen Adorno und Horkheimer und Teilen der Studierendenbewegung unübersehbar. Unklar war nur, wie tief er war und wo genau er verlief.

Einen Höhepunkt erreichte das Misstrauen im Winter 1968/69, wobei wiederum Adornos mangelnder Wille zur Kooperation mit den Protestierenden im Mittelpunkt stand.[319] An der seit Dezember 1968 wegen einer technokratischen Reform bestreikten und teilweise besetzten Frankfurter Universität war der Konflikt eskaliert. In der aufgeheizten Situation propagierten die Studierenden als Gegenforderung eine weitgehende Mitbestimmung über die Organisation des Studiums und der Institutionen und erklärten, mit diesen Vorschlägen im Übrigen

---

318 Vgl. Wolfgang Kraushaar, Frankfurter Schule und Studentenbewegung, Band 1, 7.7.1967; Band 2, SDS-Flugblatt vom 7.7.67, Dokument 138.

319 Vgl. a. a. O., Band 1, 31.1.1969, Band 2, Aktennotiz Adornos, Dokument 293 und Basisgruppen-Flugblatt 4.2.69, Dokument 294.

nur ihre kritischen Professoren, die immer viel über Demokratie und Wissenschaft sprächen, beim Wort zu nehmen. Adorno, Ludwig von Friedeburg und Jürgen Habermas reagierten verärgert, wohl weil sie den Eindruck hatten, ihre Solidarität mit den Studierenden gegenüber dem konservativen Wissenschaftsministerium und der Universitätsleitung werde missbraucht, um sie öffentlich als halbherzige Reformisten vorzuführen. Sie verbaten sich daraufhin Forderungen, die die Arbeit des Instituts letztlich unter Kontrolle der Studierenden gestellt hätten. Ihr Eindruck einer Erpressung war wohl nicht ganz falsch: Ausgerechnet die kritischen Professoren ins Visier zu nehmen war eine Taktik, die darauf abzielte, die Universität zu polarisieren: dort die Vertreter einer wirtschaftsorientierten, autoritären und unkritischen Massenuniversität, hier die Befürworter einer «*Zerschlagung des bürgerlichen Wissenschaftsbetriebes*» und seiner Ersetzung durch Keimformen einer oppositionellen Gegenuniversität unter Mehrheitskontrolle der Studierenden.

Adorno und seine Kollegen stimmten in der Sache, das heisst in der Befürwortung einer selbstbestimmten Organisation des Studiums, weitgehend mit den Studierenden überein, verlangten aber ultimativ das Ende der Institutsbesetzung und eine Wiederaufnahme der Lehrtätigkeit. Eine Übergabe des erfolgreich wieder aufgebauten IfS, das sie als ihren eigenen Gegenentwurf zur traditionellen Universität sahen, kam für sie nicht in Frage. Als die Polizei anrückte, um auf Geheiß der Universität die Räumung der besetzten Gebäude und die Abhaltung der Klausuren durchzusetzen, hatten die Studierenden bereits das Feld geräumt. Bis in den Januar 1969 hinein kam es danach zu Protesten, Vollversammlungen, Diskussionen, Sabotageakten und zahlreichen Auseinandersetzungen, während sich auch in der Stadt außerparlamentarische und militante Aktionen häuften. Als Studierende schließlich am 31.1.69 eine Wiederbesetzung des Soziologischen Seminars diskutieren wollten, fanden sie das Gebäude bereits polizeilich gesichert vor. Sie zogen daraufhin spontan zum IfS, wo sich der Adorno gut bekannte und von ihm sehr geschätzte SDS-Aktivist Hans-Jürgen Krahl über Vorbehalte von Ludwig von Friedeburg hinwegsetzte und die Gruppe zur Diskussion in einen Seminarraum leitete. Adorno und von Friedeburg nahmen eine Besetzung des IfS an und riefen die Polizei. Diese traf ein, während die Studierenden noch ihr weiteres Vorgehen besprachen, und nahm sie allesamt fest; Krahl kam als «Rädelsführer» für eine Woche in Untersuchungshaft, woraufhin die Stimmung an der Uni vollständig auf Eskalation umschlug und sich bis Semesterende auch nicht mehr fing. Die als Busenaktion bekannt gewordene Sprengung von Adornos erster Vorlesung im folgenden Semester im April 1969 durch sich entkleidende Studentinnen war schließlich der Endpunkt der Konfrontation – und zugleich das Ende von Adornos Lehrtätigkeit, der zutiefst gekränkt seine Seminare absagte und nie wieder aufnehmen sollte. Diese Aktion wurde mit den von Adorno aufrechterhaltenen Strafanzeigen wegen der vermuteten Institutsbesetzung begründet.[320] Adorno blieb noch bis zur Gerichtsverhandlung gegen Krahl in Frankfurt – sie endete, für beide Seiten glücklich, mit Freispruch – und fuhr dann in den alljährlichen Urlaub, wo ihn ein Herzinfarkt das Leben kosten sollte.

In der Rückschau verblüfft die Verbissenheit, mit der die Auseinandersetzung geführt wurde. Erstaunlich ist die offene Panik der Professoren vor Institutsbesetzungen und den damit einhergehenden Formen von Unruhe und Sachbeschädigung sowie vor den ganz offensichtlich ritualisierten Verstößen der Studierenden gegen alberne und spießige Ordnungsvorschriften. Ebenso erstaunt die absurde Selbststilisierung der Universitätskonflikte durch die Aktivistinnen und Aktivisten zu einer Revolutionsfrage, die angesichts des hohen theoretischen Niveaus einiger heute noch nachlesbarer Texte kaum nachvollziehbar ist. Vermutlich dürfte der simple Mangel an Erfahrung im Umgang mit zivilem Ungehorsam und kalkulierten Regelverletzungen auf beiden Seiten eine wesentliche Ursache gewesen sein. Die Studierenden begriffen schlicht nicht, weshalb ihnen eigentlich nahestehenden Intellektuellen bei der Sprengung einer öffentlichen Veranstaltung immer nur Einwände der Art einfielen, dass es sich dabei doch um SA-Methoden handele. Es gab bei den Älteren schlicht und einfach keinen anderen Erfahrungsschatz als diesen: Auf die Verstöße gegen bürgerliche Normen der Konfliktaustragung in Weimar war bald der Triumph des Nationalsozialismus gefolgt. Entweder war oppositionelle Gewalt also bereits an sich zutiefst irrational oder aber sie lieferte

---

320 Vgl. a. a. O., Band 1, 22.4.69; T. W. Adorno, Keine Angst vor dem Elfenbeinturm, GS 20.1, S. 406 f.

zumindest den willkommenen Vorwand für die Einschränkung der Demokratie durch den autoritären Staat. Eine Erinnerung an eine erfolgreiche, befreiende Form der Unruhe, in deren Licht man die Revolte hätte interpretieren können, gab es in Deutschland nicht.

Die Studierenden hatten hingegen zur Genüge die Erfahrung gemacht, dass ihnen die Elterngeneration ohne Rabatz überhaupt nicht zuhörte. Und wer schon wegen eines simplen Flugblattes von Bürgern als ungewaschener Asozialer beschimpft und entweder «nach drüben» oder gleich ins KZ gewünscht wurde, was nicht allzu selten vorkam, warum sollte der nicht auch hin und wieder solchen Bürgern in den geliebten Vorgarten pinkeln? Schlimmeres konnte man ihm dafür schließlich auch nicht mehr androhen. Für die wenigen, die eine Ausnahme verdient hätten, fand sich die Aufmerksamkeit dann nicht mehr. Andersrum ist wohl die Kritik gerechtfertigt, dass die Studierenden sich in ihren eigenen Aktivismus verliebt und offenbar den selbst erzeugten Sturm im Wasserglas für den Atem des Weltgeistes gehalten haben. Die Dauermobilisierung einer Bewegung über kalkuliert eskalierte Nebenkonflikte ist aber eine Strategie, die die eigentlichen inhaltlichen Ziele dem bewussten Entfachen einer kollektivistischen Gruppendynamik unterordnet. Die Auseinandersetzungen an der Uni waren jedenfalls höchst unfruchtbar, da sie Adorno schwer belasteten und er den Studierenden die gewünschte Unterstützung trotz, ja eher sogar: wegen des Nachdrucks ihrer Forderungen konsequent verweigerte.

Dass Herbert Marcuse diese Dinge anders sah, mag an der ihm aus den USA gut bekannten Tradition zivilen Ungehorsams liegen.[321] Marcuse, bei dem sich Adorno schon früher heftig über die Dominanz solcher Erscheinungen im Studierendenprotest beklagt hatte, erwiderte, dass solche Vorkommnisse zwar bedauerlich, aber leider als unabdingbar anzusehen und daher als persönliche Unannehmlichkeiten hinzunehmen seien – im Dienste der gemeinsamen Sache.[322] Adorno erschienen die irrationalen Züge des Protests aber so dramatisch, dass er solches Verständnis aufzubringen nicht willens oder in der Lage war.

---

321 Vgl. Wolfgang Kraushaar, Frankfurter Schule und Studentenbewegung, Band 1, 5.4.69.
322 Vgl. a.a.O., Brief Marcuse–Adorno, 5.4.69.

Sein Verhältnis zur Protestbewegung blieb bis zuletzt ambivalent und war in den letzten beiden Jahren von zunehmender Distanz und Entfremdung geprägt. Zwar legte Adorno seine Vorstellungen über das Verhältnis von Theorie und Praxis unter den Bedingungen der 60er-Jahre noch mehrmals dezidiert dar, doch leider erreichten diese Texte und Reden die meisten der in der Protestbewegung Aktiven nicht mehr.

Den darin formulierten Begründungen gilt es nachzuspüren, um die Frage zu beantworten, was Adorno über die politische Praxis der Protestbewegung dachte und welche Rolle sein theoretisches Werk der Praxis zuweist. Die praktische Aufgabe eines kritisch denkenden Menschen in der verwalteten Welt charakterisiert Adorno in der Minima Moralia so: «*Die fast unlösbare Aufgabe besteht darin, weder von der Macht der anderen, noch von der eigenen Ohnmacht sich dumm machen zu lassen.*»[323] Die Protestbewegung hatte durchaus bewiesen, dass sie sich von der «*Allmacht der anderen*» zunächst ganz und gar nicht hatte beeindrucken lassen. Sie war sogar eher in recht riskanter Weise frontal gegen einen Staat angerannt, dessen Sachwalter und Ordnungskräfte ihre Ausbildung zu großen Teilen nicht unter Bedingungen einer parlamentarischen Demokratie, sondern während eines Angriffskrieges und Völkermordes erhalten hatten, was ja durchaus Anlass zu Sorge und Vorsicht hätte bieten können. Was Adorno an der Protestbewegung kritisierte, war also eher deren Ignoranz gegenüber der «*eigenen Ohnmacht*». In der Tat hingen für Adorno die meisten Regressionserscheinungen der Opposition mit ihrer Weigerung zusammen, die eigene politische Schwäche anzuerkennen.

Eine politische Praxis, die direkt auf die Änderung von gesellschaftlichen Strukturen und Institutionen abzielt, verlangt im Gegensatz etwa zur Beeinflussung des Bewusstseins die Organisation von Macht. Die Macht, die der Protestbewegung bestenfalls zur Verfügung stünde, ist die der Straße und der Massenaktion. Angesichts der von der Kritischen Theorie konstatierten bedrohlichen Schwäche des Individuums stellt sich für sie ein Zusammenschluss von Menschen bei Massenereignissen oder zu Massenorganisationen immer äußerst problematisch dar: Liegt das Ziel der Opposition nicht in der Stärkung ihrer Mitglieder gegen den gesellschaftlichen Außendruck, sondern

---

323 Theodor W. Adorno, Minima Moralia, S. 63.

in Machtpolitik, neigt jeder Zusammenschluss getreu den Gesetzen der Gruppendynamik zu irrationaler, schlechter Kollektivität. Diese wird zwangsläufig die rational zu bestimmenden politischen Ziele dominieren.[324]

Das fortwährende Anrennen der APO gegen untaugliche Ziele mit untauglichen Mitteln begründet Adorno deshalb so: «*Wohl ist die Errichtung der Scheinrealität von den objektiven Sperren erzwungen; vermittelt wird sie psychologisch, die Sistierung des Denkens bedingt durch die Triebdynamik.*»[325] Ist das schwache Ich der Aktivistinnen und Aktivisten nicht in der Lage, den Widerspruch zwischen dem eigenen Wunsch nach Veränderung und dessen realer Unmöglichkeit auszuhalten und zu integrieren, muss die Spannung durch dem Objekt (der Gesellschaft) unangemessene, weil eigentlich aufs Subjekt (den Aktivisten) zielende Maßnahmen reduziert werden. Scheinpraxis, vor allem in Gestalt von provokativen Regelverletzungen, dient durch die Produktion einer Scheinrealität der Herstellung der Illusion von Bewegung, Wirksamkeit, letztlich Erlebnis. «*Pseudoaktivität ist generell der Versuch, inmitten einer durch und durch vermittelten und verhärteten Gesellschaft sich Enklaven der Unmittelbarkeit zu retten.*»[326] Kein Zufall, dass der Hit der Band Fehlfarben «*Ein Jahr*» mit der berühmten Refrainzeile «*Keine Atempause, Geschichte wird gemacht, es geht voran!*» eine seit Jahrzehnten beliebte Musik bei Demonstrationen im deutschsprachigen Raum ist, trifft sie doch genau diesen Nerv der kollektiven Selbsthypnose. Die Vehemenz der Behauptung, dass man gerade gemeinsam Geschichte schreibe, steht regelmäßig in umgekehrt proportionalem Verhältnis zur tatsächlichen Wirksamkeit der jeweiligen Veranstaltung. Stiftet aber ein Aktionismus die Gruppenidentität, die an die Stelle individueller Mündigkeit der Gruppenmitglieder tritt, so muss er von Dauer sein, wenn die Gruppe oder Bewegung nicht zerfallen soll. Die Auseinandersetzungen müssen um ihrer selbst willen fortgehen, weil Stillstand und ein Ausbleiben von Aktivität die Bewegungsidentität zerstören würde. Damit bringt die eskalierende Verletzung gesellschaftlicher Konventionen, die ein we-

---

324 Vgl. Theodor W. Adorno, Individuum und Organisation, GS 8, S. 441.

325 Theodor W. Adorno, Marginalien zu Theorie und Praxis, GS 10.2, S. 773.

326 Theodor W. Adorno, Resignation, GS 10.2, S. 796.

sentliches Element der politischen Strategie der Protestbewegung ausmachte, für Adorno ein eher regressives Moment zum Ausdruck. In ihren provokantesten Aktivitäten kündigte sich für ihn daher nicht, wie es Marcuse sah, der neue Mensch mit qualitativ neuen Bedürfnissen an, die der herrschenden Realität den Kampf ansagen müssen, um sich entfalten zu können. Die Form der Protestbewegung ist für Adorno vielmehr in großen Teilen antiemanzipatorisch: «*Es ist ihr [der Studierendenbewegung; MS] ein Quentchen Wahn beigemischt, dem das Totalitäre teleologisch innewohnt, gar nicht erst – obwohl dies auch – als Reperkussion.*»[327] Er spricht daher, in Anlehnung an die Kategorien der Studien zum autoritären Charakter, sogar von einem zum Faschismus tendierenden «*Syndrom*»[328] bei den Studierenden. Ein Ausbruch aus diesem Dilemma kann ihnen nicht gelingen. Solange Herrschaft besteht, lassen sich Praxis und Theorie nicht einfach zusammenfügen, doch um Herrschaft abzuschaffen, bedürfte es genau der Integration von Theorie und Praxis, denn im Denken findet sich zwar die Kraft zum geistigen Widerstehen, nicht aber zur Veränderung. Theorie, die sich diesem Widerspruch nicht ergeben möchte, muss sich nach Adorno ums Ganze bemühen. Damit aber ist ihre Eingrenzung auf unmittelbare praktisch-politische Interessen nicht vereinbar: «*Denken, als bloßes Instrument von Aktionen, stumpft ab wie die instrumentelle Vernunft insgesamt. Keine höhere Gestalt der Gesellschaft ist zu dieser Stunde konkret sichtbar: darum hat, was sich gebärdet, als wäre es zum Greifen nahe, etwas Regressives.*»[329] Das Verhältnis der Studierenden zu ihren Lehrern stellt sich angesichts dieser Analyse als ein Stellvertreterkonflikt dar: «*Das Leiden an einem negativen Zustand, diesmal an der blockierten Realität, wird zur Wut auf den, der es ausspricht … Eingesperrte möchten verzweifelt hinaus.*»[330] So fühlt sich Adorno von den Studierenden missverstanden – er sei nur der Überbringer der schlechten Nachricht, nicht Verursacher des in ihr beschriebenen Zustandes.

---

327 Brief Adorno–Marcuse 6.8.68, in: Wolfgang Kraushaar, Frankfurter Schule und Studentenbewegung, Band 2, Dokument 349.
328 Brief Adorno–Marcuse vom 19.6.69, in: Wolfgang Kraushaar, Frankfurter Schule und Studentenbewegung, Band 2, S. 651 f.
329 Theodor W. Adorno, Resignation, GS 10.2, S. 798.
330 A. a. O., S. 796.

Diese Verzweiflung zieht das zweite große Problem nach sich, das Adorno bei der Protestbewegung sieht: die ebenfalls von Verzweiflung motivierte Anwendung von Gegengewalt. Mit den tödlichen Schüssen auf Benno Ohnesorg am 2.6.1967 in Berlin, dem Anschlag auf Rudi Dutschke am 11.4.1968 und der sich parallel verschärfenden Repression verändert sich der Protest zu dem, was die Aktivistinnen und Aktivisten von nun an als Widerstand bezeichnen. Ulrike Meinhof, damals Kolumnistin der Zeitschrift «Konkret», brachte dies mit der ihr eigenen Stringenz auf den Punkt: *«Protest ist, wenn ich sage, das und das paßt mir nicht. Widerstand ist, wenn ich dafür sorge, daß das, was mir nicht paßt, auch nicht mehr passiert.»*[331]

Dass die Akteure, die zu praktischem Widerstand aufriefen, sich dabei über die Bedeutung dieses Begriffs im Klaren waren, darf man voraussetzen. Das Vokabular wurde nicht zufällig aus dem militärischen Sprachgebrauch übernommen: Will man einen übermächtigen Gegner bekämpfen, den man nicht direkt schlagen kann, muss man seinen Willen und seine Ressourcen erschöpfen, so der preußische Militärtheoretiker Carl von Clausewitz. Dies tut man unter Verzicht auf die Erreichung eigener Ziele bei gleichzeitiger Durchführung destruktiver Handlungen, die den Gegner langfristig zermürben:

«Wollen wir nun den Gegner in der Dauer des Kampfes überbieten, so müssen wir uns mit so kleinen Zwecken als möglich begnügen, denn es liegt in der Natur der Sache, daß ein großer Zweck mehr Kraftaufwand erfordert als ein kleiner; der kleinste Zweck aber, den wir uns vorsetzen können, ist der reine Widerstand, das heißt der Kampf ohne eine positive Absicht. Bei diesem werden also unsere Mittel verhältnismäßig am größten sein und also das Resultat am meisten gesichert. Wie weit kann nun diese Negativität gehen? Offenbar nicht bis zur absoluten Passivität, denn ein bloßes Leiden wäre kein Kampf mehr; der Widerstand aber ist eine Tätigkeit, und durch diese sollen so viele von des Feindes Kräften zerstört werden, daß er seine Absicht aufgeben muß. Nur das wollen wir bei jedem einzelnen Akt, und darin besteht die negative Natur unserer Absicht.»[332]

---

331 Ulrike Meinhof, Vom Protest zum Widerstand, in: konkret, Politik und Kultur, Ausgabe April 1968.
332 Carl von Clausewitz, Vom Kriege, Erftstadt 2004, S. 27.

Die militärische Ebene, der dieses Vokabular entstammt, bezeichnet Adorno voller Verachtung als die Sphäre des «*kruden Vorrangs von Praxis*»[333] schlechthin. Für eine kritische Haltung, der es um Erkenntnis und Reflexion geht, taugt sie nicht. Hier sieht Adorno ein weiteres Hemmnis gegenüber der Protestbewegung: «*Was mir den Umgang mit den Studenten heute so erschwert, ist der Vorrang der Taktik.*»[334] Wer sich gedanklich in dieser Sphäre der instrumentellen Vernunft bewegt, kann sich für ihn schwerlich auf ein aufklärerisches, humanes Interesse berufen.

Die Chancen für einen Erfolg auf diesem Gebiet stehen für die Opposition zudem ohnehin mehr als schlecht angesichts der Konzentration von Macht- und Gewaltmitteln in der Hand des modernen Staates. Was die Pariser Studentinnen und Arbeiter im Mai 1968 im Quartier Latin erprobt und die bundesdeutschen nach den Schüssen auf Dutschke mit den Springer-Blockaden versucht hatten, stellt sich für Adorno als Anachronismus dar: «*Gegen die, welche die Bombe verwalten, sind Barrikaden lächerlich.*»[335] Die entsetzlichen Leiden, die nicht nur der Aufstieg, sondern auch die Niederschlagung des Nationalsozialismus gekostet haben, sind Adorno präsenter als seinen Kritikern. Gewalt scheint ihm vollständig diskreditiert, wenn es um politisches Handeln in demokratisch verfassten Staaten geht: «*Der entscheidende Differenzpunkt ist wohl der, daß unter den gesellschaftlichen und technischen Bedingungen der Gegenwart verändernde Praxis überhaupt vorstellbar ist nur als gewaltlose und durchaus im Rahmen des Grundgesetzes.*»[336]

Dabei lässt sich Adorno sicherlich nicht von einer optimistischen Einschätzung der westdeutschen politischen Realität leiten, wie es oberflächlich erscheinen mag. So sollen Frankfurter Studierende nach den ersten APO-Verhaftungen angeblich von ihren Professoren hinter vorgehaltener Hand gefragt wor-

---

333 Theodor W. Adorno, Marginalien zu Theorie und Praxis, GS 10.2, S. 765.
334 Theodor W. Adorno, Keine Angst vor dem Elfenbeinturm, GS 20.1, S. 407; Marginalien zu Theorie und Praxis, GS 10.2, S. 770.
335 A. a. O., S. 771. Allerdings hatte Engels dasselbe auch schon 1871 nach der Pariser Kommune prophezeit, als von Atombomben noch keine Rede war.
336 Theodor W. Adorno, Kritische Theorie und Protestbewegung, GS 20.1, S. 399; vgl. ders., Individuum und Staat, GS 20.1, S. 287.

den sein, ob man sie im Polizeigewahrsam gefoltert habe – man hielt das offenbar für wahrscheinlich. Nicht weil Adorno die Demokratie für etabliert, funktionsfähig und vollständig erfolgreich hält, rät er den Protestierenden von Gewaltaktionen ab, sondern weil er der Realität dieser Demokratie auf eine etwas ernstere Weise misstraute als seine Studierenden: *«Ich betrachte das Nachleben des Nationalsozialismus ‹in› der Demokratie als potentiell bedrohlicher denn das Nachleben faschistischer Tendenzen ‹gegen› die Demokratie.»*[337] Es ist die Angst vor einem Neuaufleben autoritärer Herrschaft, wie sie z. B. im Briefwechsel mit Horkheimer offen zum Ausdruck kommt, die Adorno dazu anhält, von gewaltsamen Aktionen abzuraten, solange demokratische Bedingungen herrschen: *«Ich müßte mein ganzes Leben verleugnen – die Erfahrungen unter Hitler und was ich am Stalinismus beobachtet habe –, wenn ich dem ewigen Zirkel der Anwendung von Gewalt gegen Gewalt mich nicht verweigern würde.»*[338] Für andere politische Verhältnisse als die in der Bundesrepublik schränkte Adorno diese Sichtweise im Übrigen ein: Angesprochen auf den Nationalsozialismus oder die griechische Militärdiktatur erklärte er auch andere Mittel für möglicherweise legitim; auch gegenüber den Guerillabewegungen der Dritten Welt, die gegen autoritäre Regimes kämpfen müssen, will er die der Demokratie angemessene Gewaltfreiheit nicht predigen.[339]

6.3.2 Das Primat der Theorie

Die politischen Aktivistinnen und Aktivisten verlangten von Adorno also eine seiner theoretischen Radikalität entsprechende politische Praxis.[340] Wie sich an Dokumenten ablesen lässt, wurden Adorno Inkonsequenz, Feigheit und Verbalradikalismus vorgeworfen. Krahl, einer der an Adorno geschulten maßgeblichen Akteure des Frankfurter SDS, formulierte dies statt in Form persönlicher Vorwürfe als politische Strategie: Die Autori-

---

337 Theodor W. Adorno, Was bedeutet: Aufarbeitung der Vergangenheit?, GS 10.2, S. 555 f.

338 Theodor W. Adorno, Keine Angst vor dem Elfenbeinturm, GS 20.1, S. 406; vgl. ders., Marginalien zu Theorie und Praxis, 10.2, S. 769.

339 Vgl. Theodor W. Adorno, Keine Angst vor dem Elfenbeinturm, GS 20.1, S. 406, S. 409 und ders., Marginalien zu Theorie und Praxis, GS 10.2, S. 772.

340 So sah es auch Adorno. Vgl. Theodor W. Adorno, Resignation, GS 10.2, S. 795.

tät Adornos und anderer Prominenter sei bewusst für Emanzipationsbestrebungen zu funktionalisieren, um bei der autoritätsfixierten Öffentlichkeit durch den Konflikt zwischen Autoritäten Raum für autonome Entscheidungen zu schaffen.[341] Insgesamt missverstanden die Protestierenden aber sowohl Adornos Positionen zur Stabilität des bestehenden Gesellschaftssystems und den Unwägbarkeiten eines Anrennens dagegen als auch seine Auffassung über die in solchen Zeiten gebotenen Aufgaben einer Opposition. Was Ergebnis theoretischer Überlegungen war, wurde als Charakterfehler interpretiert. Derlei Personalisierung von politischen Konflikten ist selten hilfreich, weil sie die zugrunde liegenden Differenzen nicht löst. Aber Adorno verteidigte sich selbst gegen solche Vorwürfe eloquent, indem er das Argument der nun einmal bestehenden Arbeitsteilung gegen die Aufforderung zum Mittun verwendet: «*Ich sehe ab, ob das von theoretischen Denkern, einigermaßen empfindlichen und keineswegs stoßfesten Instrumenten, verlangt werden kann. Die Bestimmung, die ihnen in der arbeitsteiligen Gesellschaft zugefallen ist, mag fragwürdig sein … gewiß können sie, was sie wurden, nicht aus bloßem Willen abschaffen.*»[342] Ein Blick in Adornos Texte wäre hilfreicher gewesen als die Personalisierung der Kritik. Unter den gegebenen Umständen waren nach seinem Eindruck die Möglichkeiten zu praktischem politischen Handeln eben aufs Äußerste beschränkt.

Theorie und Praxis im weitesten Sinn trennten sich, so wird in der Dialektik der Aufklärung ausgeführt, in der Vorgeschichte der Menschheit. Diese Trennung ist sowohl eine notwendige Bedingung der Menschwerdung als auch der Beginn von Herrschaft und zugleich die Voraussetzung der Möglichkeit ihrer Überwindung: «*Die Trennung markiert die Stufe eines Prozesses, der aus der blinden Vorherrschaft materieller Praxis hinausführt, potentiell hin auf Freiheit … Mit der Trennung von Theorie und Praxis erwacht Humanität; fremd ist sie jener Ungeschiedenheit, die in Wahrheit dem Primat von Praxis sich beugt.*»[343] Dass eine freie Gesellschaft ohne eine solche Trennung auskommen könne, sei

341 Vgl. Krahl, Autoritäten und Revolution, in: ders., Konstitution und Klassenkampf, S. 256.

342 Theodor W. Adorno, Resignation, GS 10.2, S. 795.

343 Theodor W. Adorno, Marginalien zu Theorie und Praxis, GS 10.2, S. 768.

mehr als fraglich, so Adorno; auch Marx habe irgendwann einsehen müssen, dass es «ohne Arbeitsteilung auch nicht ginge»[344]. Marx hielt seinerzeit eine andere, höhere Gesellschaftsform in zweifacher Hinsicht für möglich: Sie ist möglich, weil die materiellen Bedingungen des Kapitalismus (die hoch entwickelten Produktivkräfte) als Fundament einer sozialistischen Übergangsgesellschaft dienen und sich in ihr weiter entfalten könnten. Und sie ist möglich, weil reale Tendenzen innerhalb der bürgerlichen Gesellschaft (das Proletariat, das außer seinen Ketten nichts zu verlieren, aber eine Welt zu gewinnen hat) nicht nur die theoretische Existenz, sondern auch die praktische Herbeiführung einer gesamtgesellschaftlichen Umwälzung plausibel erscheinen lassen. Nach Friedemann Grenz lässt sich aus Adornos Werk ablesen, dass dieser das Zusammentreffen der objektiven und subjektiven Bedingungen einer Revolution ungefähr in der Mitte des 19. Jahrhunderts als gegeben angesehen habe.[345] Danach seien für Adorno die Chancen auf den Übergang zu einer anderen Gesellschaft verspielt gewesen. Dass also die Veränderung der Gesellschaft versäumt wurde, als sie vielleicht möglich war, war die erste Katastrophe. Ein halbes Jahrhundert später, 1918/19, folgte der verzweifelte Versuch, das Versäumte nachzuholen – und misslang so gründlich, dass für Adorno, der die gescheiterten ebenso wie die siegreichen Revolutionen als misslungen betrachtet haben dürfte, jedes weitere Anknüpfen an Modelle von Praxis, die auf Revolution zielen, ausgeschlossen war: «*Was vor fünfzig Jahren der allzu abstrakten … Hoffnung auf totale Veränderung für eine kurze Phase noch gerecht erscheinen mochte, Gewalt, ist nach der Erfahrung des nationalsozialistischen und stalinistischen Grauens und angesichts der Langlebigkeit totalitärer Repression unentwirrbar verstrickt in das, was geändert werden müßte.*»[346] War die putschistische Machtübernahme also zu Beginn des 20. Jahrhunderts noch möglich und vielleicht berechtigt, so offenbart sich in der stalinistischen Herrschaft, dass ein solches Primat der Praxis letztlich doch mit instrumenteller Vernunft identisch ist und nicht aus der Totalität

---

344 Theodor W. Adorno, Keine Angst vor dem Elfenbeinturm, GS 20.1, S. 407.

345 Vgl. Friedemann Grenz, Adornos Philosophie in Grundbegriffen, S. 171.

346 Theodor W. Adorno, Marginalien zu Theorie und Praxis, GS 10.2, S. 769.

hinausführt, sondern nur tiefer in sie hinein. «*Die marxistische Einheitslehre galt, wohl aus dem Vorgefühl heraus, sonst könne es zu spät werden, dem Jetzt oder Nie.*»[347]

In den «Marginalien zu Theorie und Praxis», einer Antwort auf die Angriffe der Studierenden gegen ihn, ist Adornos Kritik an aktionistischer Politik, die die veralteten Einheitspostulate des Marxismus oder Leninismus aufwärmt, weiter ausgeführt: «*Die Bedürftigkeit des Objekts ist durchs gesellschaftliche Gesamtsystem vermittelt; daher nur durch Theorie ... bestimmbar. Praxis ohne Theorie, unterhalb des fortgeschrittensten Standes von Erkenntnis, muß mißlingen, und ihrem Begriff nach möchte Praxis es realisieren. Falsche Praxis ist keine.*»[348] Den fortgeschrittensten Stand der Theorie in diesem Sinne repräsentiert Adornos Spätwerk, die «Negative Dialektik». In ihr heißt es zur Frage von Theorie und Praxis: «*Philosophie, die einmal überholt schien, erhält sich am Leben, weil der Augenblick ihrer Verwirklichung versäumt ward. Das summarische Urteil, sie habe die Welt bloß interpretiert ... wird zum Defaitismus der Vernunft, nachdem die Veränderung der Welt mißlang.*»[349] In Abgrenzung zur 11. Feuerbachthese von Marx ist also die Praxis zur Veränderung der Welt nicht länger die legitime historische Erbin der Philosophie, die ihrerseits die Welt bereits erschöpfend erläutert und durchdrungen hat und deshalb nichts mehr zum Fortgang der Geschichte beitragen kann. Es gilt vielmehr das Gegenteil: Wer sich angesichts des gegenwärtigen Zustandes der Welt ans politische Werk macht und dabei nur die Philosophie und Praxis des vergangenen Jahrhunderts im Marschgepäck führt, ignoriert alles, was seitdem Grundlegendes geschehen ist, und muss folglich scheitern oder Schlimmeres anrichten. Ist nicht abzusehen, dass eine bestimmte politische Praxis das unwahre Ganze abschaffen oder grundlegend verändern kann, wird sie sich zwangsläufig der Totalität einfügen und instrumentelles Denken und Verhalten reproduzieren. Gute subjektive Absichten nützen dabei wie immer wenig gegen den Gang des Weltgeistes. Theorie im Sinne Adornos, selbst wenn sie misslingt, beschleunigt diesen Ablauf wenigstens nicht. Falsche Praxis hingegen schon, und deshalb gibt es für Adorno keine Rechtfertigung, politische

347 A. a. O., S. 781.
348 A. a. O., S. 766.
349 Theodor W. Adorno, Negative Dialektik, GS 6, S. 15.

Aktivitäten zu entfalten, von denen nicht mit Sicherheit gesagt werden kann, dass sie ihrem Ziel und Anspruch auch gerecht werden. Auf der Basis dieser Position hat Adorno immer wieder seine theoretische Arbeit verteidigt.

Da Theorie und Praxis in der Rückschau auf die Schrecken des totalitären 20. Jahrhunderts nicht mehr zu einer Einheit zusammengeführt werden können, muss ihr Verhältnis neu bestimmt werden: «*Sind Theorie und Praxis weder unmittelbar eins noch absolut geschieden, so ist ihr Verhältnis eines von Diskontinuität … Praxis ist Kraftquelle von Theorie, wird nicht von ihr empfohlen. In der Theorie erscheint sie lediglich, und allerdings mit Notwendigkeit, als blinder Fleck.*»[350] Theorie mag also Inspiration für diejenigen sein, die praktisch handeln wollen – nützlichen und unmittelbar verwertbaren Rat zu geben kann nicht von ihr verlangt werden, denn damit würde sie ihre kritische Qualität verlieren. «*Das Verhältnis von Theorie und Praxis ist, nachdem sich beide einmal voneinander entfernten, der qualitative Umschlag, nicht der Übergang, erst recht nicht die Subordination. Sie stehen polar zueinander.*»[351]

Was Theoretiker in diesem Sinne zu leisten vermögen, hat Adorno anschaulich demonstriert. Ihre wesentliche Aufgabe ist es, sich nicht vereinnahmen oder funktionalisieren zu lassen, sondern die Distanz, die möglich ist, zu wahren. Nur dadurch kann Theorie überhaupt einen Beitrag zur Emanzipation leisten: «*Ich versuche das, was ich erkenne und was ich denke, auszusprechen. Aber ich kann es nicht danach einrichten, was man damit anfangen kann … Ich glaube, daß eine Theorie viel eher fähig ist, kraft ihrer eigenen Objektivität praktisch zu wirken, als wenn sie sich von vornherein der Praxis unterwirft.*»[352] An anderer Stelle verteidigt er dieses Konzept gegen den Vorwurf, es sei selbstbezogen und politisch bedeutungslos: «*Offenes Denken weist über sich hinaus. Seinerseits … eine Gestalt von Praxis ist es der verändernden näher als eines, das um der Praxis willen pariert.*»[353] Solche Theorie ist für Adorno nach einer Charak-

---

350 Theodor W. Adorno, Marginalien zu Theorie und Praxis, GS 10.2, S. 780 ff.
351 A. a. O., S. 780.
352 Theodor W. Adorno, Keine Angst vor dem Elfenbeinturm, GS 20.1, S. 403.
353 Theodor W. Adorno, Resignation, GS 10.2, S. 798.

terisierung Gerhard Schweppenhäusers «*die virtuelle Distanz zum Bestehenden*»[354], die in der Totalität sonst praktisch nicht mehr existiert: «*Es gibt kein richtiges Leben im falschen.*»[355] Wie Münchhausen, der sich am eigenen Schopf aus dem Sumpf zieht,[356] stellt der Theoretiker denkend die notwendige Äquidistanz zu den Objekten wie zu sich selber her, um so die einzige, aber fast unlösbare Aufgabe Kritischer Theorie zu erfüllen, die politische Praxis vielleicht – und das hängt von der Entwicklung der objektiven Faktoren, nicht vom Theoretiker ab – einmal wieder möglich machen könnte: dafür zu sorgen, dass kritisches Bewusstsein nicht vollends verschwindet, sondern verteidigt wird – oder, wie es in den «Minima Moralia» heißt, sich trotz aller Ohnmacht nicht verdummen zu lassen.

Adorno hat vielfach betont, dass politische Praxis im Sinne einer Umwälzung des unwahren Ganzen, also einer Revolution der bestehenden Gesellschaft, ihm ausgeschlossen erscheint – was nichts an seiner Diagnose ändert, dass auch deren Weiterbestehen in der gegenwärtigen Form unerträglich ist. Es reicht selbst für einen so idealistisch denkenden Materialisten wie Adorno eben nicht aus, dass der Gedanke zur Wirklichkeit drängt, wenn die Wirklichkeit nicht zum Gedanken drängt. Wäre das Bewusstsein der Protestbewegung klar und realistisch, eben im Wortsinne ein bewusstes Sein, so müsste es sich als kritisches manifestieren, nicht als revolutionäres. Von der von den Studierenden propagierten «Pflicht des Revolutionärs», der aufgrund der objektiv nichtrevolutionären Situation nun mal keiner sein kann, bleibt für Adorno die Pflicht des Kritikers übrig – nämlich radikal Kritik zu üben.

Er selber tut genau das, und zwar nicht zuletzt auch an der Protestbewegung, an deren Akteuren ihm doch einiges liegt. Seine Kritik, die von der Protestbewegung nur als Distanzierung verstanden wurde, enthält eben auch die versteckte Zusage von Sympathien und Gemeinsamkeiten: «*Ich möchte … sagen, daß ich mich keineswegs praktischen Konsequenzen verschlie-*

---

354 Gerhard Schweppenhäuser, Theodor W. Adorno zur Einführung, S. 117.

355 Theodor W. Adorno, Minima Moralia, S. 43. Friedemann Grenz spricht die Autorenschaft an diesem Aphorismus allerdings Stanislaw Jerzy Lec zu (vgl. http://www.friedemann.grenz.de.vu).

356 A. a. O., S. 83.

ße, wenn sie mir selbst durchsichtig sind.»[357] Ein Beispiel dafür waren die Proteste gegen die Notstandsgesetze. Adornos Rede gegen diese ist eine seiner schärfsten politischen Interventionen, die Forderung aber, in exponierter Stellung auch an der Demonstration teilzunehmen, lehnte er ab. Offensichtlich lag die Differenz also nicht in der Sache. Er war zwar bereit, inhaltlich zur Kritik beizutragen, sich aber persönlich zur Leitfigur des Protestes oder gar einer Bewegung machen zu lassen, war ihm zuwider. Ähnliches gilt für unter Ausschluss der Öffentlichkeit geäußertes Lob an der Protestbewegung, das er offenbar aus Angst vor der möglichen Funktionalisierung seiner Person weder dokumentiert noch veröffentlicht sehen wollte. Rolf Wiggershaus berichtet über ein Treffen Adornos mit Akteuren des Berliner SDS (eine Aussprache nach den Aktionen bei seinem Iphigenie-Vortrag im Juli 1967): «*Was er bei dieser Gelegenheit sagte, hätte ihn, öffentlich geäußert, zu einem gefeierten Lehrer der Protestbewegung gemacht.»*[358] Eine von ihm geplante Kritik des Godesberger Programms der SPD kam wohl aus ähnlichen Motiven nicht zustande – sie hätte sich ohnehin vermutlich nur ruhmreich neben Karl Marx' gut ein Jahrhundert zuvor verfasster und ebenso klarsichtiger wie wirkungsloser Kritik des Gothaer Programms eingereiht.[359] Eine Rolle mag dabei zudem gespielt haben, dass für Adorno auch reformorientiertes Handeln im spätkapitalistischen System keine großen Chancen mehr bot: «*In jedem Einzelphänomen, das man kritisiert, stößt man rasch auf jene Grenze.»*[360] «Jene Grenze», das sind die durch das System gegebenen Imperative, die eine wirkliche Änderung jedes einzelnen Aspekts ohne die Umwälzung des Gesamtzusammenhangs chancenlos erscheinen lassen. Adornos Analyse des Verhältnisses von Theorie und Praxis führt ihn daher letztlich zu dem Ergebnis, dass «*Praxis auf unabsehbare Zeit vertagt»*[361] ist.

---

357 Theodor W. Adorno, Keine Angst vor dem Elfenbeinturm, GS 20.1, S. 406.

358 Rolf Wiggershaus, Die Frankfurter Schule, S. 688.

359 Brief Adorno–Horkheimer 8.12.66, in: Wolfgang Kraushaar, Frankfurter Schule und Studentenbewegung, Band 2, Dokument 110.

360 Theodor W. Adorno, Kritik, GS 10.2, S. 793; vgl. ders., Diskussionsbeitrag, GS 8, S. 579.

361 Theodor W. Adorno, Negative Dialektik, S. 15

6.3.3 Selbstreflexive Aufklärung

Hamm, seine Kappe loslassend: «Was macht er?»
Clov hebt den Deckel von Naggs Mülleimer an und bückt sich.
Clov: «Er weint.»
Hamm: «Also lebt er.»
Samuel Beckett, Endspiel[362]

Mit Auschwitz hatte für Adorno die Geschichte einen Punkt erreicht, von dem aus keine lineare Entwicklung mehr vorwärts zu einer befreiten Gesellschaft führen kann. Anders als Marcuse schreibt Adorno ein solches Ziel ab den 40er-Jahren ab und widmet sich mehr Fragen wie der in der «Negativen Dialektik» gestellten, ob und wie für die Überlebenden überhaupt noch eine Weiterexistenz denkbar sei.[363] Ob eine befreite Gesellschaft in der Theorie hier und da noch als Fluchtpunkt auftaucht, mag dahingestellt bleiben – menschliches Handeln kann jedenfalls nur wenig dazu tun, ihr näherzukommen. Auschwitz ist und bleibt Schwerezentrum aller Überlegungen der Nachkriegszeit: *«Der Rückfall [in die Barbarei; MS] hat stattgefunden. Nach Auschwitz und Hiroshima ihn für die Zukunft erwarten, hört auf den armseligen Trost, es könnte noch schlimmer werden … Fällige Praxis wäre allein die Anstrengung, aus der Barbarei sich herauszuarbeiten.»*[364] Doch welche Orientierung kann Sozialphilosophie, kann Kritische Theorie dazu anbieten?

Immanuel Kant hatte im 18. Jahrhundert noch von jedem Individuum verlangt, an das eigene Handeln strenge Maßstäbe anzulegen und damit für das Funktionieren der gesamten Gesellschaft beispielhaft Verantwortung zu übernehmen. Dieser kategorische Imperativ lautet: *«Handle so, daß die Maxime deines Willens jederzeit zugleich als Prinzip einer allgemeinen Gesetzgebung gelten könne.»*[365] Marx hatte später auf Kant Bezug genommen und in Abgrenzung zu ihm einen Imperativ formuliert, der anstelle einer Regel für das individuelle Verhalten die Veränderung der gesellschaftlichen Ordnung zur Pflicht

---

362 Samuel Beckett, Endspiel, in: Samuel Beckett, Werke I.I, Frankfurt am Main 1976, S. 138.
363 Vgl. Theodor W. Adorno, Negative Dialektik, S. 354 ff.
364 Theodor W. Adorno, Marginalien zu Theorie und Praxis, GS 10.2, S. 769.
365 Immanuel Kant, Kritik der praktischen Vernunft, S. 41.

machte: «*Die Kritik der Religion endet mit der Lehre, daß der Mensch das höchste Wesen für den Menschen sei, also mit dem kategorischen Imperativ, alle Verhältnisse umzuwerfen, in denen der Mensch ein erniedrigtes, ein geknechtetes, ein verlassenes, ein verächtliches Wesen ist.*»[366] Adorno erscheinen beide Imperative nach Auschwitz überholt. Für ihn gilt nun ein neuer Leitsatz, den Hitler den Menschen «*im Stande ihrer Unfreiheit … aufgezwungen*» hat, nämlich alles zu tun, dass «*Auschwitz sich nicht wiederhole, nichts Ähnliches geschehe*»[367]. Im Vortrag «Erziehung nach Auschwitz» finden sich die wichtigsten Gedanken dazu in gedrängter Form: «*Da die Möglichkeit, die objektiven, nämlich gesellschaftlichen und politischen Voraussetzungen, die solche Ereignisse ausbrüten, zu verändern, heute aufs äußerste beschränkt ist, sind Versuche, der Wiederholung entgegenzuarbeiten, notwendig auf die subjektive Seite abgedrängt.*»[368] Für Adorno beschränkt sich Praxis also auf die Veränderung des subjektiven Faktors – der Menschen als Individuen. Ziel ist es nicht, eine neue Gesellschaftsordnung zu erstreiten, sondern Menschen dazu zu befähigen, im entscheidenden Moment Nein zu sagen und sich den schlimmsten Formen der Barbarei zu verweigern. Dass dies nicht oder kaum geschah, lag nach Adorno nicht an Unwissenheit, Angst, Zwang oder wie auch immer die Rationalisierungen der Täter und Zuschauer lauten mögen: «*Unfähigkeit zur Identifikation war fraglos die wichtigste Voraussetzung dafür, daß so etwas wie Auschwitz sich inmitten von einigermaßen gesitteten und harmlosen Menschen hat abspielen können … Die Kälte der gesellschaftlichen Monade, des isolierten Konkurrenten, war als Indifferenz gegen das Schicksal der anderen die Voraussetzung dafür, daß nur ganz wenige sich regten.*»[369]

Die Philosophin und Zeitgenossin von Adorno, Hannah Arendt, hat eine ähnliche Haltung formuliert, wie Wolfgang Pohrt herausgearbeitet hat. Wie Adorno stellt sie die Frage nach der persönlichen Verantwortung unter der Diktatur und beantwortet sie damit, dass es auf politische Gesinnung, Bildung oder soziale Position eines Menschen in der Regel nicht

---

366 Karl Marx, Kritik der Hegelschen Rechtsphilosophie. Einleitung, S. 385.
367 Theodor W. Adorno, Negative Dialektik, S. 358.
368 Theodor W. Adorno, Erziehung nach Auschwitz, GS 10.2, S. 675 f.
369 A. a. O., S. 687.

ankam, als Entscheidungen ums Ganze getroffen werden mussten: «*Diejenigen, die nicht teilnahmen und von der Mehrheit als unverantwortlich bezeichnet wurden, waren die einzigen, die es wagten, selber zu urteilen. Zu dieser Urteilsbildung waren sie nicht etwa deshalb in der Lage, weil sie über ein besseres Wertesystem verfügten oder weil die alten Maßstäbe für Recht und Unrecht immer noch fest in ihrem Denken verwurzelt waren. … Ich glaube, daß diejenigen, die nicht teilnahmen, ein anderes Kriterium hatten: Sie stellten sich die Frage, inwiefern sie mit sich selbst in Frieden leben könnten, wenn sie bestimmte Taten begangen hätten; und sie zogen es vor, nichts zu tun. Nicht weil dadurch die Welt sich zum Besseren verändern würde, sondern weil sie nur unter dieser Bedingung als sie selbst weiterleben konnten. Folglich wählten sie auch den Tod, wenn sie zum Mitmachen gezwungen wurden. Um es ganz kraß auszudrücken: Nicht weil sie das Gebot ‹Du sollst nicht töten› streng befolgt hätten, lehnten sie es ab zu morden, sondern eher deshalb, weil sie nicht willens waren, mit einem Mörder zusammenzuleben – mit sich selbst. … Die Voraussetzung für diese Art der Urteilsbildung ist keine hoch entwickelte Intelligenz oder ein äußerst differenziertes Moralverständnis, sondern schlicht die Gewohnheit, ausdrücklich mit sich selber zusammenzuleben, das heißt, sich in jenem stillen Zwiegespräch zwischen mir und meinem Selbst zu befinden, welches wir seit Sokrates und Plato gewöhnlich als Denken bezeichnen. Obwohl sie allem Philosophieren zugrunde liegt, ist diese Art des Denkens nicht fachorientiert und handelt nicht von theoretischen Fragen. Die Trennungslinie zwischen denen, die urteilen, und denen, die sich kein Urteil bilden, verläuft quer zu allen sozialen Unterschieden, quer zu allen Unterschieden in Kultur und Bildung.*»[370]

Auch wenn Hannah Arendt und Adorno keinen freundschaftlichen oder theoretischen Austausch pflegten – hier könnte er sicherlich einsetzen: Die politische Oberflächenmeinung, das war eine der Erkenntnisse der «Studien zum autoritären Charakter», bürgt nicht für die Humanität ihres Trägers, sondern ist in der Regel nur Fassade. Die Fähigkeit zu Liebe,

---

370 Hannah Arendt, Die persönliche Verantwortung unter der Diktatur, in: konkret 1/1992, Hamburg. Vgl. auch Wolfgang Pohrt, Helden und Intellektuelle, in: ders., Harte Zeiten. Neues vom Dauerzustand, Berlin 1993, S. 161 ff.

Empathie, Identifikation als Gegenkraft zur Gleichgültigkeit ist das praktisch Entscheidende. Diese Gefühlsregungen lassen sich aber nicht predigen, fordern oder organisieren, denn ihr wesentliches Moment ist, dass sie unvermittelt, spontan im eigentlichen Wortsinne sind. Sie sind nur zu denken als selbstständige Leistung des Individuums und können nicht künstlich angedreht werden. Damit verbietet sich, sie als ein positives Ziel von politischer Praxis zu setzen und sie etwa propagandistisch einzufordern. Was stattdessen getan werden kann, ist, den Mangel an ihnen zu thematisieren und so bewusst ins Denken hineinzunehmen.

Damit bekommt Aufklärung bei Adorno als seine Form politischer Praxis ein geradezu groteskes Ziel: die Herstellung von Leidensfähigkeit. Nietzsche warnte einst: «*Wer mit Ungeheuern kämpft, mag zusehn, dass er nicht dabei zum Ungeheuer wird. Und wenn du lange in einen Abgrund blickst, blickt der Abgrund auch in dich hinein.*»[371] Adorno ist da rücksichtsloser gegenüber den Wahrheitssuchenden: «*Es ist … kein Trost mehr außer in dem Blick, der aufs Grauen geht, [und; MS] ihm standhält. … Einig sein soll man mit den Leiden der Menschen: der kleinste Schritt zu ihren Freuden hin ist einer zur Verhärtung des Leidens.*»[372] «*Das erste wäre darum, der Kälte zum Bewußtsein ihrer selbst zu verhelfen, der Gründe, warum sie wurde.*»[373] Solche Maßgaben für individuelles Handeln fallen unter den Begriff der Moral. Deren Inhalt zielt bei Adorno aber nicht auf ein positives Ideal. Er zielt, Minima Moralia, auf die geringste Voraussetzung aller Fragen, auf das, was unbezweifelbar das Individuum begründet, seine nackte physische Existenz und Integrität. Dieser Gedanke zieht sich durch das gesamte Werk der Nachkriegszeit: «*Nur im ungeschminkt materialistischen Motiv überlebt Moral.*»[374] «*Zart wäre einzig das Gröbste: daß keiner mehr hungern soll.*»[375] «*Moralische Fragen stellen sich bündig … in Sätzen wie: Es soll nicht gefoltert werden, es sollen*

---

371 Friedrich Nietzsche, Jenseits von Gut und Böse, Stuttgart 1988, Aphorismus 146, S. 88.
372 Theodor W. Adorno, Minima Moralia, S. 26 f.
373 Theodor W. Adorno, Erziehung nach Auschwitz, GS 10.2, S. 689.
374 Theodor W. Adorno, Negative Dialektik, S. 358.
375 Theodor W. Adorno, Minima Moralia, S. 178.

keine Konzentrationslager sein.»[376] Ein solches humanes Verhältnis zum Anderen kann nicht aus fernen Letztbegründungen der Philosophie oder Metaphysik abgeleitet werden, wie Adorno betont. Abstrakte Debatten und diskursives Verhandeln darüber würde sich nur dem inhumanen Lauf der verwalteten Welt anschließen; sie sind dem Gegenstand – der Würde des Menschen – unangemessen: «*Wahr sind die Sätze als Impuls … Sie dürfen sich nicht rationalisieren; als abstraktes Prinzip gerieten sie sogleich in die schlechte Unendlichkeit ihrer Ableitung und Gültigkeit … Das Ungetrennte lebt einzig in den Extremen, in der spontanen Regung, die, ungeduldig mit dem Argument, nicht dulden will, daß das Grauen weitergeht und in dem … theoretischen Bewußtsein, das durchschaut, warum es gleichwohl unabsehbar weitergeht. Dieser Widerspruch allein ist … der Schauplatz von Moral heute.*»[377]

Sogar als Inhalt seiner Praxiskonzeption gibt Adorno also ein Negatives an. Nichts Positives gibt es innerhalb der gesellschaftlichen Totalität zu erlangen. Die Zerstörung aller tröstenden und rationalisierenden Illusionen über eine Welt, die nach Auschwitz ungerührt in ihrem Lauf fortschreitet, ist das Ziel. Wie aber soll noch auf das Bewusstsein eingewirkt werden unter gesellschaftlichen Bedingungen, die zur Auflösung des autonomen Individuums tendieren? Das Schlüsselwort lautet: Tendenz. Zeichnet Adorno auch stets das schlimmstmögliche Bild der Gesellschaft – «*nur die Übertreibung ist wahr*»[378] –, so hält er doch fest, dass die Menschen in der Regel nicht so schlecht sind wie die Verhältnisse, in denen sie leben müssen: «*Individualität ist sowohl Produkt des Drucks als auch das Kraftzentrum, das ihm widersteht.*»[379] Obwohl die Gesellschaft zur Totalität tendiert, gilt: «*Nichts in der verwalteten Welt funktioniert bruchlos*»[380] und «*So undurchdringlich der Bann ist, er ist nur Bann*»[381]. In Momenten also, in denen sich Adorno nicht genötigt sieht, vor Be-

376 Theodor W. Adorno, Negative Dialektik, S. 281.
377 A. a. O., S. 281 f.
378 Theodor W. Adorno, Dialektik der Aufklärung, S. 139.
379 Theodor W. Adorno, Negative Dialektik, S. 279.
380 Theodor W. Adorno, Marginalien zu Theorie und Praxis, GS 10.2, S. 772.
381 Theodor W. Adorno, Spätkapitalismus oder Industriegesellschaft, GS 8, S. 370.

triebsamkeit oder naivem Pragmatismus zu warnen, offenbart er, dass auch in seinem, dem innerhalb der Kritischen Theorie radikalsten Modell totaler Vergesellschaftung, kleine Spalten und Risse im gesellschaftlichen Gefüge zu erkennen sind, an denen vielleicht doch praktisch anzusetzen wäre.

6.3.4 Praxis als Intellektueller

«Das Furchtbarste so sagen, daß es nicht mehr furchtbar ist, daß es Hoffnung gibt, weil es gesagt ist.»
    Elias Canetti

Trotz seiner Kritik an der atemlosen und weltblinden Betriebsamkeit seiner Studierenden war auch Adorno in den 60er-Jahren rast- und ruhelos in der Bundesrepublik unterwegs. Und zwar weit mehr, als ihm lieb war, wie man den ständigen Klagen über mangelnde Muße für produktives Denken, die Zusammenkunft mit Freunden oder die Weiterarbeit an geplanten Büchern entnehmen kann. Während seiner akademischen Laufbahn leitete Adorno nicht nur das IfS in Frankfurt; er nahm zudem unzählige Verpflichtungen in Forschung, Lehre – seine Vorlesungen wurden mitunter von mehreren hundert Studierenden besucht, bei öffentlichen Vorträgen kamen auch schon mal tausend[382] – und in den Gremien der Universität wahr. Er publizierte eine große Zahl von Beiträgen für Zeitungen und Zeitschriften und sprach über ein breites Spektrum von Themen im Rundfunk, er trat im Fernsehen in Diskussionsrunden auf und war Redner auf Tagungen und Kongressen der verschiedensten gesellschaftlichen Gruppen. In der allgemeinen Öffentlichkeit war er damit ebenso präsent wie im akademischen Betrieb, an der Universität wie in Fachverbänden. Er erreichte damit eine öffentliche Aufmerksamkeit wie wohl kaum ein anderer Akademiker und sicher kein Philosoph der Bundesrepublik seiner Zeit. Warum diese Aktivitäten? Adorno hätte sich wie Horkheimer in der Schweiz niederlassen und seine universitären Verpflichtungen – seit 1957 war er ordentlicher Professor mit allen dazugehörigen Privilegien – leicht an einen solchen zurückgezogenen Lebensstil anpassen können. Auch war das IfS inzwischen fest etabliert und die Situation von Adorno, Horkheimer und Pollock weit besser,

---

382 Wolfgang Kraushaar, Frankfurter Schule und Studentenbewegung, Band 3, S. 95 ff.

als sie zehn Jahre zuvor hätten hoffen können. Verpflichtungen gegenüber Dritten gab es nicht und Langeweile herrschte selbstverständlich auch nicht, schließlich lagen Skizzen zu etlichen noch zu schreibenden Büchern in den Schubladen seines Schreibtischs. Was also waren die Motive, die Adorno dazu bewegten, dieses enorme Pensum zu absolvieren? Durch die Betrachtung dieses Engagements lässt sich vielleicht erkennen, was Adorno als angemessene Praxis zu seiner Zeit ansah.

Die meisten seiner Aktivitäten können nämlich als präzise Interventionen in die politischen und gesellschaftlichen Debatten seiner Gegenwart begriffen werden, was überraschend sein mag, wenn man seine Texte aus dem Abstand einiger Jahrzehnte liest und sich einem dabei nur selten der Eindruck aufdrängt, man habe etwas in größerem Maße Zeitgebundenes vor sich. Einen Hinweis darauf geben die Titel der Edition-Suhrkamp-Büchlein, in denen Adornos Rundfunk- oder Tagungsreden immer wieder gesammelt publiziert worden sind: «Prismen», «Eingriffe», «Stichworte»[383]. Sie verweisen auf den intervenierenden Charakter. So sehr er sich kollektiven politischen Aktionen verweigerte, so sehr griff Adorno als Theoretiker und Philosoph zielgerichtet in die politischen Debatten seiner Zeit ein. Im Gegensatz zur Zeit der Flaschenpost, den 40er-Jahren, schien es nun wieder Adressaten für die Kritische Theorie zu geben. Zunächst waren dies die eigenen Studierenden. Im Briefwechsel zwischen Horkheimer und Adorno spielen sie immer wieder eine wichtige Rolle, um in die Auseinandersetzung mit Menschen zu kommen, die weiterwirken könnten an dem, was sie selbst in den 30er-Jahren begonnen hatten. Die Ausbildung der Studierenden, eine für viele Professoren bis heute völlig berufsfremde und bestenfalls karrierehemmende Pflichtveranstaltung, die wenn möglich links liegen gelassen wird, stand im Mittelpunkt des Interesses von Adorno und Horkheimer. Überhaupt tauchen Momente der Freude in den Briefen und anderen nichtöffentlichen Schriften der Frankfurter Professoren am häufigsten im Zusammenhang mit gelungenen Seminaren und Diskussionen auf. Auf dem Programm standen die Klassiker der Sozialphilosophie, etwa Kant, Hegel, Hobbes, Locke und Marx, Querschnittsthemen der Philo-

---

383 In den Gesammelten Schriften sind diese Texte in den Bänden Kulturkritik und Gesellschaft, GS 10.1 und 10.2, versammelt.

sophiegeschichte sowie soziologische Themen, aber auch Kurse zu den eigenen Schriften, etwa zur noch nicht erschienenen «Negativen Dialektik». Adornos Engagement weitete sich vom IfS auf die Uni, dann auf die akademische Gemeinschaft mit ihren Organisationen und Verbänden und schließlich auf die Öffentlichkeit der Bundesrepublik insgesamt aus. Nicht im Sinne eines historischen Subjektes, aber im Sinne einer zumindest demokratisch verfassten Gesellschaft, in der so etwas wie eine Öffentlichkeit trotz aller Kritik an Kulturindustrie und autoritärem Charakter immerhin zu existieren schien.

So beteiligte Adorno sich etwa seit deren Neugründung an der Arbeit der Deutschen Gesellschaft für Soziologie (DGS) und widmete seinen musikalischen Interessen viel Zeit, etwa durch Diskussionen und Vorträge bei Konzerten, Seminaren und Tagungen, auf denen die durch die Nazis unterbrochene Rezeption der Neuen Musik wieder aufgenommen wurde. Vor allem Adornos Engagement in der DGS, der entscheidenden sozialwissenschaftlichen Forschungsvereinigung der Bundesrepublik, lohnt genauere Betrachtung. Durch intensives Taktieren und eine aufwendige Bündnis- und Personalpolitik über viele Jahre gelang es Adorno und dem im Hintergrund wirkenden Horkheimer nicht nur, konservative Soziologen und solche mit einer unklaren NS-Vergangenheit aus entscheidenden Positionen fernzuhalten, sondern den Gang der fachwissenschaftlichen Debatte maßgeblich zu bestimmen. Nach einer Arbeitstagung der DGS in Tübingen Anfang der 60er-Jahre über das Selbstverständnis der Soziologie entwickelte sich der bereits erwähnte Positivismusstreit zwischen den Vertretern der Kritischen Theorie und den Soziologen Ralf Dahrendorf und Karl Popper zu einem Dauerbrenner in der Fachdiskussion. Letztlich ging es dabei auf erkenntnis- und wissenschaftstheoretischer Ebene um eine Neuauflage der Auseinandersetzung, die Horkheimer Jahrzehnte zuvor mit seiner Schrift «Traditionelle und Kritische Theorie» eingeläutet hatte. Was drei Jahrzehnte zuvor die randständige Position eines exilierten radikalen Linken gewesen war, wurde nun in der maßgeblichen Fachvereinigung für Soziologie in Deutschland diskutiert. 1968, Adorno war mittlerweile Vorsitzender der Gesellschaft geworden, setzte er die Fragestellung «Spätkapitalismus oder Industriegesellschaft?» als Leitthema für den Deutschen Soziologentag durch. In seinem gleichlautenden Referat plädierte er mit Nachdruck für die Beibehaltung der Begriffsbestimmung Kapitalismus. Die Debatte war, wie zu erwarten, heftig polarisiert. Die DGS sah sich daraufhin genötigt, den Soziologentag aus Angst vor einer möglichen Spaltung für über ein halbes Jahrzehnt auszusetzen, wie man ihrer Selbstdarstellung noch heute entnehmen kann.[384] Ob man eine solche Intervention erfolgreich nennen möchte, mag strittig sein – wirksam jedenfalls waren Adornos praktische Aktivitäten in ihrem Feld.

Ein anderer Bereich, in dem Adorno ähnlich nachhaltig Einfluss genommen hat, war die Pädagogik. Ein nicht unerheblicher Teil der wirkungsmächtigsten Aufsätze Adornos beschäftigen sich mit Fragen der Erziehung, des Unterrichts und der Erwachsenenbildung. Thematisch kreisen diese Texte vor allem um die Frage, wie die Erfahrungen und die Grauen des Nationalsozialismus erinnert und behandelt werden können und welche Schlussfolgerungen für pädagogische Arbeit und Erziehung sich aus den Ergebnissen der Familien- und Autoritarismusstudien der Kritischen Theorie ziehen lassen. Zu den Texten aus diesem Zusammenhang gehören etwa die Aufsätze «Was bedeutet Aufarbeitung der Vergangenheit», «Erziehung nach Auschwitz» und «Zur Bekämpfung des Antisemitismus heute». Der Hintergrund für dieses Engagement Adornos, der stets betonte, kein Pädagoge oder sonst für Erziehungsfragen kompetent zu sein, ist leicht gefunden: *«Da die Möglichkeit, die objektiven, nämlich gesellschaftlichen und politischen Voraussetzungen, die solche Ereignisse [d. h.: Auschwitz; MS] ausbrüten, zu ändern, heute aufs äußerste beschränkt ist, sind Versuche, der Wiederholung entgegenzuwirken, notwendig auf die subjektive Seite abgedrängt.»*[385] Dementsprechend regt Adorno die pädagogischen Praktikerinnen und Praktiker in Schule und Erwachsenenbildung an, nicht etwa positive Werte oder Normen zu predigen, die eine demokratisch geläuterte Gesellschaft ihren Mitgliedern nun einzuimpfen hätte, sondern fordert als Lernziele die Befähigung zur Kritik an jedweder Obrigkeit und den von ihr gesetzten Normen sowie ein Bewusstsein davon, dass gerade innerhalb der fortgeschrittenen Zivilisation Unbe-

---

384 Die Selbstdarstellung ist unter www.soziologie.de zu finden, Rubrik «über die DGS / Geschichte».

385 Theodor W. Adorno, Erziehung nach Auschwitz, GS 10.2, S.675 ff.

schreibliches geschehen ist, das es mit allen daraus folgenden Konsequenzen kritisch zu bedenken gilt. Bis heute sind besonders diese Texte Adornos von verblüffender Aktualität, was vermutlich nicht nur die Klarsicht des Autors dokumentiert, sondern wohl auch das verstockte Beharrungsvermögen der meisten für die schulische wie außerschulische Pädagogik politisch Verantwortlichen widerspiegelt.

Exkurs zur Zivilgesellschaft

*D*er Soziologe und Philosoph Alex Demirović beschreibt das Engagement Adornos als dessen spezifische Form politischer Praxis, die jedoch auch rückblickend kaum wahrgenommen wird: *«Da sie für ihre eigene ‹subpolitische› Praxis, für all die vielen sie absorbierenden Tätigkeiten im IfS, in der Universität, im Rahmen von Wissenschaftsgesellschaften und in der Öffentlichkeit, die alle dazu beitragen sollten, die materiellen Bedingungen und Möglichkeiten von Vernunft und Wahrheit zu bewahren und zu reproduzieren, jedoch selbst eine theoretische Konzeption nur in Andeutungen hatten, tendieren Darstellungen der Kritischen Theorie in der Regel dazu, jene zivilgesellschaftliche Praxis zur Erlangung kultureller Hegemonie zu übersehen.»*[386] Der Begriff Zivilgesellschaft wird hier von Demirović nicht in dem sozialdemokratischen Sinne verwandt, wie dies im letzten Jahrzehnt in der Öffentlichkeit der Bundesrepublik verstärkt geschieht, nämlich als Gemeinschaftsveranstaltung einer in Initiativen, Vereinen und Verbänden organisierten Bürgergesellschaft, die soziale Probleme ohne Staat und – sicherheitshalber – auch ohne Gesellschaftskritik löst. Hier wird der Begriff eher mit Bezug auf Antonio Gramsci (1891–1937) benutzt, von dem er geprägt wurde. Da die gesellschaftliche Funktion des Intellektuellen in dessen Theorie eine wichtige Rolle spielt und sich daraus ein interessanter Blick auf die Kritische Theorie ergibt, ist es durchaus sinnvoll, einen kurzen Ausflug in diese Gedankenwelt zu unternehmen.[387]

---

386 Alex Demirović, Der nonkonformistische Intellektuelle, S. 28.
387 Das wesentliche Werk von Gramsci sind die Gefängnishefte: Antonio Gramsci, Gefängnishefte, 10 Bände, herausgegeben von Klaus Bochmann und Wolfgang Fritz Haug, Hamburg 1999–2002. Zum Einstieg

Der Mitbegründer der Kommunistischen Partei Italiens schrieb während der Haft in Mussolinis Gefängnissen Umrisse einer Gesellschaftstheorie, in der das Verhältnis von Staat und Gesellschaft an prominenter Stelle verhandelt wird und die eine Lücke zu schließen versucht, die in Marx' Werk geblieben ist: eine ausgearbeitete Staatstheorie.[388] Ähnlich wie in der Kritischen Theorie bildet das Ausbleiben der sozialistischen Revolution in den entwickelten westeuropäischen Staaten bei gleichzeitigem Erfolg im unterentwickelten Zarenreich den Ausgangspunkt von Gramscis theoretischen Überlegungen und der Erfolg des Faschismus die große gedanklich zu bewältigende Herausforderung. Die Rezeption Gramscis wurde wie die der Kritischen Theorie durch Krieg und Faschismus nachhaltig verzögert und begann erst in der zweiten Hälfte des 20. Jahrhunderts. Zentral ist der Begriff der Zivilgesellschaft, der beschreibt, warum es der Arbeiterbewegung in den demokratisch verfassten bürgerlichen Gesellschaften zwar geglückt ist, nominell (also mit Wahlerfolgen, Gewerkschaften, Partizipationsmöglichkeiten u. Ä.) politisch erfolgreich zu sein, aber eben nur auf reformistischem Wege und unter Preisgabe ihrer grundsätzlichen Ziele. Zwischen der ökonomischen Basis und dem staatlichen Überbau mit seinem Gesetzes-, Zwangs- und Gewaltapparat entsteht, so Gramscis Antwort, in bürgerlich-demokratisch verfassten Staaten mit der Zivilgesellschaft eine vermittelnde Sphäre, deren Funktion die Organisation von Konsens mit dem Status quo ist, die Sicherung der kulturellen Hegemonie der bürgerlichen Klasse. In ihr zeigt sich, ob es dieser Klasse gelingt, andere Klassen und weitere Teile der Gesellschaft zu assimilieren und in ihr eigenes historisches Projekt einzubinden, das der bürgerlich-kapitalistischen Gesellschaft. Ideologie wird nicht mehr verstanden als lügnerischer Priestertrug, als Blendung der Menschen durch äußerliche Propaganda, sondern als aktiver Kampf um die Deutungsmacht innerhalb der vielfältigen Diskurse und Formen des sozialen Lebens in der Zivilgesellschaft.[389] Dort werden ebenfalls die Interessenkonflikte innerhalb der Bourgeoisie ausgetragen. Die Zivilgesellschaft ist – Gramsci wählt die Bildsprache des Ers-

sei auf das schöne Buch von Sabine Kebir verwiesen: Gramscis Zivilgesellschaft, Hamburg 1991.

388 Vgl. Michael Heinrich, Kritik der politischen Ökonomie, S. 10, S. 193 ff.

389 Alex Demirović, Der nonkonformistische Intellektuelle, S. 21.

ten Weltkrieges – dem Bollwerk des bürgerlichen Staates, den Lenin 1918 noch im Handstreich erobern konnte, vorgeschoben wie ein System von Schützengräben, Sperrwerken und Befestigungen. In der demokratischen Gesellschaft muss die sozialistische Bewegung somit für Gramsci vom Bewegungskrieg zum Stellungskrieg übergehen. Erst nach der weitgehenden Gewinnung der kulturellen Hegemonie in der Zivilgesellschaft wird ein Angriff auf das Herz des Staates, auf die Staatsgewalt selber, eine Option. Die putschistischen Strategien eines militärischen Machtwechsels durch eine Verschwörergruppe, die aus der Welt des 19. Jahrhunderts stammen, sind in der komplexen, zivilgesellschaftlich stabilisierten bürgerlichen Ordnung des 20. Jahrhunderts töricht geworden. Nur für autoritäre Cliquen, denen an der Emanzipation der Menschen ohnehin nichts liegt, ist der Putsch ein gangbarer Weg zur Macht.

Eine zentrale Rolle in den zivilgesellschaftlichen Auseinandersetzungen spielen bei Gramsci Intellektuelle, wobei er den Begriff doch ein wenig anders fasst, vor allem ohne den elitären Klang, der ihm im deutschen Sprachgebrauch anhängt. Sogenannte «organische Intellektuelle» bilden sich in den zivilgesellschaftlichen Kämpfen aller gesellschaftlichen Sektoren heraus und lassen sich nicht durch das Kriterium einer akademischen Ausbildung beschreiben. Hier nun schließt Demirovics These an, das politische Agieren von Adorno und auch Horkheimer (die Gramsci nicht gelesen haben können) sei mit diesem Begriff treffend beschrieben und in der subjektiven Intention auch richtig getroffen. Ihre Absicht sei es gewesen, als Philosophen und Soziologen die öffentliche Meinung (von deren Machtfülle sie sich aber keine Illusionen machten) nachhaltig zu beeinflussen, indem sie die Kerngedanken der Kritischen Theorie in Universität, Öffentlichkeit und eben in der Zivilgesellschaft bestmöglich einbrachten. Den politischen Charakter solchen Engagements verkennen und es als politisch abstinente Haltung missverstehen konnten nur Zeitgenossen, die das Politische ausschließlich im Parlament oder in wehenden roten Fahnen auf der Straße zu sehen gewohnt waren.

6.4 Das Ende der Kritischen Theorie

«Weil im Kampf immer die Niederlage einkalkuliert werden muß, ist die Vorbereitung der eigenen Nachfolger ebenso wichtig wie die Vorbereitung dessen, was zum Siege führt.»
Antonio Gramsci[390]

Die Studierendenrevolte der 60er-Jahre fiel nach den aufgewühlten, die Gesellschaft stark polarisierenden Jahren 1967–69 in sich zusammen. Für eine kurze Zeitspanne hatte es so ausgesehen – zumindest wenn man sich Marcuses empathischen Blick zu eigen gemacht hatte –, als ob in einer bestimmten historischen Situation nun tatsächlich verschiedene wichtige historische Kräfte zusammengekommen wären, die die wesentlichen Einwände gegen die bestehende kapitalistische, bürgerlich-demokratische Ordnung in sich würden vereinen können. Und in der Gestalt einer Protestbewegung hatte dieser Ausbruch tatsächlich eine allgemein negative Form angenommen, die das Bestehende radikal und rücksichtslos in Frage stellte, ohne ihm – trotz aller traditionsmarxistischer Dekoration – ein fertiges, positives Zukunftsbild entgegensetzen zu wollen. Zumindest das hätte auch Adorno, mit etwas Abstand, anerkennen können. Die Strategie einer eskalierenden Konfrontation mit der Staatsmacht ging überall zuungunsten der Protestbewegungen aus, selbst da, wo sie sich wie in Frankreich oder Italien auf Teile der Arbeiterschaft und des Bürgertums ausgedehnt hatte. Die sozialliberale Bundesregierung unter Willy Brandt konnte unter ihrem Motto «Mehr Demokratie wagen» viele Hoffnungen auf Veränderung in der Gesellschaft an sich binden (Gramsci hätte wohl gesagt: die kulturelle Hegemonie wieder erlangen) und schien den parlamentarisch-institutionellen Weg wieder gangbar zu machen. Eine 1970 von der SPD veranlasste Amnestie für APO-Delikte unter neun Monaten Haftstrafe führte zur Einstellung einer Unzahl von Verfahren, zumeist gegen Studierende, und öffnete Tausenden einen Weg zurück ins Berufsleben und in den Staatsdienst, in den Vorbestrafte ja bekanntlich eher selten übernommen werden.

Andere kamen nicht so gut davon. An vielen hinterließen die Zeit der Revolte selbst oder die feindseligen Reaktionen bleibende Spuren. Hans-Jürgen Krahl, entscheidender Theoreti-

---

390 Zitiert nach Sabine Kebir, Gramscis Zivilgesellschaft, S. 24.

ker der Frankfurter Studierendenbewegung und Lieblingsschüler Adornos, starb 1970 bei einem Autounfall. Rudi Dutschke, der von Berlin aus mit Marcuse korrespondiert hatte, überlebte das Attentat von 1968 zwar um elf Jahre, nahm aber bis kurz vor seinem Tod, wo er sich in der Gründungsphase der Grünen stark engagierte, nie wieder eine so bestimmende Rolle ein wie zuvor. Aus der außerparlamentarischen Opposition, einer kritischen Protestbewegung, entstanden im Zerfall verschiedene Strömungen und Szenen, die sich jeweils eigene positive Ziele setzen: Die Hippies, Freaks und Gammler widmeten sich der substanzinduzierten Selbsterfahrung und ihrem subkulturellen Lebensstil; die Aussteiger setzten auf Subsistenz und Erdverbundenheit und verzogen sich in italienische Bergdörfer oder auf indische Inseln; die aufrechten Kommunisten vollführten die proletarische Wende und gründeten verschiedene führende Parteien des Proletariats, die sich wahlweise an China, Albanien, der Sowjetunion oder häretischen Abspaltungen dieser Richtungen orientierten. Die Feministinnen verließen die geschlechtergemischten Organisationsformen und bauten sich eigene Strukturen auf. Diejenigen Studierenden, die ihren Uniabschluss nicht ganz aus dem Auge verloren hatten, machten sich bald mehr oder minder individuell auf den langen Marsch durch die Institutionen, um diese von innen zu verändern. Eine kleine Fraktion beschloss hingegen, den einst in der gesamten Protestbewegung kontrovers, aber offen diskutierten Weg in den Untergrund tatsächlich zu gehen, und baute bewaffnete Gruppen auf. All diesen scheinbar so unterschiedlichen Fraktionen ist gemein, dass sie Zerfallsprodukte einer umfassenden Emanzipationsbewegung waren, die ihren Zenit überschritten hatte, ohne ihr Ziel zu erreichen, und nun implodiert war.

Doch auch aufseiten der Kritischen Theorie markiert der Dekadenwechsel um 1970 einen Umbruch. Adorno starb im August 1969 während seines Urlaubs in der Schweiz. Horkheimer blieb mit Pollock in Montagnola; als Theoretiker publizierten sie weiter, aber in großem Bezug zum öffentlichen Leben oder gar politischen Bewegungen standen beide nicht mehr. Das Institut spielte danach nie wieder dieselbe Rolle wie zu Zeiten der Gründungsgeneration, wenn dort auch bis heute auf die Wahrung des Traditionsbestandes Kritischer Theorie wie auch auf dessen Weiterentwicklung Wert gelegt wird. Jürgen Habermas und Ludwig von Friedeburg, Horkheimers und Adornos mögliche Nachfolger, verließen das IfS, um in Forschung und Staat andere Aufgaben zu übernehmen: Von Friedeburg wurde 1969 Kultusminister in Hessen und Habermas ging 1971 ans private Max-Planck-Institut nach Starnberg. Erich Fromm, der sich bereits in den USA vom IfS getrennt hatte, wirkte in den USA und Mexiko als Analytiker, Theoretiker und Bestsellerautor. Seine Werke über Psychologie, Religion und Gesellschaft begründeten, eher außerhalb der akademischen Tradition, eine ganz eigene Schule und Anhängerschaft. Die Verwandtschaft mit der Kritischen Theorie ist trotz der gegenseitigen Anfeindungen, etwa noch in den sechziger Jahren bei einer Debatte um eine Revision der Psychoanalyse, nicht zu übersehen – aber auch nicht die Differenzen, die zu unterschlagen unredlich wäre, und deretwegen man Fromm tatsächlich nicht im engeren Sinne zur Kritischen Theorie mit großem K rechnen darf. Er starb 1980 in der Schweiz. Leo Löwenthal, inzwischen Professor in Berkeley, blieb in den USA und widmete sich der Literatursoziologie und der Kritik der sich ständig weiterentwickelnden Kulturindustrie. Als ältester noch lebender Vertreter der Gründungsgeneration der Kritischen Theorie war er lange Zeit Ansprechpartner für viele, die hierüber in den USA und Deutschland publizieren wollten. Er starb 1993. Herbert Marcuse wirkte unermüdlich als Philosoph, Autor und Gesprächspartner politischer Bewegungen und blieb bis zu seinem Tode 1979, der ihn im Urlaub bei Jürgen Habermas in Starnberg ereilte, seiner Wahlheimat USA treu. 2003 wurde seine Urne auf den Dorotheenstädtischen Friedhof seiner Geburtsstadt Berlin umgebettet, wo auch Hegel und Brecht begraben liegen. Den Grabstein ziert neben Namen und Lebensdaten nur die schlichte Aufforderung: «*weitermachen!*»

7   Nachklang

«Die historische Bedeutung seiner [des gesellschaftskritischen Theoretikers; MS] Leistungen spricht nicht für sich selbst; sie hängt vielmehr davon ab, daß die Menschen für sie sprechen und handeln. Sie gehört nicht zu einer schon fertigen geschichtlichen Gestalt.»
Max Horkheimer[391]

Mit den Biografien der Gründungsgeneration endet auch die Geschichte der Kritischen Theorie als eines von Max Horkheimer entworfenen Forschungskonzeptes und eines darum organisierten Arbeitszusammenhangs. Zwar existiert Theorie unabhängig von ihren Protagonisten, sie ist eine Entäußerung, die – einmal produziert – ein Eigenleben entfalten kann und, soweit sie politische Theorie ist, auch soll. Aber gerade im Fall der Kritischen Theorie ist die Zäsur durch den Generationenwechsel und die Veränderung der Zeitumstände so groß, dass es sinnvoll ist, die Begriffsbestimmung nicht durch eine Ausdehnung über diese Zeit hinaus zu strapazieren. Der britische Historiker Eric Hobsbawm spricht vom «kurzen 20. Jahrhundert»[392] das vom Ersten Weltkrieg bis zum Mauerfall und dem Untergang der Sowjetunion angedauert habe. Folgt man dieser treffenden Charakterisierung, so fällt ins Auge, dass die Kritische Theorie sich sowohl in ihrer Geschichte als auch mit ihren Themen deutlich mit diesem kurzen und an Katastrophen reichen Jahrhundert deckt. Sie ist aber nicht bloß passiver Ausdruck und historisches Dokument dieser Epoche. Sie ist auch der vermutlich ambitionierteste und dichteste Versuch in der auf Marx folgenden Philosophie und Gesellschaftstheorie, das 20. Jahrhundert zu verstehen und in aufklärerischer Tradition den Menschen damit die Möglichkeit zu geben, auf ihr gesellschaftliches Schicksal Einfluss nehmen zu können, soweit dies denn überhaupt möglich ist.

Sowohl Marcuse als auch Adorno haben in diesem Sinne einen jeweils recht genau bestimmbaren Begriff von Praxis ent-

---

391 Max Horkheimer, Traditionelle und Kritische Theorie, S. 273.
392 Vgl. Eric Hobsbawm, Das Zeitalter der Extreme. Weltgeschichte des 20. Jahrhunderts, München und Wien 1995.

wickelt. Für Marx war Praxis eine Tätigkeit, die die Grundlagen der kapitalistischen Vergesellschaftung vermittels derer inneren Widersprüche transformiert. Nach dem Scheitern dieser Umwälzung verbleibt emanzipatorische Praxis im Gefüge des fortschreitenden Kapitalismus ziel- und wirkungslos. In dessen blindem Fortlauf hat der hegelsche Weltgeist seine historisch jüngere Form, das marxsche Proletariat, überlebt, um in der Diagnose der Kritischen Theorie nun als «instrumentelle Vernunft» oder «Eindimensionalität» in eine Art Komazustand zu verfallen. Dementsprechend können weder Adorno noch Marcuse eine Form der Praxis ausmachen, die auf gesellschaftliche Bewegungsgesetze gegründet ist und realistische Hoffnung auf Veränderung verspricht.

Adorno bestimmt unter diesen Bedingungen Praxis rein negativ. Ihre paradoxe Reduktion um fast alle Elemente, die auf Einwirkung gehen und daher notgedrungen an das Vorgefundene in irgendeiner Form anschließen müssten, ist sein Versuch, zumindest den Impuls, dem Praxis folgte, zu bewahren – auch wenn dieser sich dabei auf Aufklärung in der Gestalt von Kritik, Philosophie und Kunst zurückziehen muss. Den Opfern und Beschädigungen, die das prekär gewordene Individuum in der total verwalteten Welt ohnehin schon hinnehmen muss, dürfen keine weiteren hinzugefügt werden durch Praxis, die doch auch beim besten Willen über die Individuen kaum hinausreichen kann. Praxis innerhalb der gegebenen Verhältnisse kann nach Adorno nur heißen, in distanzierter Anerkennung der bestehenden gesellschaftlichen Arbeitsteilung sich dort kritisch zu verhalten, wo immer es einen hinverschlägt. Dabei lautet das wichtigste, immer gefährdete Ziel, die bestehenden Widersprüche auszuhalten, anstatt zu versuchen, sie in hilf- und nutzlosen Versuchen der Tat aufzulösen.

Im Zwiespalt zwischen überreifen gesellschaftlichen Bedingungen und einem gleichzeitigen Mangel an realistischen Veränderungschancen empfiehlt Marcuse eine andere Lösung. Wie Adorno geht auch er vom Fehlen einer zur Umwälzung der Verhältnisse befähigten gesellschaftlichen Kraft aus, auch wenn dies zuweilen unter kämpferischer Rhetorik unkenntlich bleibt. Auf absehbare Zeit denkt auch Marcuse nicht an eine Aufhebung der Eindimensionalität. Aber genau hier schlägt er einen anderen Ausweg aus dieser desperaten Lage vor und betont die aus diesem Widerspruch entspringende, wortwörtliche Not-wendigkeit von Praxis. Wo sich bei Adorno die Differenz zum Weltlauf auf das kritische Bewusstsein zurückzieht, zielt Marcuse auch auf die menschlichen Bedürfnisse, die ihm – über die unbestrittene Wichtigkeit kritischen Bewusstseins hinaus – von existenzieller Bedeutung sind. Nur in der tätigen Verfolgung der Idee eines glücklichen Lebens, das sich der repressiven Gesellschaftsordnung eben nur in einer kulturrevolutionären, ästhetisch und libidinös fundierten Praxis abtrotzen lässt, sieht Marcuse eine Perspektive. Er betrachtet solche Praxis als Voraussetzung dafür, dasselbe kritische Bewusstsein zu erhalten, das Adorno in der Distanz zu Praxis kultivieren will.

In diesem Sinne benennen Adorno und Marcuse tatsächlich die äußeren Punkte des ambivalenten Verhältnisses von Theorie und Praxis und geben damit ihre Antworten auf einige der wichtigen Fragen, die Kritische Theorie zu klären einmal angetreten war. Wer hier mehr erwartet, sei an eine Maxime Immanuel Kants erinnert, die auch nach zweihundert Jahren kaum angestaubt und bei der theoretischen Arbeit über Fragen der Praxis zu bedenken ist. Sie muss all jene enttäuschen, die von Gesellschaftstheorie so etwas wie konkrete Handlungsanweisungen und einen Fahrplan in die eigene Zukunft erwarten: *«Daß zwischen der Theorie und der Praxis noch ein Mittelglied der Verknüpfung und des Übergangs von der einen zur anderen erfordert werde ... fällt in die Augen; denn zum Verstandesbegriffe, welcher die Regeln enthält, muß ein Aktus der Urteilskraft hinzukommen, wodurch der Praktiker entscheidet, ob etwas der Fall der Regel sei oder nicht ... da für die Urteilskraft nicht immer wiederum Regeln gegeben werden können ... weil das ins Unendliche gehen würde.»*[393]

7.1 Kritische Praktiker?

Die Zahl derjenigen, die in ihrer akademischen Ausbildung und ihrem politischen Denken in den 1960er- und 1970er-Jahren durch die Kritische Theorie beeinflusst und geprägt worden sind, ist schwer zu ermessen. Und wie jede/-r Einzelne den dis-

---

393 Immanuel Kant, Über den Gemeinspruch: Das mag in der Theorie richtig sein, taugt aber nicht für die Praxis, Werkausgabe Band XI, Hamburg 1993, S. 3.

paraten Zusammenhang oder Nichtzusammenhang von Theorie und Praxis gesehen haben mag, ist kaum ermittelbar, ja vermutlich selbst den Beteiligten nicht immer ganz klar, eben weil kein simples Ursache-Wirkungs-Verhältnis zugrunde liegt. Die Frage, wie historisch mit der von Kant benannten Aufgabe umgegangen wurde, aus der Rezeption einer Kritik durch eigenen Verstandesgebrauch zum Handeln zu kommen, beschreibt daher die Grenze von der Theorie- zur Wirkungsgeschichte der Kritischen Theorie.

Eher spärlich niedergeschlagen hat diese sich im Selbstverständnis organisierter politischer Strömungen, auch wegen des in ihr diesbezüglich eingeschriebenen Misstrauens. Insbesondere die Konjunktur marxistisch-leninistischer Ansätze in den 1970ern entfernte die organisierte politische Linke eher vom Koordinatensystem der Kritischen Theorie. Solange die Blockkonfrontation andauerte, war ihre Rezeption im Ostblock marginal (in der DDR wurden zwar einige wenige Texte von Adorno verlegt, aber z. B. keine von Marcuse) und in der sich in der Tradition der Arbeiterbewegung verstehenden Linken Westeuropas sehr begrenzt. Auch im Umkreis der K-Gruppen mit ihren spitz- oder schnauzbärtigen Säulenheiligen fand Kritische Theorie nur wenige Freundinnen und Freunde. Auf fruchtbaren Boden fielen ihre Gedanken zunächst eher in randständigen politischen Gruppierungen und dann in den Neuen Sozialen Bewegungen der ausgehenden 1970er- und der 1980er-Jahre, die sich als eine gänzlich neue politische Kraft darstellten, die nicht so einfach in das Koordinatensystem des 19. Jahrhunderts mit seinem Konflikt zwischen Bürgertum und Arbeiterklasse, Kapitalismus und Kommunismus passte, und aus denen sich später wiederum das alternative, grüne Milieu herausbilden sollte. [394]

Am größten war der Einfluss der Kritischen Theorie unter Intellektuellen, denen sie auch persönliche Orientierung dafür

---

394 So richtig diese Selbsteinschätzung soziologisch vielleicht war, so fatal war sie sicherlich politisch, weil oft das Kind mit dem Bade ausgeschüttet wurde: Mit Ablehnung jedes klassenkämpferischen Anspruchs wurden gleich auch noch Aufklärung, Vernunft und etliche weitere Errungenschaften bürgerlichen und sozialistischen Denkens mit verabschiedet. Bis heute feiern traditionalistische, esoterische und völlig antihumanistische Strömungen in diesen Bewegungen fröhliche Urständ. Dazu hat Wolfgang Pohrt in jedem seiner Bücher mindestens einen pointierten Aufsatz vorgelegt.

anzubieten schien, wie sich radikale politische Anschauung und ein in der Gegenwart angelegter Lebensentwurf zumindest theoretisch vereinbaren ließen. Nicht wenige aus dieser Gruppe konnten mit dem Ausbau der Hochschulen im Zuge der Bildungsreformen Anfang der 70er-Jahre relativ schnell akademische Positionen besetzen. Etliche nahmen in ihren jeweiligen Fachgebieten den Faden der Kritischen Theorie wieder auf. Andere widmeten sich der praktischen Arbeit in der Kulturindustrie, dem öffentlichen Dienst oder auch in politischen Verbänden und Organisationen. Zu einem dem IfS vergleichbaren institutionalisierten kollektiven Arbeitszusammenhang aber kam es nie wieder. Am Anfang des 21. Jahrhunderts sind viele der unmittelbar von Adorno, Marcuse und Horkheimer oder Löwenthal beeinflussten Wissenschaftler trotz der derzeitig endenden Emeritierungs- und Pensionierungswelle der 68er-Generation noch hoch produktiv. Unter diesen nimmt vor allem Jürgen Habermas durch seine immense öffentliche Präsenz eine dominierende Rolle ein. Da seine Position heutzutage regelmäßig mit einer Art Nachfolge der Kritischen Theorie identifiziert wird, ist ein kurzer Blick auf sein äußerst umfangreiches theoretisches Werk wohl nötig.

Exkurs: Jürgen Habermas

Der im Jahr 1929 geborene Jürgen Habermas stößt 1956 auf Einladung Adornos zum wieder aufgebauten IfS und wird 1964/65 Professor auf Horkheimers Lehrstuhl. Er steht in intensiver politischer Auseinandersetzung mit der Protestbewegung, deren allgemeine Ziele er teilt, deren radikalen Flügel er aber mit wachsender Intensität ablehnt. 1971 verlässt Habermas das IfS, um Co-Leiter des neu gegründeten Max-Planck-Instituts zur Erforschung der Lebensbedingungen der wissenschaftlich-technischen Welt in Starnberg zu werden. 1983 kehrt er ans IfS zurück, wo er bis zu seiner Emeritierung 1994 tätig ist. Seine Themen sind die Wissenschaftstheorie, die Sprache und der öffentliche Diskurs sowie das politische Gegenwartsgeschehen der Bundesrepublik. Er wird in den 1970er- und 1980er-Jahren zu einem der wichtigsten und wirkungsmächtigsten Intellektuellen der Bundesrepublik, darin seinem Lehrer Adorno nicht unähnlich.

Im sogenannten Historikerstreit der 1980er-Jahre war Habermas beispielsweise Wortführer der Linksliberalen, die sich eine Relativierung des Nationalsozialismus durch konservative Kreise um den Historiker Ernst Nolte verbaten, die den Ursprung der nationalsozialistischen Verbrechen ausgerechnet in der Sowjetunion sehen wollten: Stalin habe Massenmord, Lager und Säuberungen zu politischen Zwecken quasi erfunden, Hitler habe dies bloß nachgeahmt und zudem in der Zwangslage gehandelt, einem sowjetischen Angriff zuvorkommen zu müssen. Der Nationalsozialismus müsse also historisch als reaktiv und sekundär eingeordnet werden. Diese Debatte füllte die westdeutschen Feuilletons als politisch-historische Begleitmusik zur sogenannten «geistig-moralischen Wende» der Regierung Helmut Kohl, die Anfang der 1980er-Jahre im Verein mit den ähnlich gesonnenen Regierungen Margaret Thatchers und Ronald Reagans durch Aufrüstung und verschärften kalten Krieg den Ostblock im Systemwettbewerb niederkonkurrieren wollte. Eine Neubewertung der deutschen Vergangenheit erschien dabei als ideologische Flankierung wünschenswert. Zwar gewannen die von Habermas angeführten Kritiker Noltes die Debatte nach Punkten, aber die fatalen vergangenheitspolitischen Entscheidungen der Kohl-Ära – von Bitburg bis zur Neuen Wache – konnten sie damit nicht verhindern.

Dabei ist Habermas´ wichtigster Beitrag zur Gesellschaftstheorie doch gerade die *Theorie des kommunikativen Handelns*, in der es um die Bedeutung von Sprache, Kommunikation und Diskussion als den Fundamenten der Emanzipation geht. Hier vollzieht Habermas, entsprechend der Entwicklung in anderen Feldern der Wissenschaft, einen «linguistic turn» der Kritischen Theorie, eine linguistische Wende. Wohin führt diese Weichenstellung?

Mit der von ihm meist als Moderne bezeichneten Epoche der Aufklärung beginnt für Habermas der Prozess der funktionalen Ausdifferenzierung der Gesellschaft. Mit dem kritischen Anspruch der Aufklärung, einer Vernunftgründen folgenden Rechtfertigung eines jeden Zustandes ist der Bezug auf Glaube, Tradition, Überlieferung usw., den alle vorherigen Epochen zu ihrer Legitimation herstellten, unmöglich geworden. Vergangenheit spielt nur noch als romantische, idealisierte Verklärung eine Rolle. Rationalität und Kritik durchdringen alle gesellschaftlichen Bereiche und lösen althergebrachte Strukturen auf. Die scheinbar einheitliche Welt, in der produktive Ökonomie, Reproduktion und Kultur für die Menschen einen Sinnzusammenhang bilden, zerfällt zusehends und es bildet sich der von Habermas später als «System» bezeichnete Bereich heraus, in dem sich vor allem der ökonomische und der staatlich-verwaltungsmäßige Apparat ausdifferenzieren. Habermas bezieht sich dabei stark auf Max Weber[395], bei dem sich der Gedanke einer funktionalen Gliederung der Gesellschaft für ihn am originellsten darstellt. In Staat und Wirtschaft entwickeln sich nun auf die Anforderungen der Moderne zugeschnittene, eigenständige dynamische Regelsysteme. Hier wird die gesellschaftliche Reproduktion organisiert, und zwar seit der ersten industriellen Revolution mit durchschlagendem Erfolg. Die Imperative lauten: Steigerung der Produktivität und umfassenderes Verwaltungshandeln. Das Steuerungsmedium der Ökonomie ist Geld, in der staatlichen Sphäre übernimmt Organisationsmacht diese Funktion. Für Staat und Wirtschaft gelten die Gesetzmäßigkeiten der Zweckrationalität (Weber) oder instrumentellen Vernunft (Horkheimer). So regrediert Aufklärung dort auf ihre technisch-praktische Seite, auf den Aspekt der Menschen- und Naturbeherrschung. Bei Habermas klingt dies so: «*Objektivierendes Denken und zweckrationales Handeln dienen der Reproduktion eines ‹Lebens›, welches durch die Hingabe erkenntnis- und handlungsfähiger Subjekte an eine blind auf sich selbst gerichtete ... Selbsterhaltung als einzigen ‹Zweck› charakterisiert ist.*»[396] So weit ähnelt seine Analyse den Ansichten seiner Vorgänger recht deutlich.

Aber Habermas bewegt in großem Umfang anthropologische und soziologische Theorien, um den Befund von zwei verschieden strukturierten Gesellschaftssphären zu begründen. Entgegen einer Vorstellung von gesellschaftlicher Totalität, die durch den ökonomischen Prozess vermittelt ist, stellt Habermas die Diagnose einer wesentlichen Ausdifferenzierung der Gesellschaft als seine theoretische Neuerung heraus: «*Marx hat sich dem hegelschen Totalitätsdenken nicht entzogen. Das ändert*

---

395 Vgl. Peter Wehling, Die Moderne als Sozialmythos, Frankfurt am Main 1992, S. 71 ff.

396 Jürgen Habermas, Theorie des kommunikativen Handelns, 2 Bände, Frankfurt am Main 1981; Band 1, S. 520.

sich, wenn die gesellschaftliche Praxis nicht mehr primär als Arbeitsprozeß gedacht wird.»[397] Nicht nur wie bei Marx die Arbeit, sondern auch die Sprache kennzeichnet für Habermas den Menschen als Gesellschaftswesen. Ihr aber seien die Prinzipien der Aufklärung quasi eingeschrieben: «*Verständigung wohnt als Telos der menschlichen Sprache inne.*»[398] Sprechende trachteten nämlich danach – sich dabei implizit als gleiche anerkennend –, ihr Gegenüber überzeugen zu wollen oder sich von ihm überzeugen zu lassen. Existieren auch praktische Voraussetzungen für ein solches Verhalten (die sogenannten Geltungsansprüche Verständlichkeit, subjektive Wahrhaftigkeit, objektive Wahrheit und normative Richtigkeit), spricht Habermas von einer idealen Sprechsituation, in der die «kommunikative Vernunft» ihr aufklärerisches Potenzial realisieren könne. Habermas vollzieht hier einen Paradigmenwechsel von der subjektzentrierten Vernunft (das Ich in der Welt) zu einer kommunikativen (das Ich im Dialog mit anderen): «*Im Verständigungsparadigma ist ... grundlegend die performative Einstellung von Interaktionsteilnehmern, die ihre Handlungspläne miteinander koordinieren, indem sie sich über irgend etwas in der Welt verständigen ... Nun ermöglicht dies ... eine andere Einstellung des Subjekts zu sich selbst als bloß jene objektivierende Einstellung, die ein Beobachter ... annimmt.*»[399] Im Wissen um die ja hin- und herwechselnde Rolle des oder der Sprechenden bzw. Zuhörenden liegt nach Habermas eine Selbstreflexivität, die sich wesentlich unterscheidet von der des subjektzentrierten Denkens. Dieses sieht er für die monadische, vereinzelte Arbeit in der Systemwelt, in der ein schweigsames Ich eine stumme Natur bearbeitet (womöglich noch im Auftrag eines anderen und für die Bedürfnisse Dritter), durch frühere kritische Theorien nach wie vor gut beschrieben. Im Dialog hingegen nehmen beide Parteien «*... nicht mehr geradehin auf etwas in der objektiven, sozialen oder subjektiven Welt Bezug, sondern relativieren ihre Äußerungen an der Möglichkeit, daß deren Geltung von anderen ...*

---

397 Jürgen Habermas, Der philosophische Diskurs der Moderne, Frankfurt am Main 1985, S. 396.
398 Jürgen Habermas, Theorie des kommunikativen Handelns, Band 1, S. 378. Vgl. Peter Wehling, Die Moderne als Sozialmythos, S. 326 ff.
399 Jürgen Habermas, Der philosophische Diskurs der Moderne, S. 346 f.

bestritten wird.»[400]Die Lebenswelt zeichnet sich nun im Gegensatz zum System durch die Möglichkeit zu einer solchen kommunikativen Alltagspraxis aus.

Somit beschreibt Habermas zwei unterschiedlich organisierte, aber sich durchdringende gesellschaftliche Sphären. Einflüsse der Systemtheorie, als deren bekanntester Exponent Niklas Luhmann gelten kann, sind hier unverkennbar.[401] Das Verhältnis beider Bereiche ist prekär: *«Die eine ist kommunikativ, die andere formal organisiert. Beide stehen nicht etwa in dem hierarchischen Verhältnis von ... Organisationsebenen; sie treten einander vielmehr als sozial und systemisch integrierte Handlungsbereiche gegenüber.»*[402] Doch ist die Lebenswelt auch für Habermas kein herrschaftsfreier Raum perfekter Kommunikation und idealen Zusammenlebens. Ihre Autonomie wird beständig bedroht und eingeschränkt. Habermas stellt die Tendenz des staatlichen wie ökonomischen Systems fest, in andere Bereiche der Gesellschaft hineinzuregulieren und sie sich einverleiben zu wollen. Was schon Max Weber ambivalent als *Entzauberung* charakterisierte, die in ein «Gehäuse der Hörigkeit» münden könne, das die Individuen mit *«kalten Skeletthänden rationaler Ordnung»*[403] im Würgegriff halte, heißt bei Habermas die *Kolonisierung der Lebenswelt* durch die Systemwelt. Die Pathologien der Moderne – also die destruktiven und mörderischen Tendenzen einer eigentlich weitgehend aufgeklärten Gesellschaft – seien auf diesen Prozess zurückzuführen.

Habermas´ Theorie des kommunikativen Handelns beansprucht darzulegen, wie innerhalb der Lebenswelt Emanzipation möglich sei: als dialogische Praxis auf demokratischer Basis. Ist die Grundstruktur dialogisch und damit potenziell vernünftig organisiert, dann bietet sich auch die Möglichkeit an, gegen bestehende Missstände innerhalb der dafür vorgesehenen Institutionen und in der Öffentlichkeit zu wirken, um diese Rati-

---

400 Jürgen Habermas, Theorie des kommunikativen Handelns, Band 1, S. 148.

401 Zu der Kontroverse zwischen Luhmann und Habermas vgl. Jürgen Habermas und Niklas Luhmann, Theorie der Gesellschaft oder Sozialtechnologie?, Frankfurt am Main, 1971; außerdem Peter Wehling, Die Moderne als Sozialmythos, S. 183 ff.

402 Jürgen Habermas, Theorie des kommunikativen Handelns, Band 2, S. 457 f.

403 Max Weber, Aufsätze zur Religionssoziologie, Tübingen 1988, S. 561.

onalität zu behaupten und zu erweitern. Eine Perspektive zur Beeinflussung oder Infragestellung der Systemwelt und ihrer Funktionsmechanismen ist hingegen nicht vorgesehen. Gegen die funktionale Gliederung der Gesellschaft hat Habermas wenig einzuwenden, die kapitalistische Ökonomie erscheint ihm als «*ein Stück normfreier Sozietät*»[404]. Er formuliert als praktische Aufgabe der Gegenwart das positive Ziel, die «unvollendete Moderne» mit sich selbst zu versöhnen. Habermas hat also Grundzüge der Kritischen Theorie aufgenommen, sie auf verschiedene Aspekte der Nachkriegsgesellschaft angewandt und dabei wesentliche Veränderungen an ihr vorgenommen:

- Mit der sprachphilosophischen Wende hat er das Feld der Praxis auf die Ebene der Kommunikation, der Anerkennung, der Vergewisserung und Verständigung in der mehr oder minder kommunikativ organisierten Lebenswelt verschoben. Aufklärung findet Zuflucht in der Kommunikation. Der Kampf um staatliche Organisationsmacht und ökonomische (Geld-)Macht in der Systemwelt ist kein wichtiges Thema, da ihm die Normen, Werte und Ziele der Aufklärung kaum eingeschrieben werden können. Die ökonomische Ordnung, die im Marxismus revolutioniert werden sollte, wird hier Ziel einer kommunikativ-friedvollen Einhegung.

- Habermas hat sich intensiv mit der Systemtheorie vor allem Luhmanns auseinandergesetzt und versucht, aus einem Wechselspiel von Systemtheorie und Kritischer Theorie produktive Impulse zu gewinnen. Dabei hat er den Totalitätsgedanken einer gesamtgesellschaftlichen Struktur, der bei Hegel und Marx, aber auch bei Adorno und Horkheimer so prominent im Vordergrund steht, durch das funktional begründete Nebeneinander von System und Lebenswelt abgelöst.

- Er hat die Kritische Theorie von ihrem negativ-geschichtsphilosophischen Kern, um den sie sich zumindest bei Horkheimer und Adorno seit der Dialektik der Aufklärung gruppierte, abgetrennt. Damit hat er aber nicht, wie Marcuse, eine erneuerte, alternative Hoffnung und Perspektive auf grundlegende Umwälzungen der Gesellschaft verbunden. Wenn überhaupt nimmt nun eine skeptische, aber doch op-

404 Jürgen Habermas, Theorie des kommunikativen Handelns, Band 2, S. 256.

timistische geschichtliche Offenheit für evolutionäre Veränderungen diesen Platz in seiner Theorie ein.

Die Analyse der Gesellschaft unter funktionalen Gesichtspunkten, wie sie Habermas aus der Systemtheorie übernimmt, bietet zwar Möglichkeiten zur trefflichen Beschreibung sozialer Phänomene der Gegenwart. Doch scheint es fraglich, ob diese Sichtweise, die die Binnendifferenzierung und -funktion von Systemen so gut abzubilden ermöglicht, auch in der Lage ist, von dieser funktionalen Perspektive kritisch in Horkheimers Sinne zurückzutreten.[405] Habermas nimmt hier von Grundlagen Kritischer Theorie Abstand, die immer wieder eindringlich betont hat, dass die Krisen und Katastrophen der Moderne nicht etwa in einer bloß unvollständigen Aufklärung begründet liegen, sondern eben in einem in sich widersprüchlichen Aufklärungsprozess.[406] Er erklärt demgegenüber, «*daß man wieder hinter die Dialektik der Aufklärung zurückgehen muß, weil man mit den Aporien einer sich selbst verneinenden Philosophie als Wissenschaftler nicht leben kann.*»[407]

Habermas formuliert gegenüber der früheren Kritischen Theorie eine optimistische und für praktische Unternehmungen offene Zukunftsperspektive, aber er verliert damit auch den radikal schonungslosen Blick auf die Verbindung der Pathologien der Moderne – mögen diese nun Auschwitz oder Hiroshima heißen – mit den Geschäftsgrundlagen der kapitalistischen Gesellschaften. Von den im Wortsinn beunruhigenden Analysen der total verwalteten Welt bleibt bei Habermas das Ringen um das Gleichgewicht zwischen verschiedenen, zueinander zwar konflikthaften, aber für sich jeweils vernünftigen Gesellschaftssphären. Damit entfällt auch jede Perspektive, die Ökonomie prinzipiell entlang gesellschaftlicher Bedürfnisse zu organisie-

---

405 In einer Vorlesung hat Niklas Luhmann sich über diesen Anspruch lustig gemacht. Er stellt zwei Soziologien gegenüber, deren Leitfragen «Was ist der Fall?» oder eben «Was steckt dahinter?» seien. Nachdem er sich ausführlich zu seinem Konzept (und damit der ersten Leitfrage) geäußert hat, erklärt er die andere Frage ganz nonchalant für schlichtweg obsolet: Nichts stecke dahinter.

406 Vgl. Hans-Ernst Schiller, Habermas und die kritische Theorie, in: Gerhard Bolte (Herausgeber), Unkritische Theorie, Lüneburg 1989.

407 Jürgen Habermas, Die neue Unübersichtlichkeit, Frankfurt am Main 1985, S. 172.

ren, da an der grundsätzlichen Dualität von System und Lebenswelt nicht zu rütteln ist.[408]

Habermas bezeichnet seine Rezeption der vorangegangenen kritischen Theorie, insbesondere die von Marx, als eine «kritische Rekonstruktion» mit dem Ziel, diese Theorie an die moderne Sozialwissenschaft «anschlussfähig» zu machen. Dieser Ansatz ist ein anderer als derjenige Horkheimers, der traditionellen Theorie einen Gegenentwurf gegenüberzustellen, und hat von Anfang an auch entsprechende Kritik auf sich gezogen: «*Was aber soll eine Rekonstruktion des historischen Materialismus sein, wenn doch die MEW ungekürzt im Buchhandel erhältlich sind? Diese Texte kann man zitieren, referieren, interpretieren, aber nicht rekonstruieren – es sei denn, die Arbeit an ihnen besteht darin, ihre Argumentation zu zertrümmern und sie anders wieder zusammenzusetzen, als sie gemeint war.*»[409] Auch Habermas' Verabschiedung der Geschichtsphilosophie[410] und der dialektischen Methode[411] fand Widerspruch: «*Habermas verweist die Kapitalverwertung in die Zuständigkeit der Systemtheorie, die Klassenstruktur in die Zuständigkeit der Handlungstheorie. Der für die bestehende Gesellschaft konstitutive Zusammenhang von Verwertung und Klassenstruktur, das Produktionsverhältnis, das die Kritik der politischen Ökonomie ins Bewußtsein gehoben hat, wird ... ausgeblendet.*»[412] Demgegenüber die sprachregulierte Lebenswelt und die in ihr mögliche kommunikative Rationalität als Fundament der Emanzipation zu formulieren, erscheint zumindest gewagt. Horkheimer hatte in den 30er-Jahren die Einschätzung der Kritischen Theorie zur Gestaltungskraft des öffentlichen Dialogs einmal so beschrieben: «*Die Menschen sind stumm, soviel sie auch reden mögen. Allzuleicht vergessen wir, daß die Sprache deshalb tot*

---

408 Vgl. Gerhard Schweppenhäuser, Die kommunikativ verflüssigte Moral, in: Gerhard Bolte (Herausgeber), Unkritische Theorie.

409 Christoph Türcke, Habermas oder wie die kritische Theorie gesellschaftsfähig wurde, in: Gerhard Bolte (Herausgeber), Unkritische Theorie, S. 33.

410 Gerhard Bolte, Einleitung, in: derselbe (Herausgeber), Unkritische Theorie, S. 9 f.

411 Rolf Johannes, Über die Welt, die Habermas von der Einsicht ins System trennt, in: Gerhard Bolte (Herausgeber), Unkritische Theorie, S. 49 f.

412 Gerhard Bolte, Einleitung, in: derselbe (Herausgeber), Unkritische Theorie, S. 10 f.

ist, weil der Einzelne, der zum anderen spricht … nichts mehr zu sagen hat – in dem Sinn, wie es heißt ‹Der hat nichts zu sagen›, das heißt, der ist ohnmächtig, er kann nichts vollbringen, auf sein Wort hin geschieht nichts.»[413]

Konsequenterweise landet Habermas schließlich auch in der Politikberatung für die SPD, vor deren Kanzlerkandidat Gerhard Schröder er 1998 seinen Vortrag «Die Postnationale Konstellation»[414] hielt. Man mag einerseits diesen Vortrag mit einem beliebigen aus Adornos «Eingriffen» oder «Stichworten» vergleichen und andererseits einen Rückblick auf die achtjährige Regierungszeit des prominenten Zuhörers werfen. Daran wäre zu entscheiden, ob sich die für die Anschlussfähigkeit gebrachten Opfer für den wissenschaftlich-theoretischen oder auch für den politisch-praktischen Ertrag ausgezahlt haben. Adorno und selbst Marcuse haben zwar immer wieder darauf verwiesen, dass die Beteiligungschancen am Diskurs und an den Mitbestimmungsmöglichkeiten in der Demokratie nicht ungenutzt bleiben sollten. Sie sind aber *trotz* ihrer theoretischen Erkenntnisse über den Charakter dieser Gesellschaften zu solchen pragmatischen Empfehlungen gekommen, nicht als Ergebnis ihrer theoretischen Analysen.

Andererseits verteidigt Habermas sein Projekt der unvollendeten Moderne vehement gegen diejenigen Vertreter der Postmoderne, die jedwede Sozialphilosophie, soweit diese den Anspruch erhebt, objektivierbare Erkenntnisse über die Realität zu erlangen, auf den Status von bloßen «großen Erzählungen» zurückstufen möchten. Axel Honneth, einstiger Schüler von Habermas, beschreibt die Differenz zwischen derlei Ansichten und Kritischer Theorie so:

«Die Kritische Theorie … rechnet noch mit der Möglichkeit einer Betrachtung der Geschichte am Leitfaden der Vernunft. … Die Idee einer historisch wirksamen Vernunft, an der alle … von Horkheimer bis Habermas festgehalten haben, muß dort auf Unverständnis stoßen, wo in der Vielfalt begründeter Überzeugungen nicht mehr die Einheit einer einzigen Vernunft zu

413 Zitiert nach: Wolfgang Pohrt, Lenkinstrument und Bildungsgespenst, in: ders., Ein Hauch von Nerz, Berlin 1989, S. 34.

414 Jürgen Habermas, Die postnationale Konstellation und die Zukunft der Demokratie, in: ders., Die postnationale Konstellation, Frankfurt am Main 1998.

erkennen ist; und die weitergehende Vorstellung, daß der Fort-
schritt jener Vernunft durch die Einrichtung der kapitalistischen
Gesellschaft blockiert oder unterbrochen ist, wird nur noch
bares Erstaunen auslösen, da doch im Kapitalismus nicht mehr
ein einheitliches System der gesellschaftlichen Rationalität ge-
sehen werden kann.» [415]

Bei Habermas ist die kommunikative Vernunft der theorieim-
manente Riegel gegen den radikalen Postmodernismus, bei
dem überhaupt nicht mehr wichtig ist, ob Gesagtes einen Rea-
litätsbezug hat oder nicht, weil es nur noch auf den Bezug zwischen Gesagtem und Sprechendem ankommt. Es ist ein ehren-
wertes, auch der Kritischen Theorie nicht fremdes Motiv vieler
postmoderner Denker, mit diesem sophistischen Kniff den tatsächlichen einzelnen Menschen vor dem Zugriff gewalttätiger
und nivellierender Ideologien schützen zu wollen, um zu verhindern, dass das Besondere, Heterogene vom Allgemeinen ab-
sorbiert und gleichgeschaltet wird – im Namen der Zukunft, der
Freiheit, der Menschheit, des Volkes oder sonst einer Ideologie.
Aber in dieser Form schießt es übers Ziel hinaus. Adornos Sorge um das Besondere, das dem Allgemeinen einverleibt wird,
um das Nichtidentische, das der gleichmacherischen Kraft des
Begriffs unterworfen wird, folgte derselben Intention. Er wie
auch Habermas versuchen aber, dieses Verhältnis im selbstkritischen Wechselspiel von philosophischer Kritik und konkreter
Gesellschaftsanalyse aufzulösen, statt Theoriebildung über die
Gesellschaft als Objektives an sich zu denunzieren und durch
ein reines Kommunikationsspiel zu ersetzen. In einem seiner
aggressiveren Texte hat Adorno scharf gegen solche Überschät-
zung des Subjektiven im Denken gestritten. Er klassifiziert Ansichten, die rein bei ihrem Träger verweilen, ohne sich um Rea-
litätsbezug zu bemühen, als bloße Meinung, und warnt davor,
auf dieser Ebene der Erkenntnis stehen zu bleiben:

«… Denken ist keine bloß subjektive Tätigkeit, sondern wesent-
lich, als was die Philosophie auf ihrer Höhe es wußte, der dia-
lektische Prozeß zwischen Subjekt und Objekt, in dem beide
Pole sich selbst überhaupt erst bestimmen … Meinung ist zu-
nächst Bewußtsein, das seinen Gegenstand noch nicht hat.»[416]

---

415 Axel Honneth, Pathologien der Vernunft, Frankfurt am Main 2007,
S. 29.
416 Theodor W. Adorno, Meinung Wahn Gesellschaft, GS 10.2, S. 578 f.

Und weiter: «Weil man nicht wie mit einem Verwaltungsakt unmittelbar, absolut ausmachen kann, was Wahrheit und was Meinung sei, wird der Unterschied ... schlechthin geleugnet. Die Fusion von Skepsis und Dogmatismus ... feiert fröhliche Urständ in einer Gesellschaft, die vor der eigenen Vernunft zittern muß, weil es noch nicht Vernunft ist. Eingespielt hat sich dafür die Formel: Vernunftglaube. Weil ein jedes Urteil verlange, daß das Subjekt das Geurteilte annehme, also daran glaube, sei der Unterschied zwischen bloßer Meinung oder Glauben und gegründetem Urteil überhaupt hinfällig. Wer rational sich verhalte, der glaube an die Ratio ebenso wie der Irrationale an sein Dogma ... In der Abstraktheit der These versteckt sich ihr Trug. Glaube hier und dort ist ein ganz Verschiedenes: beim Dogma ein sich Festmachen in Sätze, die wider die Vernunft gehen oder ihr inkompatibel sind, bei der Vernunft nichts anderes als die Verpflichtung auf eine Verhaltensweise des Geistes, die nicht gewalttätig sich sistiert oder durchstreicht, sondern in der Negation der falschen Meinung bestimmt sich fortbewegt.»[417]

Zielte Adornos Kritik in den 1960er-Jahren noch primär auf die dreiste Gleichstellung von Dogmatismus und Vernunft, so hat es kritisches Denken im 21. Jahrhundert meist mit einer anderen Konstellation zu tun: Nicht die wenigen noch vorhandenen Dogmatiker bestreiten, dass sie gegenüber der Vernunft auf einem anderen und schwächeren Fundament stehen, sondern es wird postmodern bestritten, dass Denken im sozialen, politischen oder ethischen Bereich überhaupt zu interpersonell nachvollziehbaren und verbindlichen Ergebnissen führen kann und soll. Hier steht Habermas durchaus wie die alte Kritische Theorie in der Tradition derjenigen, die Einspruch gegen eine solche Selbstaufgabe der Vernunft erheben.

7.1 Kritische Praxis?

Aber auch außerhalb der Universitäten hat die Generation der von Adorno, Horkheimer, Löwenthal, Marcuse und Fromm Beeinflussten Spuren hinterlassen. Getreu der ironischen Parole «Mensch, sei schlau, bleib beim Überbau!» traten seinerzeit viele politisch Motivierte den Marsch durch die Institutionen an und suchten ihr Auskommen dabei eher jenseits der Privatwirt-

---

417 Ebda., S. 581 f.

schaft, zumindest aber außerhalb ihres industriellen Sektors: Der Dienstleistungsbereich, insbesondere die Medien-, Werbe- und sonstige Kulturindustrie, das Feld der sozialen und pädagogischen Arbeit und die Grenzbereiche des öffentlichen Dienstes waren neben der Wissenschaft wohl die bevorzugten Berufsfelder.

Entsprechend Adornos Diktum, dass aufgrund der versperrten Möglichkeiten zur Veränderung der materiellen Gesellschaftsstruktur nur die Einflussnahme auf die Subjekte denkbar sei, wandten sich viele, denen dies plausibel erschien, der Pädagogik auf den verschiedensten Ebenen zu. An sehr prominenter Stelle tat dies auch ein Mitglied des IfS: Ludwig von Friedeburg verließ 1969 zur Enttäuschung seiner Lehrer das Institut, aber nicht, um wie Habermas einem Ruf an ein anderes Forschungsinstitut zu folgen, sondern um ab Oktober 1969 seine Erkenntnisse als Sozial- und Bildungsforscher praktisch umzusetzen – er wurde Kultusminister in Hessen. Sein Ziel und Auftrag war die Abschaffung des dreigliedrigen Schulsystems, die Einrichtung der Gesamtschule als Regelschule sowie die Umgestaltung des Fächerkanons (z. B. Einführung politischer Bildung als Schulfach) und der überkommenen Unterrichtspraxis. Diese Schulreform sollte das Bildungswesen demokratisieren und dabei allen Schülerinnen und Schülern ähnliche Bildungschancen geben (dabei dachte man seinerzeit vor allem an Arbeiterkinder – die heute «aus bildungsfernen Familien stammend» heißen). Dieses Reformprogramm wurde von der CDU, konservativen Lehrerverbänden und weiten Teilen der Elternschaft heftig bekämpft. Es drohte ganz offenbar der Untergang des Abendlandes durch eine kommunistisch inspirierte Gleichmacherschule. Nachdem die SPD 1970 ihre absolute Mehrheit in Hessen verloren hatte und eine sozialliberale Koalition einging, wurde die Umsetzung des Projekts noch schwieriger. Erst sein Nachfolger konnte es in einer verwässerten Form realisieren. Von Friedeburg wurde danach 1975 geschäftsführender Direktor am IfS und blieb dies bis 2001. Die etwas glücklose Episode in der institutionellen Politik (er ist der einzige Vertreter der Kritischen Theorie, der diesen Weg gegangen ist) ist interessant. Zum einen beweist sich hier erneut die Leistungsfähigkeit einer philosophisch inspirierten und empirisch abgesicherten kritischen Sozialforschung: Was bereits 1970 als Folgerung aus der Arbeit des IfS von Friedeburgs Reformprogramm prägte, nämlich die Einführung der Gesamtschule und die Umstellung auf Bildungsziele, die mit der Lebensrealität der Schülerinnen und Schüler zu tun haben, das steht heute, fast vierzig Jahre später, wieder als Forderung an deutsche Bildungspolitiker in den Berichten der PISA-Studien der OECD. Auch wenn diese Studien aus emanzipatorischem Blickwinkel keineswegs das Maß aller Dinge und ihre Ergebnisse und deren Interpretation alles andere als unstrittig sind, so zeigen die heftigen Debatten doch: Mit dem Schulsystem hat die Kritische Theorie bereits in den 60er-Jahren eine der wichtigen Stätten der gesellschaftlichen Reproduktion von Ungleichheit in Deutschland frühzeitig in den Fokus genommen, wie Adornos Texte und Forschungen zur Pädagogik und von Friedeburgs politisches Engagement zeigen. Die politischen Widerstände gegen die praktische Umsetzung dieser Erkenntnisse waren aber so lange übermächtig – und das ist die eigentlich interessante und für Habermas' Theorie des kommunikativen Handelns relevante Erkenntnis –, wie von den Reformen primär eine demokratisierende Wirkung zu erwarten war bzw. aus der Sicht ihrer Gegner befürchtet werden musste. Erst seit in den letzten zehn Jahren das traditionelle Schulsystem auch für die Schwierigkeiten bei der Verwertung der aus ihm hervorgehenden Menschen als Arbeitskräfte mitverantwortlich gemacht wird, haben Veränderungsansätze plötzlich eine realistische Chance. Man kann sich also mit besten Sachargumenten über dreißig Jahre lang in der demokratisch-kommunikativ verfassten Lebenswelt den Mund über das dreigliedrige Schulsystem fusselig reden – abgeschafft wird es erst auf Zuruf der für die Modernisierung im Sinne der Verwertungslogik der Systemwelt zuständigen Verantwortlichen.

In der Politik jenseits staatlicher Strukturen, im Feld zwischen Gewerkschaften und außerparlamentarischer Linker, sollte Oskar Negt Erwähnung finden. Dieser hat seine wissenschaftliche Tätigkeit auch immer dezidiert als politisch verstanden und dabei immer auch nach Organisationsformen gesucht, um diesen Anspruch umzusetzen. Nach Studium bei Adorno und Assistenz bei Habermas wurde Negt 1970 an die Uni Hannover berufen, wo er – solche Lebenswege sind in der globalisierten, flexibilisierten und durchevaluierten Universitätswelt des 21. Jahrhunderts nahezu ausgestorben – bis zu seiner Emeritierung wirkte. Im Gegensatz zu vielen anderen aus der Kritischen Theorie stand die Ökonomie immer wahrnehmbar im Zentrum seiner Überlegungen. Seine Schwerpunkte waren gemeinsam mit Alexander Kluge verfasste Arbeiten zur Frage der Öffentlichkeit, der Massenmedien und der Steuerung des gesellschaftlichen Diskurses im Spätkapitalismus sowie umfangreiche Werke zu Fragen vor allem der Erwachsenen- und Lohnabhängigenbildung und immer wieder zur Rolle der Gewerkschaften. Im Buch «Soziologische Phantasie und exemplarisches Lernen. Zur Theorie der Arbeiterbildung» entwarf er eine, wenn nicht *die* Theorie der Erwachsenenbildung, welche nicht um das systematische Erlernen von Fakten und Sachwissen zentriert ist, sondern vielmehr um die Selbstermächtigung der Lernenden anhand von Beispielen, die für ihre Lebenserfahrung und -praxis relevant sind. Negts politische Heimat war lange Zeit das Sozialistische Büro (SB), eine Sammlungsbewegung undogmatischer Linker, die sich weder in einer Kaderpartei marxistisch-leninistischen Zuschnitts organisieren wollten noch ein Engagement in den thematisch begrenzten Teilbereichsbewegungen verlockend fanden. Die Grundstruktur war vergleichsweise unhierarchisch und sollte eine Organisation anhand der sich aus der Praxis ergebenden Arbeitsfelder der Mitglieder ausbilden, wobei das Büro und die Zeitschrift «links» eher den Charakter einer Dienstleistung und Plattform haben sollten denn den eines Zentralkomitees mit Verkündigungsorgan, wie seinerzeit ansonsten üblich. Die Organisation wuchs in den 70er-Jahren dynamisch auf Dutzende von lokalen Gruppen an, viele andere linke Intellektuelle wie Elmar Altvater, Wolf-Dieter Narr, Micha Brumlik, Joachim Hirsch, Dan Diner und Detlev Claussen arbeiteten dort zeitweise mit. Anfang der 80er-Jahre stagnierte die Organisation, als die Neuen Sozialen Bewegungen und Subkulturen mit ihren Themen wie Hausbesetzung, Ökologie und Frieden das nachwachsende Protestpotenzial in der BRD aufnahmen und gesamtgesellschaftliche Kritikperspektiven an Ausstrahlungskraft verloren. Wie fast alle Organisationsansätze der Neuen Linken überlebte das SB den Fall der Mauer nur kurz. Im Gegensatz etwa zu Adornos Vorbehalten aber hat die Bindung an eine politische Organisation Oskar Negt als Theoretiker weder behindert noch öffentlich diskreditiert, sondern sein Engagement in einer Nähe zur politischen Linken gehalten, wie sie sonst nur Herbert Marcuse gesucht hat, und die für beide Seiten wohl als sehr produktiv angesehen werden kann.

Der Medienstar aus dem Umfeld der Kritischen Theorie ist Alexander Kluge. Er studierte zunächst Jura und arbeitete als Rechtsanwalt. Sein eigentliches Interesse galt aber dem Medium Film. Als Hörer von dessen Vorlesungen kam Kluge während des Studiums mit Adorno und Kritischer Theorie in Kontakt. In den 60er-Jahren wurde er als Theoretiker und Regisseur ein Protagonist des Neuen Deutschen Films, in dem die sogenannten Autorenfilmer wie Wim Wenders, Volker Schlöndorff, Werner Herzog oder Rainer Werner Fassbinder angelehnt an das französische Vorbild (aber leider mitunter ohne seinen Charme) gesellschaftlich eingreifende Filme anstelle marktgerechter Unterhaltungsprodukte realisieren wollten. Kluge drehte um die fünfzig längere und kürzere Filme, erhielt dafür unter anderem den silbernen und goldenen Löwen in Venedig, schrieb auch Prosatexte in erheblichem Umfang und verfasste unter anderem mit Oskar Negt die Bücher «Öffentlichkeit und Erfahrung» sowie «Geschichte und Eigensinn» und zuletzt eine Sozialgeschichte des Gefühls. Ein großer Coup gelang Kluge Ende der 80er-Jahre bei der Einführung des Privatfernsehens in der Bundesrepublik. Sowohl konservative Bildungsbürger als auch linke Medienkritiker klagten seinerzeit über das zu erwartende Absinken des kulturellen Niveaus im Fernsehen.[418] Diesem Druck sich beugend schrieben die medienpolitisch Verantwortlichen den Privatsendern ein Mindestmaß an nichtkommerziellen, kulturell, pädagogisch oder sonst irgendwie wertvollen Programmanteilen in die Sendelizenzen. Diese waren wenig erfreut und auch in keiner Weise interessiert oder in der Lage, die entsprechenden Beiträge zu produzieren – man hatte die Sender ja ausdrücklich gegründet, um mit Unterhaltung Werbegewinne einzufahren. Alexander Kluge bot sich in diesem Augenblick mit seiner 1987 eigens gegründeten Produktions- und Ver-

---

418 Mit Adorno (vgl. etwa «Fernsehen als Ideologie», GS 10.2) und der Überlegung, dass das Medium selbst das Hauptproblem ist und nicht seine spezifischen Inhalte, mag man hier einwenden, dass eine solche Kritik eine hoffnungslose Angelegenheit sei. Aber der Rückblick auf die Programmformate des Privatfernsehens zeigt nach 25 Jahren, dass man mit dem Testbild der Öffentlich-rechtlichen nach Sendeschluss eigentlich doch besser bedient war.

triebsfirma dctp an, um die entsprechenden Programmfenster mit Inhalten zu bedienen. Er war damit enorm erfolgreich, und seitdem produziert seine Firma fast mit einem Monopol sowohl eigene Beiträge als auch Kooperationen, zumeist Dokumentationen, Reportagen, Politik- und Kulturmagazine zusammen mit Mainstreammedien wie BBC, «Süddeutsche Zeitung» oder «Der Spiegel». Die frühen Eigenbeiträge waren hingegen zu erheblichem Teil Interviewsendungen, in denen Wissenschaftler oder Kulturschaffende in ihren Arbeitszimmern vor überquellenden Bücherwänden beim Reden, Rauchen und Weintrinken mit stoisch unbewegter Kamera gefilmt wurden und einem aus dem Off mit seiner charakteristisch sanften und atemlos-fließenden Stimme sprechenden Alexander Kluge Interviewfragen zu gemessen an Sendeplatz und -umfeld völlig obskuren philosophischen oder ästhetischen Themen beantworten. Kennzeichnend ist für diese Formate, dass sie zu den Sehgewohnheiten des Fernsehpublikums quer liegen, sodass sie nicht ohne Einschalten der höheren Hirnfunktionen kommensurabel sind. Ähnlich weigerte sich ja auch Adorno, den Stil seiner Texte publikumsfreundlich zu glätten: Wer sie verstehen will, wird dafür aktiv Mühe und Konzentration aufwenden müssen, denn nur so bleiben sie irritierend und widerstehen der bequemen Aneignung, nur so wirken sie das Denken mobilisierend und damit aufklärerisch. Natürlich hat der Geschäftsbetrieb des Konzerns dctp nicht viel mit Kritischer Theorie zu tun, aber Kluge hat, aus dieser Strömung kommend, eine höchst erfolgreiche Intervention im Feld der Kulturindustrie vorgenommen, die ohne verständige theoretische Analyse so sicher auch nicht zustande gekommen wäre. Wer sich also um Wirksamkeit und Anschlussfähigkeit Kritischer Theorie sorgt, dem sei Kluges Medienkarriere und sein Projekt der Subversion und Veränderung der medialen Öffentlichkeit zur Untersuchung empfohlen. Wer zudem Teile seiner Gewinne verwendet, um DVDs mit achtstündigen Filmessays über Karl Marx und «Das Kapital» auf den dafür nicht vorhandenen Markt zu werfen[419], verdient dafür jedenfalls Sympathie.

---

419 Alexander Kluge, Nachrichten aus der ideologischen Antike. Marx – Eisenstein – Kapital, Frankfurt am Main 2008. Hier wurde allerdings wohl leider die einmalige Chance vergeben, Harry Rowohlt in der Rolle des alten Marx auftreten zu lassen – schade!

Nicht nur Personen, sondern auch eine Institution sollte in diesem Zusammenhang noch vorgestellt werden: das *Hamburger Institut für Sozialforschung*. Die äußerlichen Ähnlichkeiten dieser Einrichtung zum IfS sind nämlich frappierend, und das ist nicht zufällig. Der Hamburger Mäzen Jan Philipp Reemtsma, selber Sozialwissenschaftler und Freund Kritischer Theorie, hat aus seinem umfangreichen Vermögen neben der Arno-Schmidt-Stiftung und der Hamburger Stiftung zur Förderung von Wissenschaft und Kultur auch ein Forschungsinstitut nach Vorbild des IfS ins Leben gerufen, dem er selber vorsteht – offenbar orientiert an Horkheimers Leitungsstil, denn in der Selbstdarstellung wird bündig vermerkt: «*Die Stiftung Hamburger Institut für Sozialforschung wird von einem Vorstand verwaltet, der aus drei Personen besteht. Vorsitzender des Vorstandes ist der Stifter, er leitet und verwaltet die Stiftung und beschließt über ihre Angelegenheiten.*» Neben einem Aufsatz und der Anschrift des Stifters findet sich dort nichts, die anderen Vorstandsmitglieder sind nicht einmal namentlich erwähnt. Auch die Selbstbeschreibung der Ziele erinnert an das Vorbild: «*Vorgegeben sind der Arbeit des Instituts drei regulative Maximen: – das Ziel der Empirie ist die Theorie; – die Theorie erprobt sich in empirischen Forschungen; – der Stachel der Aktualität muss spürbar sein. … mehrere Fachrichtungen arbeiten unter einem Dach, und damit ist neben der jeweils eigenen Disziplin das fachübergreifende Gespräch die Arbeitsgrundlage. Welche Fächer sich auf diese Weise zusammenfinden, ist nicht von vornherein ausgemacht, sondern Ergebnis der Forschungsplanung.*»[420] Die Forschungsbereiche bilden zusammen mit Bibliothek, Archiv, Verlag und der Hauszeitschrift «Mittelweg 36» das Institut, das einer breiteren Öffentlichkeit durch die Ausstellung(en) «*Vernichtungskrieg. Verbrechen der Wehrmacht 1941–44*» bekannt geworden ist. Der größte Teil der wissenschaftlichen Arbeit, die sich aber keineswegs durchgehend an dem orientiert, was hier als Kritische Theorie beschrieben wurde, verläuft demgegenüber deutlich weniger spektakulär und in den Bahnen des akademischen sozialwissenschaftlichen Diskurses.

Eher im Gegensatz zur institutionellen Organisation von Wissenschaft und zum öffentlich, politisch oder wirtschaftlich ein-

---

420 Internetpräsenz http://www.his-online.de, eingesehen am
    11.11.2008.

gebundenen Theoretiker steht schließlich eine Form intellektueller Arbeit, die der Individualität Vorrang vor der Arbeitsteilung
gibt und der Distanz den Vorrang vor der unmittelbaren Wirksamkeit. Eine solche Position wird mit dem französischen Begriff des Homme de Lettres bezeichnet, der Privatgelehrte, der
auf eigene Veranlassung und Rechnung und daher auch ohne
Rücksichten auf irgendeinen Betrieb tätig sein kann und der
wohl auch deswegen bereits im 20. Jahrhundert eine ausster-
bende Spezies geworden ist. Wolfgang Pohrt (geboren 1945)
ist in dieser Einführung zwar durchgehend mit Zitaten vertreten, trotzdem soll sein Wirken und Werk auch ausdrückliche
Erwähnung finden. Auf eine bestimmte Weise ist er nämlich der
vielleicht wichtigste gegenwärtige Vertreter Kritischer Theorie in
der Bundesrepublik, obwohl er weder einen Lehrstuhl innehat
oder eine gewichtige Rolle in Massenmedien spielt, noch ein
umfangreiches wissenschaftliches Lebenswerk verfasst hat. Dafür hat Pohrt aber in einzigartiger Weise dasjenige Element der
Kritischen Theorie realisiert, um dessen Willen der ganze Zir-
kus von Horkheimer in den 30er-Jahren überhaupt veranstaltet
worden ist: Angesichts der heil- und hilflosen politischen Praxis
einer politischen Linken, die doch für die menschliche Emanzipation einzustehen beansprucht, radikal und theoriegeleitet
Kritik zu üben, und zwar an der Gesellschaft ebenso wie an den
Kräften, die diese zu verändern sich auf die Fahnen geschrieben haben. Aus der Protestbewegung von 1968 stammend, hat
Pohrt seit den 80er-Jahren immer wieder die jeweils avantgar-
distischsten Strömungen der deutschen Linken zur Zielscheibe
radikaler Kritik gemacht und dabei jedes Mal den Finger auf die
Stellen gelegt, an denen es besonders weh tut. Stilistisch orientiert sich Pohrt im Gegensatz etwa zu Adorno oder Horkheimer
eher am jungen Marx. Seine Texte entwickeln mitunter einen
ähnlichen Furor wie Marx' wütende Abrechnung mit den über-
lebten «deutschen Zuständen» seiner Zeit:

*«Sie stehn unter dem Niveau der Geschichte, sie sind unter aller
Kritik, aber sie bleiben ein Gegenstand der Kritik, wie der Ver-
brecher, der unter dem Niveau der Humanität steht, ein Gegenstand des Scharfrichters bleibt. Mit ihnen im Kampf ist die Kritik
keine Leidenschaft des Kopfs, sie ist der Kopf der Leidenschaft.
Sie ist kein anatomisches Messer, sie ist eine Waffe. Ihr Gegenstand ist ihr Feind, den sie nicht widerlegen, sondern vernich-*

ten will. *Denn der Geist jener Zustände ist widerlegt. An und für sich sind sie keine denkwürdigen Objekte, sondern ebenso verächtliche, als verachtete Existenzen. Die Kritik für sich bedarf nicht der Selbstverständigung mit diesem Gegenstand, denn sie ist mit ihm im reinen. Sie gibt sich nicht mehr als Selbstzweck, sondern nur noch als Mittel. Ihr wesentliches Pathos ist die Indignation, ihre wesentliche Arbeit die Denunziation.*»[421]

Pohrt ist allerdings zumeist weniger wütend denn sarkastisch. Vor allem aber ist er: treffend. Es gelingt ihm immer wieder, aus dem im Brustton tiefster Überzeugung vorgetragenen Selbstverständnis seiner Streitpartner herauszupräparieren, dass diese in ihrer politischen Wahrnehmung eitlen Illusionen erliegen und verqueren Ideologien anhängen: Die Friedensbewegung ist von ihrer gesellschaftlichen Funktion her eine nationale Erweckungsbewegung, die Ökologiebewegung dient der Wiederbelebung des völkischen Blut-und-Boden-Gedankens, der sich radikal gebärdende Antifaschismus ist eine Legitimationsideologie, um die deutsche Restlinke mit der Mehrheitsgesellschaft zu versöhnen, usw. usf. Dabei bedient Pohrt sich zumeist einer eigentümlichen dialektischen Argumentationsform. Gegenüber einer auf korrekter Gesinnung beruhenden Meinung, die in linken Debatten regelmäßig unhinterfragter Ausgangspunkt ist, stellt er in einem ersten, eigentlich rückwärts laufenden Argumentationsschritt zunächst das idealtypische Verständnis des jeweiligen Sachverhalts in der bürgerlichen Gesellschaft dar. Erst auf Basis dieser Klärung der ursprünglichen Position kann man nun die bislang unhinterfragte Ausgangsposition als Versuch einer – meist völlig fehlgegangenen – Negation verstehen und einordnen. Darauf aufbauend entwickelt Pohrt im nächsten Argumentationsschritt meist ebenso klare wie verblüffende Maßstäbe dafür, welchen Kriterien eine emanzipatorische und aufklärerische Haltung zum gegebenen Problemfeld denn eigentlich genügen müsste, was also eine bestimmte Negation der ursprünglichen Position zu leisten hätte. Das Fazit führt dann meist zu der Einsicht, dass man es bei der sich fortschrittlich missverstehenden Ausgangsposition mit einem politischen Totalschaden zu tun hat. Statt mit selbstreflexiven und kathartischen Handlungen zu reagieren, zogen sich die Adressaten

---

421 Karl Marx, Zur Kritik der Hegelschen Rechtsphilosophie. Einleitung, MEW 1, S. 380.

solcher Kritik leider meistens auf moralische Empörung wegen vermeintlicher Publikumsbeschimpfung zurück. Über die Jahre publizierte Pohrt so in Klaus Bittermanns Verlag einen Band seiner Polemiken nach dem anderen – jeder ist lesenswert, genauso wie die Monografien über den Gebrauchswert und über Balzac –, bis er 2004 mit seinem Buch «Frequently Asked Questions» einen Schlussstrich unter seine publizistische Tätigkeit zog[422], nicht zuletzt aufgrund der Tatsache, dass seiner Meinung nach die Dummheiten der Neuen Linken, die sich zyklisch wiederholen, nur noch schwer kritisiert werden können, ohne dass sich der Kritiker dabei selber in eine fragwürdige Rolle begibt, in der er klingt wie eine alte Schallplatte mit Sprung. Für alle, die auf radikale Kritik nicht mit narzisstischer Kränkung, sondern mit Nachdenklichkeit reagieren, ist dieses Schweigen von Wolfgang Pohrt ein Verlust.

7.2 Theorieaneignung

«Die letzte Form [der Theorie; MS] ist die Professoralform, die ... mit weiser Mäßigung überall das ‹Beste› zusammensucht, wobei es auf Widersprüche nicht ankommt, sondern auf Vollständigkeit. Es ist die Entgleisung aller Systeme, denen überall die Pointe abgebrochen wird, und die sich friedlich im Kollektaneenheft zusammenfinden. Die Hitze der Apologetik wird hier gemäßigt durch die Gelehrsamkeit, die wohlwollend auf die Übertreibung der ökonomischen Denker herabsieht und sie nur als Kuriosa in ihrem ... Brei herumschwimmen läßt.»
Karl Marx[423]

So verteidigte Karl Marx die Kritik der politischen Ökonomie gegen Versuche, sie nivellierend einzugemeinden in einen mit der Gegenwart versöhnten wissenschaftlichen Kanon. Kritik will sich im Widerspruch zu ihrer Zeit befinden, es ist ihr Zweck und ihre Aufgabe. Dieser bereits plastisch dargestellten Haltung

---

422 Wolfgang Pohrt, FAQ, Berlin 2004. Eine Würdigung des Verlegers Klaus Bittermann zu Pohrts 60. Geburtstag findet sich auf der Internetpräsenz http://www.edition-tiamat.de/Autoren/wolfgang_Pohrt.htm, eingesehen am 14.11.2008.

423 Zitiert nach Wolfgang Pohrt, Nationalismus am Ende, in: ders., Ein Hauch von Nerz, S. 23 f.

zu folgen, wäre wohl auch die angemessene Form der Auseinandersetzung mit Kritischer Theorie heute. Nicht hilfreich wäre es, sie in historisierender Art und Weise im Wissenschaftsbetrieb zu verorten, ihre beunruhigenden Thesen und Befunde als Ausfluss spezifischer soziologischer und zeitgeschichtlicher Umstände hinwegzuerklären und sie von vermeintlichen Übertreibungen oder Zuspitzungen zu befreien, um ihre Anschlussfähigkeit an den Selbstverständigungsdiskurs der mittlerweile scheinbar alternativlosen modernen kapitalistischen Gesellschaften zu gewährleisten. Die naheliegende Antwort darauf, was mit der Kritischen Theorie im 21. Jahrhundert noch angefangen werden kann, lautet daher: Man kann sie als Kondensat einer zweihundertjährigen Denktradition lesen, die von Kant über Hegel und Marx bis hin zu Nietzsche und Freud führt und in der die Ziele und Impulse der praktischen Bewegungen der Aufklärung und des Sozialismus beständig mitschwingen. Diese Erkenntnisse und Erfahrungen wären zu reflektieren und zu nutzen, soweit man selber in dieser wie auch immer gebrochen und sicherlich wenig klar begrenzten Kontinuität von Emanzipationsdenken und -bestrebungen stehen möchte. Man kann sie durcharbeiten und im philosophischen wie im politischen Streit benutzen; denn gerade das trotz aller oberflächlichen Veränderungen grundsätzliche Beharrungsvermögen kapitalistischer Gesellschaften bedeutet ja, dass den von Adorno oder Marcuse verfassten Texten ihr Objekt noch nicht verloren gegangen ist. Die Gedanken über die Bedingungen einer Existenz in der Welt nach Auschwitz und unter dem Schatten atomarer Massenvernichtungswaffen, der Wahnsinn einer der blinden Selbstverwertung des Werts folgenden Ökonomie, die Kritik an der sich immer weiter aufblähenden Kulturindustrie, die Analysen der Schwächung des Individuums unter den Bedingungen eines immer dichter werdenden gesellschaftlichen Netzes von Einflussnahme und Fremdbestimmung: All dies scheint bislang in keinerlei Weise durch zunehmende Emanzipation überholt zu sein. Diese Pathologien der Moderne dauern an.

Dabei ist offen, inwieweit eine in vielen Erscheinungsformen veränderte Gesellschaft manche der in den 60er- oder 70er-Jahren produzierten konkreten Analysen mittlerweile obsolet gemacht und neue Fragen aufgeworfen hat. Es wäre auch verfehlt, von einer Theorie zu erwarten, dass ihre Erkenntnisse gänzlich unberührt bleiben von den ökonomischen, politischen, technologischen und sozialen Veränderungen, die sich in den westlichen Gesellschaften seit den 80er-Jahren herauszukristallisieren begannen und in den Neunzigern mit dem Ende des Kalten Kriegs und dem Untergang des Ostblocks eine ganz neue weltweite Dynamik entwickelt haben. Gerade Adorno und Horkheimer haben darauf bestanden, dass Wahrheit einen «Zeitkern» habe und es daher keine ahistorischen oder ewigen Erkenntnisse in der Sozialphilosophie geben könne. In ihrer historisch gesättigten Argumentationsform zeigen uns aber auch die zunächst merkwürdig veraltet oder sonderbar erscheinenden Elemente Kritischer Theorie etwas Interessantes: nicht nur die Zeitgebundenheit ihrer Protagonisten, sondern eben auch eine kritische Momentaufnahme gesellschaftlicher Entwicklungen, die dem historischen Gedächtnis der Gegenwart ansonsten bereits entschlüpft wären. Dieser Umstand ist nicht deswegen hilfreich, weil er uns irgendeine scheinbar bessere, frühere Epoche als Idealbild näherbringt, sondern weil er uns gegenwärtige gesellschaftliche Entwicklungen besser verständlich macht: Da wir von ihnen mit Hilfe der früheren Perspektive eine längere Entwicklungslinie überblicken, können wir auch ihre vermutlichen zukünftigen Fluchtpunkte klarer erkennen. Dementsprechend besteht der heutige Nutzen Kritischer Theorie nicht in der Allgemeingültigkeit ihrer Einzelbefunde, sondern im dem, was anfangs als «Bedingungen kritischen Denkens» angesprochen wurde: die dialektische Methode wegen und trotz all ihrer Ambivalenzen, die erfahrungsgesättigte Vermittlung von Philosophie und Empirie, die Integration von politischer Ökonomie, psychoanalytischem Denken und ästhetischer und kultursoziologischer Theorie unter dem Horizont der Veränderung der Gesellschaft und die Verteidigung der Grundimpulse der universalistischen Vernunftkonzeption der Aufklärung. Dies sind diejenigen Elemente Kritischer Theorie, an denen heute keine emanzipatorische Bewegung vorbeigehen kann, ohne sich dümmer zu machen, als ohne Not geboten ist.

Wie also konkret, um nicht zu sagen: praktisch, mit Kritischer Theorie umgehen? Sie lesen. Im Original.[424] Die ökonomischen Hürden dafür sind niedrig: Anders als 1965 sind die

---

424 Diese Einführung taugt bestenfalls dazu, eine Orientierung darüber zu vermitteln, was man da für eine Theorie liest und in welchem überge-

Gesamtwerke ihrer Protagonisten in günstigen Taschenbuch-varianten im Buchhandel erhältlich und die Antiquariate sind voll von bunten Edition-Suhrkamp-Bändchen mit den verschiedenen populären Aufsatzsammlungen. Entscheidender dürfte das Zeitproblem sein. Wie auch bei Kapital-Lesekursen ist die Lektüre der dickeren Monografien nicht mit einmaligem Überfliegen in der U-Bahn getan. Diesem Zeit- und dem möglichen Verständnisproblem ist wohl am einfachsten durch kollektive Diskussionsstrukturen abzuhelfen; manchen der hier angesprochenen Texte ist in einer lebendigen und motivierten Diskussion zwischen Menschen mit möglichst unterschiedlichen fachlichen Vorkenntnissen, aber gemeinsamem Erkenntnisinteresse in einer kontinuierlichen Lesegruppe doch wohl leichter etwas abzugewinnen als im isolierten Selbststudium. Für die Strukturierung der Phasen einer solchen philosophischen Lektüre, die keine Herkulesaufgabe sein muss, sondern etwas Befreiendes und Inspirierendes haben sollte, kann man im Übrigen gut einem Modell von Friedrich Nietzsche über die Phasen der Erkenntnisfähigkeit und des Selbstbewusstseins des menschlichen Geistes folgen: Demut – Hochmut – Übermut.[425] In *Demut* (Nietzsches Figur dafür ist das geduldig alles ertragende Kamel) muss man sich zunächst dem Wissen, in unserem Fall dem Text, unterwerfen, ihn von innen und aus seiner eigenen Logik heraus nachvollziehen zu versuchen, auch wenn die eigenen Affekte zu etwas anderem drängen. Es geht zunächst um Verständnis und Nachvollzug einer Argumentation, eines Werkes. Im *Hochmut* hingegen stellt sich der oder die Lesende dem Text auf gleicher Augenhöhe gegenüber und setzt ihn zu sich ins Verhältnis: Es geht um einen Dialog mit den Gedanken des Autors, um die Prüfung ihrer Stichhaltigkeit und Übereinstimmung mit den eigenen, daran zu prüfenden Erfahrungen und auch Meinungen, um Kritik und Urteil. Nietzsche lässt den selbstbewussten Löwen diese Phase der Erkenntnis symbolisieren. Im *Übermut* schließlich – Nietzsche wählt das spielende, unbefangen Neues schaffende Kind als Bild – darf man sich von Text und Material verabschieden, beides hinter sich lassen und aus dem Mitgenommenen oder Verworfenen Neues schöpfen. Denn so

ordneten Zusammenhang sie steht. Noch kein einziger Gedanke Kritischer Theorie ist hier vollständig dargelegt.
425 Friedrich Nietzsche, Also sprach Zarathustra, S. 21 ff.

anregend, faszinierend und interessant Kritische Theorie auch zu lesen ist, sie ist doch auch nur bedrucktes Papier. Ehrfurcht wäre eine unangemessene Haltung dazu. Denn das Diktum des französischen Schriftstellers Honoré de Balzac, dass zwar das Wissen und die Erinnerungen das Leben verschönerten, aber erst das Vergessen es lebenswert mache, gilt mitunter auch für Philosophie:

«lesend in einer kneipe sitzen; ein bier getrunken haben; von der freundlichen frage des wirts, ob man noch ein viertel möchte, zum bewußtsein weiteren dursts gebracht werden; der fürsorge des wirts freundliche dankbarkeit entgegenbringen; dann erkennen, das der mann die akkumulationstendenz seines eigenen kapitals formulierte; daß er seine frage selber für menschliche anteilnahme gehalten hat; daß man dem fetischcharakter wieder einmal aufgesessen ist; wahrnehmen, daß die erkenntnis der objektiven gründe seiner freundlichkeit die eigene einstellung gegen den wirt nicht verändert; nicht verändern darf; erkennen, daß auch dies noch dazugehört; die philosophie adornos vergessen dürfen.»[426]

Auf der Homepage theorie.org findet sich ein PDF mit kommentierten Literaturhinweisen und Quellen zu diesen Buch.

---

[426] Friedemann Grenz, Adornos Philosophie in Grundbegriffen, unpaginiert (S. 8).